Erich Fromm

健 全 的 社 会

The Sane Society

〔美〕艾里希·弗洛姆 著
孙恺祥 译

上海译文出版社

图书在版编目(CIP)数据
健全的社会/(美)弗洛姆(Erich Fromm)著;孙恺祥译.—上海:上海译文出版社,2018.1(2022.12重印)
(弗洛姆作品系列)
书名原文:The Sane Society
ISBN 978-7-5327-7654-2

Ⅰ.①健… Ⅱ.①弗… ②孙… Ⅲ.①社会心理学-研究
Ⅳ.①C912.6
中国版本图书馆CIP数据核字(2017)第281354号

Erich Fromm
The Sane Society

图字:09-2006-422号

健全的社会
〔美〕艾里希·弗洛姆 著　孙恺祥 译
特约策划/何家炜　责任编辑/范炜炜　装帧设计/汪佳诗

上海译文出版社有限公司出版、发行
网址:www.yiwen.com.cn
201101　上海市闵行区号景路159弄B座
宁波市大港印务有限公司印刷

开本 890×1240　1/32　印张 10　插页 4　字数 243,000
2018年1月第1版　2022年12月第7次印刷

ISBN 978-7-5327-7654-2/B·443
定价:55.00元

如有质量问题,请与承印厂质量科联系　电话:0574-87582215

The Sane Society

Erich Fromm

前言

十五年前我写过一本《逃避自由》，现在这本书可说是《逃避自由》的续集。在《逃避自由》一书中，我试图证明，极权主义运动吸引着渴望逃避自由的人们。现代人获得了自由，然而在内心深处却渴望逃避自由。现代人摆脱了中世纪的束缚，却没有能够自由地在理性与爱的基础之上建立起一种有意义的生活，于是，他便想以顺从领袖、民族或国家的方式寻求新的安全感。

在《健全的社会》这本书中，我试图说明，在许多方面，二十世纪民主体制下的生活都可以被看做是又一波对自由的逃避；本书花了相当大的篇幅依据异化概念分析了这种特别的逃避行为。

从另一方面讲，《健全的社会》不仅是《逃避自由》的续集，在某种程度上也与《自为的人》一脉相承。在《逃避自由》与《自为的人》两书中，我讨论了与主题有关的特定的心理机制。《逃避自由》主要涉及专制性格问题(虐待狂、受虐狂等)。《自为的人》则提出了关于各种性格倾向的想法，用一种从人际关系角度出发的性格进化设想取代了弗洛伊德的里比多①这一概念。在《健全的社会》中，我更为系统地发展了我称之为“人本主义心理分析学”的基本观念。自然，先前提出的观点不可能略去

---

① 里比多（Libido），弗洛伊德心理分析学说中的精神动力，即性的本能。

不提；但在本书中，我对这些观点的表述尽量简明扼要，而把更多的篇幅用于我最近几年的观察和思考的结果。

我希望，读过前两本书的读者在读本书时不难在其中看到思想的延续及某些变化，进而接触到人本主义精神分析学的主要论点：人的基本感情并不是植根于他的本能需要，而是产生自人类生存的特殊环境。人演变成人之后，丧失了先前与自然界保持的原始联系。于是，人类需要找到一种新的人与人、人与自然的关系。人的基本感情即植根于这种需要。在这一点上，我的看法与弗洛伊德的见解有着根本的区别，不过，这些看法却是以他的根本发现为基础，在他之后的一代人的观点和经验的影响下发展而来的。但是，正由于本书包含了对弗洛伊德的直接或间接的批评，我想在此十分明白地指出，心理分析学说的某些发展趋势蕴含着巨大的危机。人们在批判弗洛伊德思想体系的某些错误时，把他的学说中最有价值的东西连同他的错误一齐丢掉了。弗洛伊德的科学方法、他的进化观念，以及他关于无意识是一种真正的非理性力量而不是一大堆错误念头的看法，都是极有价值的。此外还有一种危机：心理分析失去了弗洛伊德思想的另一个根本特征——挑战常识和舆论的勇气。

《健全的社会》以《逃避自由》中纯粹的批判分析为出发点，最后就健全社会如何运作的问题提出了具体的建议。本书最后一部分的主要目的并非是要人相信我提出的每一种建议都必然是正确的，而是意在表明这样一种信念：只有当经济、社会-政治以及文化领域同时发生变革时，社会才会进步。任何局限于**一个**领域的进步都会伤及**整体**的进步。

我深深地感谢许多朋友，他们阅读了我的手稿，提出了不少建设性的建议和批评，使我获益匪浅。在此，我要特别提到乔治·富克斯，他在本书未完成之时就不幸去世了。起初，我同他商定合写这本书，但由于他病魔缠身，这一计划未能实现。他确实给了我很多帮助。我们作过多次长谈，他给我写过许多信函和便笺，尤其是当涉及社会主义理论的问题时，帮助我理清思路，有时是修正我的看法。我在书中几次提到他的名字，但我对他的感激之情远甚于此。

此外，我要感谢世界卫生组织心理健康处的负责人 G. R. 哈格里夫斯博士，他给我提供了有关酒精中毒、自杀和他杀人数的统计资料。

艾里希·弗洛姆

目 录

第一章　我们精神健全吗?

生活在二十世纪西方世界的人精神十分健全，这是一种再普通不过的观念了。虽然事实上我们之中很多人患有或轻或重的精神疾病，但是，这并没有使我们怀疑我们精神健康状况的整体水准。我们相信，通过引入一些更好的心理卫生方法，我们就能进一步改善我们的精神健康状况。至于个人的精神障碍，我们仅仅视之为个别事件。也许我们会感到惊讶，在据称是健全的文化中，竟会出现这么多这一类的事情。

我们有把握说我们不是在自欺欺人吗? 许多住在精神病院的病人都确信，除了自己，人人都是疯子。许多严重的神经症患者认为，自己的强迫性行为或歇斯底里的发作是对多少有点不正常的环境作出的正常反应。我们自己的情形又是怎样的呢?

让我们以精神病学的方式来看看这些事实吧。过去一百年来，我们在西方世界创造了比人类历史上其他任何社会都多的物质财富。但是，我们却以“战争”的方式杀戮了数百万人。除了小规模的战争之外，在一八七〇年、一九一四年和一九三九年，都曾发生过大规模的战争。在这些战争中，每一个参战者都坚信，他是为自卫而战，为荣誉而战，再不然就是得到了上帝的支持。而敌对的一方在一段时间内常常被视做是残酷的、丧失了理性的恶魔，为了将世界从罪恶中拯救出来，必须击败他们。但是，在相互残杀事过境迁之后短短几年，昔日的敌人便成了我们的朋友，而昔日的朋友却成了我们的敌人。我们又在一本正经地重新划分敌友了。在一九五五年的今天，我们又在为一场大屠杀做准备了。如果这场屠杀实现的话，其规模将超过迄今为止人类历史上的任何一次杀戮。自然科学领域的最重要的发现之一将被用于这一目的。大家都怀着混杂了自信与忧虑的心情指望各国的“政治家”能“成功地避免战争”。如果他们能做到这一点，大家就会赞颂他们。不过，人们忽略了这样一个事实：正是这些政治家引起了战争，常常甚至不是因为他们有意制造战争，而是因为他们不能理智地处理人民委托给他们的事务。

当破坏和怀疑一次又一次爆发时，我们的表现与过去三千年来的文明人类的表现并无二致。按照维克多·夏比莱的说法，从公元前一千五百年到公元一八六〇年间，人类所签订的和平条约不少于八千个，每一个都被认为能维持永久的和平，但每一个的平均寿命才不过两年而已！①（编按：本书注释除非特别标明，皆为原注。）

我们的经济方向很难令人振奋。我们生活在这样一种经济体系之中：一个特别好的收成常常意味着一场经济上的灾难；我们限制一部分农业生产力，以便“稳定市场”，尽管有数百万人正急需我们所限制的东西。目前，我们的经济体系运转良好，原因之一是，我们每年花费数十亿美元来制造武器。企业家们担心我们停止生产武器；那种认为国家不应生产武器，应该建造房屋，以及生产其他有用的东西的想法，很容易招致危害自由、损伤个人创造力的罪名。

---

① 参见 H. B. 斯蒂文斯的《文化的复苏》，哈珀兄弟出版公司，纽约，1949 年，第 221 页。

我们的人民百分之九十都识字。我们有广播、电视、电影，每天都有报纸可看。但是，这些传播媒介并没有给我们介绍古往今来优秀的文学作品和音乐，而是在广告的协作下，用廉价的、缺乏真实感的垃圾，虐待狂的幻想，来充塞人们的心灵。即便是没有充分文化修养的人偶然想到这些东西也会觉得难堪。一方面，不论老少，每个人的心灵都受到了毒害，另一方面，我们却高兴地看到，银幕上没有“不道德”的东西。如果有人主张，政府应该资助那些启迪和提高人们智力的电影和广播节目的制作，大家必定以自由和理想主义的名义加以斥责。

我们已经将每日的平均工作时间减少到了一百年前的一半左右。我们现在能够自由支配的时间比我们的祖先梦想的还要多。但是，结果又怎样呢？我们不知道怎样使用这些新获得的自由时间，我们只是设法消磨这些节省下来的时间，打发掉一天之后，我们便感到心满意足了。

我为什么还要继续描绘这幅人人都熟悉的图画呢？如果一个人以这种方式生活，我们肯定会怀疑他精神是否健全；要是他还声称自己没有什么毛病，行为也完全合乎常理，那么，我们的诊断的正确性就更毋庸置疑了。

可是，对于社会作为一个整体可能缺乏健全的精神这一观点，很多精神病学家和心理学家却拒绝接受。他们认为，在一个社会中，精神健康的问题只涉及某些“不适应”的个体，而不涉及文化本身可能存在的不适应的情况。本书要讨论的是后者，即，不是研究个体的病理，而是研究**普遍的病理**，尤其是当今西方社会的病理。在讨论社会病理这个复杂的概念之前，让我们先看一些有关西方文化中的**个体**病症的发生率的资料，这些资料本身就可以说明很多问题。

西方各国精神疾病的发生情况是怎样的呢？最令人惊讶的是，关于这个问题，居然没有什么资料可查。在物质资源、就业情况、出生率和死亡率方面，我们都有比较确切的统计数字，而在心理疾病方面，我们却缺乏充分的资料。在这方面，只有为数不多的几个国家，比如美国和瑞典，我们有它们的一些确切的资料。可是，这些资料也只涉及精神病患者的就医情况，对估计心理疾病的相对发生率并无帮助。关于精神病护理、医疗设备的改善情况，以及精神病发病率增加的程度，我们能得到的数据也少得可怜。①美国所有医院的大半病床都被用来安置精神病患者了，在他们身上我们每年花费十多亿美元。这一事实并不能表明精神病患者的数目增加了，只能说明护理加强了。不过，其他一些数字却较好地说明了更严重的心理障碍症的发生情况。如果上次战争中美国免征入伍的人员有 17.7%是因为精神病的话，那么，即使无法比较过去的以及其他国家的情况，这个事实也确实说明了心理障碍症的高发率。

我们可得到的反映心理健康的大略情况的可资比较的资料仅仅涉及自杀、他杀和酒精中毒。毫无疑问，自杀是一个非常复杂的问题，不能假设某一个因素就是它的原因。但是，即使我们不马上讨论自杀问题，我们也有理由作出这样一种假设：一个国家的自杀率高，表明这个国家的人民的精神不够健康和稳定。所有数据都清楚地证明，这种情况并不是物质贫乏的必然结果。最贫穷的国家自杀率却最低；而在欧洲，日益增长的物质繁荣却伴随着不断增加的自杀人数。②至于酒精中毒，毫无疑问，这也是精神和情绪不稳定的症状。

---

① 参阅 H. 戈德哈默和 A. 马歇尔合著的《精神病与文明》一书，自由出版社，格林科，1953 年。

② 参阅莫里斯 · 阿尔布瓦所著《自杀的原因》一书，费利克斯 · 艾尔坎出版社，巴黎，1930 年，第 109、 112 页。

杀人动机大概不能像自杀动机一样清楚地表明一个社会的精神状况。虽然在他杀率高的国家自杀率低，但如果把这两者相加，我们就会得出一个有趣的结论。如果我们把杀人和自杀都视做“破坏性行为”，那么，下面几个表格表明：两者相加的比率不是一成不变的，而是在4.24与35.76之间浮动。这与弗洛伊德的假设相矛盾。弗洛伊德假设，破坏性行为的发生概率是相对恒定的，而这个假设是他的死亡本能理论的基础。表格中所列的数据反驳了这种说法：破坏性行为的发生概率基本保持不变，只是在针对自身和针对外在世界这两个方向上有所不同。

以下三个表格是欧洲和北美几个最重要的国家关于自杀、他杀以及酒精中毒人数的统计。

表格一

国　家	自杀人数(每10万成年人)	他杀人数(每10万成年人)
丹　麦	35.09	0.67
瑞　士	33.72	1.42
芬　兰	23.35	6.45
瑞　典	19.74	1.01
美　国	15.52	8.50
法　国	14.83	1.53
葡萄牙	14.24	2.79
英格兰和威尔士	13.43	0.63
澳大利亚	13.03	1.57
加拿大	11.40	1.67
苏格兰	8.06	0.52
挪　威	7.84	0.38
西班牙	7.71	2.88
意大利	7.67	7.38
北爱尔兰	4.82	0.13
爱尔兰(共和国)	3.70	0.54

表格二

国　家	破坏性行为(自杀与他杀人数之和)
丹　麦	35.76
瑞　士	35.14
芬　兰	29.80
美　国	24.02
瑞　典	20.75
葡萄牙	17.03
法　国	16.36
意大利	15.05
澳大利亚	14.60
英格兰和威尔士	14.06
加拿大	13.07
西班牙	10.59
苏格兰	8.58
挪　威	8.22
北爱尔兰	4.95
爱尔兰(共和国)	4.24

(以上两个表格依据的是 1946 年的统计数字)

表格三

国　家	估算出来的酒精中毒人数(不论是否有并发症)(每 10 万成年人)
美　国	3,952(1948 年)
法　国	2,850(1945 年)
瑞　典	2,580(1946 年)
瑞　士	2,385(1947 年)
丹　麦	1,950(1948 年)
挪　威	1,560(1947 年)
芬　兰	1,430(1947 年)
澳大利	1,340(1947 年)
英格兰和威尔士	1,100(1948 年)
意大利	500(1942 年)

我们只要略看一下这些表格就会发现一个明显的现象：丹麦、瑞士、芬兰、瑞典及美国的自杀率以及自杀率与他杀率之和最高，而西班牙、意大利、北爱尔兰及爱尔兰共和国的自杀率和他杀率最低。酒精中毒的数字显示，这些自杀率高的国家（美国、瑞士、瑞典、丹麦），酒精中毒率也高，不同的只是美国高居首位，法国从第六位跃到第二位。

这些数字确实令人震惊。纵然我们可以怀疑，单是自杀率高是否足以表明一个国家的人精神不够健康，但自杀和酒精中毒的人数排名大体一致的事实似乎说明，我们在此抓住了精神不平衡的症状。

于是我们发现，最民主、最和平、最繁荣的欧洲国家，以及世界上经济最昌盛的美国，显示出了最严重的精神障碍症症状。西方世界的整个社会-经济发展的目标是：舒适的物质生活、相对平均的财富分配、稳定的民主和持久的和平；但是，正是最接近这个目标的国家表现出了最严重的精神不平衡的症状！确实，这些数字本身并不能**证明**什么，但至少它们是令人吃惊的。甚至在我们对整个问题作详细讨论之前，这些资料就提出了一个问题：关于我们的生活方式及我们的奋斗目标，是否存在某些根本性的错误？

是否中产阶级富裕的生活在满足我们的物质需要的同时给我们带来了强烈的厌烦感，而自杀及嗜酒则是逃避这种厌烦的病态的方式？这些数字是否有力地证明了：“人不能单靠食物而活？”这些资料是否表明，现代文明并没有满足人们内心深处的需要？如果真是这样，那么，这些需要是什么呢？

以下几章试图回答这个问题，并就当代西方文化对生活在我们这个制度下的人们的精神健康和健全的影响作一番批判性的评估。不过，在对这些问题作专门的讨论之前，我们似乎应该先讨论一下社会常态病理这个一般性问题。这个问题也是本书所表达的总的思想倾向的前提。

第二章　一个社会是否会生病？——社会常态的病理研究[①]

一个社会整个地在精神上不够健全的说法暗含着一个有争议的假设，这个假设与当今大多数社会学家所持的**社会相对主义**（sociological relativism）立场对立。这些社会学家认为，任何一个社会，只要它能运转，它就是正常的，而所谓病态则只能从个人不能适应他所在的社会的生活方式的角度来加以界定。

“健全社会”这一说法包含着一个与社会相对主义不同的前提。只有假设有不太健全的社会，这种说法才有意义。这种说法暗示，世上有放之四海而皆准的衡量精神健康的标准，我们可以依据这些标准来判断每个社会的健康状况。这种**标准人本主义**（normative humanism）的立场基于几个基本前提。

我们不能简单地用解剖学和生理学的术语来给“人”这个种属下定义。人类社会的成员有着共同的基本**精神**素质，共同的支配他们的精神和感情运行的规律，都以圆满解决人类的生存问题为追求的目标。诚然，我们对人的了解还很不够，迄今为止，我们还无法从心理学的角度给出一个令人满意的“人”的定义。“人学”（science of man）的最终任务便是对那些

---

① 在本章中，我引用了我的《神经症的个人和社会根源》一文中的观点，见《美国社会学评论》第九期，1944 年 4 月，第 380 页及其后。

可以称为“人性”的东西给出正确的描述。人们通常所说的“人性”实际上只是人性所具有的众多表现形式之一，而且常常是指那种病态的表现形式。人们根据这种错误的定义辩护说，一个特定类型的社会是人的精神结构的必然结果。

与人性概念的这一极端保守的用法相反，自由主义者从十八世纪以来一直强调人性的可塑性和环境因素的决定性影响。这种强调既真实又重要。很多社会学家以此为基础提出了一种假设：人的精神构成犹如一张白纸，其本身并没有什么天生具有的品质，社会和文化在这张白纸上盖上它们的印记。这种观点和与它对立的观点一样，既不能自圆其说，对社会进步也起着破坏作用。真正的问题是从人性的无数**表现形式**——包括正常的和病态的形式——中推断出整个人类共有的**根本的东西**；这些形式我们可以在不同的个人身上和不同的文化之中观察到。这项任务就是要进一步认识人性的内在规律以及人性发展的固有目标。

这种人性概念不同于“人性”一词的惯常用法。人在改造他周围世界的同时，也在历史的进程中改造了他自己。事实上，人创造了他自己。但是，正像他只能按照自然物质的性质来改造和改变自然界一样，他也只能按人的本性来改造和改变他自己。人在历史进程中所做的便是开发这种潜力，并按照人性的可能发展方向来改造这种潜力。如果说“生物学的”观点及“社会学的”观点是把人性的两个方面相互割裂开来的话，那么，这里所提出的观点既不是“生物学的”，也不是“社会学的”，而是超越了这种二分法的。这种观点认为，人内在的主要感情和动力是人的全部存在的产物，这些情感和动力是明确的，可知的，一部分有益于健康和幸福，另一部分则易于造成疾病和不幸。任何一种社会秩序都不会创造这些基本的感情和动力，但却决定着哪几种潜在的感情会比较普遍或者占据优势地位。当人出现在任何一种既定的文化中时，他总是人性的一种表现，不过，这种表现的具体情形却是由他所处的社会情况决定的。婴儿一生下来就具有人的一切潜力，这些潜力能够在有利的社会文化条件下得到发展；同样地，整个人类也会在历史的进程中演变成它潜在地可能成为的样子。

标准人本主义的观点是基于这样一种假设：就像其他问题一样，人的存在问题的解决办法也有正确的和错误的，令人满意的和令人不满意的。如果依照人性的特征和规律发展至成熟，他的精神就会是健康的。精神疾病的发生即由于没能实现这种发展。从这个前提出发，精神健康的标准并不在于个人能否适应某个特定的社会秩序，它应该是适用于全人类的普遍准则，能够就人的存在问题给出令人满意的回答。

关于社会成员的精神状态，人们在观念上的“共同确认”（consensual validation）非常具有欺骗性。由于大多数人共同具有某些思想或感情，这些思想和感情就必定是正当的——这种想法十分幼稚。再没有比这更错误的了。这种“共同确认”与理性和精神健康都毫不相干，我们可以说“两个人发了疯”，也可以说“上百万人发了疯”。数百万人都有同样的恶习，这并不能把恶习变成美德；数百万人都犯了同样的错误，这并不能把错误变成真理；数百万人都患有同样的精神疾病，这并不能使这些人变成健全的人。

不过，个人的精神疾病与社会的精神疾病之间有着重大的区别，这意味着我们应区分两个概念：**缺陷**和**神经症**。如果一个人无法获得自由，没有自发性，无法真正表达自己的思想，而我们又认为自由和自发性是人人都应达到的客观目标，那么，他就可能被视为有严重缺陷。如果这样一个目标没有被一个既定社会的多数成员达到，那么，我们谈论的就是社会造成的缺陷现象。一个人和其他许多人共有某种缺陷，但事实上，他自己并没有意识到这是一种缺陷，没有感到自己与人不同或被人抛弃，因此并未感到自身安全受到了威胁。他知道，他的生活可能不会那么丰富，他也会失去真正的幸福感，但他与全人类协调一致，由此而来的安全感会使他的所有损失得到补偿。事实上，他的这种缺陷也许会被他所处的文化奉为美德，并因而增加他的成就感。

加尔文教义在人们心中所激发的罪恶和焦虑感就是一个实例。我们可以这样说：如果一个人深感自己软弱无力，毫无价值，不断地怀疑自己是得到了拯救还是被判处接受永恒的惩罚；如果他几乎无法拥有真正的欢乐——那么，这个人就存在着严重的缺陷。但是，这一缺陷是文化造成的，在这种文化中，它被看做是特别有价值的，这个人因此免于患上神经症。可是，如果换成另一种文化，同样的缺陷就会给他带来孤独，使他深感精神不健全，他会因此患上神经症。

斯宾诺莎非常明白地说明了这种社会造成的缺陷。他说："很多人一直受到同一种东西的影响。当一个东西强烈地影响着他的感官之时，即使这东西根本就不存在，他也相信它在那儿。要是这种情况发生在他清醒之时，人们就会说他疯了。……但是，如果**贪婪的**人只想到钱财，**有野心的**人只想到名位，人们并不会认为他疯了，只是觉得讨厌，看不起他。但是**事实上**，贪婪、野心等等都是疯狂的表现形式，虽然人们并不把这些看做'病症'。"①

这段话是几百年前写下的，至今仍然适用。但是，由于文化的作用，现在许多人已不再讨厌和蔑视这些缺陷。如今我们遇到的是这样的人：行动和感觉如同机器人一般，从未有过真正属于自己的经验，完全把自己当

① 参阅斯宾诺莎所著《伦理学》一书第四部分第四十四个命题之附释。

成他认为自己应该是的那个人；他用做作的微笑代替了真正的笑声，用无聊的饶舌代替了坦诚无隐的交谈，用迟钝的失望取代了真正的悲恸。对于这种人，我们可以用两句话来作评论。第一，他在自发性与个性方面存在着缺陷，这也许是无可救药的了。同时，我们可以说，他与处于同等地位的数百万其他人没有什么本质区别。文化为大多数人提供了行为模式，**使他们能够既带着缺陷生活又不会患病**。似乎每一种文化都提供了应对神经症症状突然发作的方法，而这些病症正来自于文化造成的缺陷。

假设在我们西方文化中，电影、广播、电视、体育赛事及报纸停止活动四个星期，在这几条主要的逃避通道关闭之后，人们不得不重新依靠自身的力量，这时情况会怎么样呢？我坚信，即使在这样短的时间之内，也会有数以千计精神崩溃的事件发生，更多的人将陷入强烈的焦虑状态，这跟那种被临床诊断为“神经症”的情形没有两样。①如果停止注射缓和社会所造成的缺陷的麻醉剂，病症就会明显地表现出来。

对于小部分人来说，这种文化提供的逃避模式并没有什么作用。这部分人的个人缺陷比一般人要严重些，因此，文化提供的补救之策不足以防止明显病症的发作(我们可以举一个恰当的例子，比如说，有这么一个人，他活着的目的便是谋取权势和名誉。虽说这个目的本身就是病态的，但是，一个人运用自己的力量去实际达到他的目的与一个人沉浸在自己幼稚的幻想中坐等奇迹发生是不同的；后者的病态更加严重，他越来越感到自

---

① 我曾经以大学各年级的学生为对象做过这样的实验：我让他们想象，在三天之内完全与外界隔绝，独自待在房间里，没有收音机也没有能帮他逃避现实的小说，只有一些“优秀的”文学作品、正常的食物以及其他生活设施；然后，我要他们设想他们对这种体验会作出什么反应。大约百分之九十的学生说，他们会感到极度痛苦，或者觉得特别恼火，只有靠做一些杂事或者睡大觉来消磨时间，期待这三天赶快过去。只有极少数人表示，他们会感到十分自在，很享受这段独处的时光。

己无能，最终陷入了徒劳和痛苦的感觉中）。还有另一类人，他们的性格构成以及由此而来的内心冲突不同于大多数人，因此，对他的多数同胞有效的良药，对他也不起什么作用。在这类人中我们有时会遇到这样的人；与大多数人相比，他们具有更完满的人格，对事情更加敏感，因此，他们无法接受文化麻醉剂，但同时，他们也无力“对抗潮流”，从而健康地生活下去。

以上那些关于神经症和社会型缺陷的区别的讨论会给人这样一种印象：无论社会造成的缺陷有多大，只要社会能提供防止神经症明显症状发作的药物，一切都会好起来，社会也会继续正常地运行。但是，历史告诉我们，情况并不是这样。

的确，与动物相比，人显示出一种几乎可以说是无限的可塑性：人几乎可以吃任何东西，可以生活在任何气候条件下，并调整自己以适应这种气候；同样，人也几乎可以忍受任何精神条件，并在这种条件下继续生活下去。他可以自由地生活，也可以在奴役下苟延残喘；他可以过豪华奢侈的生活，也可以生活在半饥饿的状态中。他可以当一名战士，也可以与人和平相处；可以做剥削者、强盗，也可以与人合作，相互关爱。世上几乎没有什么精神状态是人在其中不能生存的，没有什么事是人所不能放弃的，没有什么事是人不可以为之出卖自己的。所有这些考虑似乎可以证实这样的假说：根本没有人的通性这回事，这也就意味着，事实上，除生理学和解剖学上的意义外，根本就不存在“人”这个种属。

然而，尽管有这些证据，人类历史却表明，我们忽略了一个事实：专制暴君和统治集团可以统治和剥削其人民，却无法阻止人民对这种不人道的对待**作出反应**。他们的臣民变得惶惶不安、猜疑和孤独。即使没有外部原因，这个国家的制度也会在某个时刻瘫痪；因为恐惧、猜疑和孤独最终会使大多数人无法有效地、明智地发挥其作用。暴君可以在很长一段时期内征服、剥削整个民族或社会集团，但是被征服、受其剥削的人民会**有所反应**。他们的反应方式要么是漠不关心，要么是才智、创造力与技能遭到损伤，于是慢慢地他们就不能发挥这些本应服务于统治者的功能了。或者，随着他们的仇恨与破坏倾向愈积愈多，他们最终毁了自己，也毁了统治者及其制度。又或者，他们的反应催生了独立的意志和对自由的渴望，一个较好的社会在这种创造性冲动之上被建立起来。究竟出现哪一种反应取决于很多因素：经济、政治的因素以及人们生活于其中的精神氛围。但是不管人们会作出什么反应，所谓人几乎可以在任何条件下生活的说法只对了一半，我们必须补充另一半，即，如果人生活的条件违背了人的本性，没有达到人的成长与精神健全的基本要求，人就必定会作出反应。他要么堕落，灭亡，要么创造出一些更适合自身需要的条件。

人性的要求和社会的要求会相互冲突，因而整个社会是会生病的。这一假设在弗洛伊德那里是很清楚的，在他的著作《文明及其不满》中得到了极为广泛的应用。

弗洛伊德的看法有这样一些前提：整个人类有着共同的人性，它贯穿一切文化和各个历史阶段，内在地具有某些明确的需要和追求。他认为，文化与文明的发展会愈来愈和人的需要对立，由此他给出了“社会神经症”(social neurosis)的概念。他写道：“如果文明的进化与个人的发展如此类似，如果我们把同样的方法运用到两者之中，那么，我们是否可以诊断说，许多文明体系或者文明的各个时期——甚至整个人类——都在文明趋势的压力下患上了‘神经症’？我们可以就剖析这类神经症提出一些治疗建议，这可能引起人们极大的兴趣。我并不觉得用心理分析的方法来诊断文明社会是异想天开的事，或者注定毫无结果。不过我们应当非常小心，不要忘记，我们毕竟只是在类推。不论是针对人还是针对观念，把他们(它们)从他们(它们)发生、长成的地方硬拔出来都是危险之举。此外，对**集体神经症**(collective neuroses)的诊断还会遇到特殊的困难。诊断一个人是否患了神经症，我们可以将病人同他周围的环境(假定这环境是'正常的')作一对照，以此作为我们的诊断的出发点。对于患了同样病症的社会，我们却没有可以参照的背景，我们不得不通过另外的途径来获得这种背景。不过，就把我们的知识应用于治疗而言，即使对社会神经症作出了最透彻的分析，那又有什么用呢？因为没有人有能力迫使社会接受治疗。尽管有这些困难，我们仍可以预料，总有一天，有人会敢于从事**研究文明社会病理的工作**。"①

这本书意在冒险进行这项研究工作。它的基础是这样一种观点：一个健全的社会是一个符合人的需要的社会——这里所说的需要并不一定就是人**认为**他所需要的，因为即使是最病态的目的，也可能被人在主观上认为是最需要的；这里所说的是人类**客观**的需要，我们可以通过对人的研究明确这些需要。我们的第一项任务是确定什么是人性，什么是根源于人性的需要，进而我们必须考察社会在人类进化中的作用，研究社会对人类发展的促进作用，以及**人性与社会之间**不时发生的**冲突**和这些冲突给社会，尤其是现代社会，带来的后果。

---

① S.弗洛伊德：《文明及其不满》，由J.里维艾勒译自德语，贺嘉思出版有限公司，伦敦，1953年，第141-142页。

第三章　人类状况——人本主义精神分析的关键

人类状况

人就其身体及生理机能而言属于动物王国。动物靠本能及它所特有的活动方式行事，而这种活动方式则是由遗传形成的神经结构所决定的。在动物发展的等级中，越高等的动物，其活动方式越具有灵活性，而在出生时，身体结构方面的适应性也越不完善。在较高等的灵长目动物中，我们甚至发现了相当高的智力，即运用思维来达到所希望的目的，这使它们大大超出了本能所规定的活动模式。但是，尽管它们在动物王国中进化程度较高，在它们身上仍然保有某些基本的生存要素。

动物按自然的生物学法则“生活”，是自然的一部分，从来不会超乎自然之上。它没有道德心，不会意识到自我及其存在，没有理性(如果我们所谓的理性是指透过感知到的表面现象理解表面下的实质的话)，因此，动物没有真理的概念，即使它可能知道什么是有用的。

动物的生存是动物与自然之间达成的一种和谐。当然，这并不是说自然条件对动物不构成经常性的威胁，不会迫使它为生存而艰苦奋斗；而是说自然装备了动物，使它能对付遇到的情况，正如自然使植物种子能利用土壤、气候等条件一样，在进化的过程中种子逐渐适应了这些条件。

在动物进化的某一点上发生了一次独特的突破，这次突破可以同物质的首次出现、生命的首次出现以及动物的首次出现相提并论。在进化过程中，当行为不再主要由本能所决定，对自然的适应不再具有强制的性质，行动不再受制于遗传所赋予的机制之时，这一新事件发生了。当动物超越了自然，超越了生物的纯粹被动的地位之时，当它(按照生物学上的说法)成了最不能自助的动物之时，人诞生了。此时，这种叫人的动物靠直立行走的姿势将自己从自然中解放了出来，他的大脑发育远远超过了最高等的动物。人的诞生过程可能持续了几十万年，然而重要的是，一个正在超越自然的全新的种属出现了，**生命有了自我意识**。

自我意识、理性与想象力打破了动物生存的特征——“和谐”，使人成为怪异的东西，宇宙中的畸形生物。他属于自然，受制于自然法则并无力改变这些法则，但是，在其他方面，他却超越了自然。他属于自然却又与自然分离；他无家可归却又将自己拴在他与其他生物共同居住的家园中。他在偶然的时间、偶然的地点被抛在了这个世界上，又偶然地被强行从这个世界上清除掉。由于人有自我意识，他意识到自身的无力和生存的有限性。他看到了自己的末日——死亡。他从来就没有从自身存在的二元中解脱出来，他无法摆脱他的思想，即使他想这么做；只要他活着，他就无法摆脱他的肉体——而他的肉体也使他想要活下去。

理性是人之福，也是人之祸。它迫使人无休无止地去应对那无法解决的人自身的矛盾。在这一方面，人的存在不同于其他所有有机体，它处于一种经常的、不可避免的不平衡状态中。人的生命不可能以重复他的同类的生活模式来度过，他必须主动去生活。人是唯一会感到**厌烦**、感到自己被逐出了天堂的动物。人是唯一发现自己的生存是一个问题的动物，他不得不去解决这个他无法逃避的问题。他不能回到成为人类之前那种与自然和谐相处的状态，他必须着手发展他的理性，直到他成为自然以及他自己的主人。

无论从个体发生学还是从种族发生学的角度来考虑，人的诞生在本质上都是一个**否定性**事件。他缺乏对自然的本能的适应，缺少体力；同其他所有动物相比，他在出生时最不能自助，而且需要更长时间的保护。一方面，人丧失了与自然的一体性，另一方面，他也不曾被赋予在大自然之外谋求新生的手段。他的理性是最初步的，他不知道自然的历程，也没有什么手段来代替失去的本能，他群聚而居，不知道自己，也不知道他人。《圣经》中的天堂神话把这种情况说得十分明白。在伊甸园，人与自然完全和谐相处，不知自我为何物。在他第一次自由行动——违反上帝的命令——之后，人的历史开始了。与此同时，他意识到了自己、他与自然的分离，以及他的无助。他被逐出了天国的乐园，两名天使用燃烧的剑封住了他的回头路。

人的进化建立在这样一个事实上：他失去了原初的家——自然，再也不能返回，再也不能重新成为动物了。他只有一条路可走：从他自然的家中走出来，去寻找一个新家——一个他创造的家。他把世界变成了一个人类的世界，使自己真正成了人。靠这些，他创造出了一个新家。

当人——人类的整体以及人类的个体——诞生之时，他就被从一个像本能一样确定的环境中抛入了一个不确定的、无常的和开放的环境中，在那里，只有过去是确定的，至于将来，只有当死亡到来时才是确定的，而死亡实际上是回到过去，回到无机物的状态。

因此，人的存在问题在整个自然界中是独一无二的。他在某种程度上脱离了自然，但仍在自然之中。他是半神半兽的生物，部分无限，部分有限。**他需要不断地找到新的办法来解决生存中的矛盾，找到更高级的形式来与自然、他的同胞及他自己相结合，而这种需要就是他的精神动力的源**

泉，也是他的各种感情、爱恋及焦虑的源泉。

只要满足了动物的生理需要——饥饿、干渴及性需求，它就满意了。人既然也是动物，这些需要对他而言就也是必不可少的，并且同样必须得到满足。**但是，就人是人而言，单纯满足本能需要并不足以使他快乐；这些满足甚至不足以使他健全。人所特有的活力的支点在于人类处境的独特性；对人的精神的理解应建立在分析人的某些需要的基础之上，这些需要根源于他的生存条件。**

于是，人类整体以及人类个体所需要解决的问题就是诞生问题了。就个人而言，肉体的诞生绝不像看起来那样是具有决定性和独特性的事件。由子宫内到子宫外的生活诚然是一次重大的变化，但是，在许多方面，生下来的婴儿与未出生的婴儿没有什么区别，它感觉不到外界事物，不能养活自己，完全依赖母亲，如果没有母亲的帮助，他就会死亡。实际上，诞生的过程仍然在继续。孩子开始认识外界的东西，有情感上的回应，去抓东西，协调自己的动作，学走路。但是，诞生的过程仍在继续。孩子学说话，学着了解事物的用处和功能，学着把自己与他人联系起来，学着躲避惩罚、得到赞扬与喜爱。渐渐地，这个日益成长的人学着去爱，去拓展理性，去客观地看世界。他开始发展自己的力量，获得身份感，为了一种完整的生活克服感官的诱惑。诞生，按照这个词的传统意义，只是更宽广的意义上的生的开始。个人的整个一生不是别的而是诞下自己的过程。的确，我们在死亡之时应达到最完全的生——虽然大多数人的悲惨命运是在诞下自己之前便死了。

根据已知的关于人类进化的知识，我们应该像理解个人的出生那样来理解整个人类的诞生。当人跨过了某种最低限度的本能适应的门槛之后，他便不再是动物了。但是，他像初生的婴儿一样无助，不具备生存的能力。随着人类的第一批成员的出现，人开始诞生了，而人类历史正是这种诞生的全过程。人用了几十万年的时间才迈出了人类生活的第一步，经过巫术万能的自恋阶段，经过图腾崇拜、自然崇拜阶段，直到开始形成良心、客观及友爱的观念。在过去的四千年里，人类发展了关于完全诞生、完全觉醒的人的构想。埃及、中国、印度、巴勒斯坦、希腊以及墨西哥的古圣先贤们以差别不大的方式表述了这些构想。

从根本上讲，人的诞生是一种否定行为，他被迫与和他一体的自然分离，被抛到了这个世界上，他再也不能回到原来的环境中。这一事实意味着生的过程绝不是一件舒服的事。迈向这种新的存在的每一步都令人感到担忧和害怕，这总是意味着放弃已经熟悉的安全状态，去追求尚无把握的新境地。毫无疑问，要是婴儿在割断脐带那一刻能够思维的话，他会体验到对死亡的恐惧。仁慈的命运使我们免除了这第一次恐慌。但是，我们每向前走一步，每达到一个新的诞生阶段，我们又会感到害怕。我们从来都摆脱不了两种相互冲突的倾向：一种是，脱离子宫，脱离动物的生存形式，摆脱自由的枷锁，进入更具人性的存在；另外一种倾向是，返回子宫，回到自然，回到肯定和安全的地方。人类个体和种属的历史证明了，进步的倾向比后退的倾向更强有力；但是，精神病以及那种试图倒退到显然在几代人以前就已经被放弃的立场的现象表明，每一次新的诞生都伴随着激烈的斗争。①

---

① 在人的这两种相反的倾向中，我看到了弗洛伊德关于生存和死亡本能的假说的核心。与弗洛伊德的理论不同的地方在于，我认为，向前的与后退的本能冲动不具有生物学意义上相同的强度，通常情况下，向前的生存本能的力量更强些，与后退的本能相比，它的力量会越来越强。

根源于自身生存环境的人的需要

人必须在倒退与前进之间，在退回到动物的生存状态与达到人类的存在状态之间，作出一个选择，人人都逃不脱这种选择。任何倒退的尝试都是痛苦的，都必定导致苦难与精神疾病，导致生理上的或精神上的死亡(精神错乱)。人每前进一步都会感到恐惧和痛苦，直到他达到了某一点，在那里，他不再那么害怕和怀疑。这种两极倾向决定着除了生理需要(饥、渴、性)之外的人的一切根本需要。人得解决问题，他不能停留在被动地顺应自然的状态。甚至即使他的本能需要得到了最完全的满足，也不能解决他的“人”的问题。他最激烈的感情和最迫切的需要不是植根于他的肉体，而是植根于他的存在的独特性。

人本主义精神分析的关键也在于此。在探寻产生人的感情和欲望的基本动力时，弗洛伊德认为，他已经在里比多中找到了这种基本动力。但是，尽管性动力及其衍生物强而有力，它们绝不是人内在的最强大的力量，在这些方面的挫折也不是精神错乱的原因。推动人的行为的最强有力的力量来自于人类生存的环境，即“人类处境”。

人无法静态地生活，因为他内在的冲突驱使他去寻求一种心理平衡，一种新的和谐，以替代那种已经失去的与自然合一的动物性的和谐。在满足了动物性的需要之后，他又受到他的人的需要的驱使。他的肉体告诉他应该吃什么，躲避什么，而他的良心则告诉他哪些需要应该培养和满足，哪些需要应该让它枯萎和消亡。饥饿与胃口是人生来就有的肉体机能，而良心则是潜在的，需要人与各种原则的指导，这些原则只有在文化的成长过程中才得以发展。

人的所有感情和追求都是人为解答他的存在问题所作的尝试，或者说，为了避免精神错乱所作的努力(顺便提一下，精神生活的真正问题并不是为什么有些人变得精神错乱，而是为什么大多数人想逃避精神错乱）。精神健康的人与神经症患者都受到需要的驱使去寻求答案，唯一不同的是，与后者相比，前者寻求的答案与人的整体需要更加一致，因而更有助于发挥人的力量，使人获得快乐。所有的文化都给人提供了一种特定的系统，在这个系统中，某些解答占了支配地位，因而某些追求和满足成为答案。无论是原始宗教还是有神论或无神论的宗教，都是解答人的存在问题的努力。最优秀的与最野蛮的文化都具有同样的功能，所不同的仅仅是解答的好坏而已。脱离文化模式常轨的人与他顺应文化模式的同胞一样，都在寻求解答。他找到的解答比文化提供的解答或者好些，或者坏些——但对于人类存在所提出的相同的基本问题来说，总是一种新的解答。假使我们说，宗教是人为解答人的存在问题所作的努力，那么，在这个意义上，一切文化都是宗教性的，而每一种神经症也是一种个人形式的宗教。的确，精神病以及潜藏于艺术与宗教背后的巨大能量绝不应该被看做是受挫或升华的生理需要的产物；它们是人为了解决人的存在问题所作的努力。如果“理想主义”一词意味着奋力追求人所特有的需要的满足，这种需要超越了有机体的生理需要，那么，人人都是理想主义者，人人都无法不做理想主义者。所不同的只是，一种理想主义是好的、完善的解答，另一种是坏的、具有破坏性的解答。至于如何判定哪种好，哪种坏，则必须依据我们对人性以及支配人性发展的规律的了解。

什么是根源于人类存在的需要和感情呢?

一、与他者关联和自恋

人从那种标志着动物的存在的与自然的原初的合一状态中分离出来。由于他既有理性，又有想象力，他意识到了他的孤独与孤立、他的无力与无知，以及他的生与死的偶然性。如果他找不到把他与他的同胞连接在一起的新的纽带，以取代受制于本能的旧的纽带，他就一刻也不能忍受这种存在状态。即使他所有的生理需要都得到了满足，他也会觉得这种孤独与孤立的状态像个牢笼，他必须打破牢笼以保持精神健全。实际上，神智错乱的人就是那种完全无法同他者建立任何联系的人，即使他没有受到有形的铁窗的监禁，也是个被困在无形的牢狱中的囚犯。与其他有生命之物结合在一起，与他们相关联，这是人的迫切需要，人的精神健全有赖于这种需要的满足。这种需要存在于人们所有亲密关系以及所有在最宽泛的意义上被称为爱的感情的后面。

人可以通过几种途径来寻求并实现这种结合。他可以通过顺从于一个人、一个团体、一个组织，或者顺从于上帝，来与这个世界结合在一起。借助这种方法，他超越了个体存在的分离性，成为某人或某个大于他的团体的一部分。在与他所顺从的权力的关联中，他体验到了自我的存在。另一种克服分离的可能性则在相反的方向：人可以用控制世界的方法使自己和世界相结合，使他人成为自己的一部分，也就是用统治的办法来超越自身的个体存在。不论是顺从还是统治，从本质上讲，都是一种共生关系。这两种人都失去了自己的完整性与自由。他们相依为命，互相获得生存的力量，满足相互亲近的渴望；但是，他们却缺乏内在的力量和自力更生的精神，因为他们没有自由和独立。再者，他们还不断地受到有意或无意的敌意的威胁，而这种敌意正是共生关系的必然产物。①顺从感（受虐狂）或者统治感（虐待狂）这两类感情的产生都不能导致满足。这两类感情都具有自我推动机制，由于顺从感或统治感（或占有感，或名利）无论多少都不足

① 有关共生相关性的详细分析请参阅作者所著的《逃避自由》一书，莱因哈特出版公司，纽约，1941 年，第 141 页及其后。

以给人以身份感和一体感，因而人们的顺从和统治的欲望会愈来愈强烈。这些感情最终将导致失败，不会有其他结局。这些感情的目的是形成一种结合感，这目的却正好破坏了人的完整性，受到任何一种这类感情驱使的人实际上成了依赖他人的人，他没有发展自身的个性而是依附于他所顺从的或所统治的人。

人身上只有一种感情能满足人与世界结合的需要，同时还能使人保持完整性和个性，这种感情就是**爱。爱就是在保持自我的独立与完整的情况下**与自身之外的他人或他物**结合在一起**。爱是一种参与和交流的体验，它促使人充分发挥自己的内在能动性。爱的经验使人不再需要幻想。人无需抬高他人的或自己的形象，因为主动地与人共享和互爱的现实使人超越了个体性的存在，同时也使人体验到，自己也会主动地产生爱的力量。重要的是爱的独特**品质**而非爱的对象。爱存在于人类与其同类团结在一起的经验之中，存在于男女的性爱之中，存在于母爱之中，也存在于人的自爱之中；爱存在于合为一体的神秘体验之中。在爱的行动中，我与万物结合成一体，但我同时又是我自己——一个独特的、独立的、有限的、终有一死的人。确实，正是在分离与结合的两极中，爱诞生，并再生。

爱是我们所说的人的能动性的一个方面：人与他人、与自己、与大自然的那种主动的、富于创造性的关系。在**思维**王国，这种能动性表现为用理性恰当地把握世界。在**行动**王国，这种能动性表现为创造性工作，最典型的便是艺术和工艺。在**情感**王国，这种能动性表现为爱——在保持自身的完整与独立的条件下，与另一个人、与所有人、与大自然相结合。在爱的经验中出现了一种看似矛盾的情形：两个人合而为一，与此同时，却仍然是独立的两个个体。从这个意义上讲，爱绝不会只针对一个人。如果我只爱一个人，不爱其他人，如果我对一个人的爱使我与我的同胞更加疏远，那么，我可能在所有方面依恋这个人，但并不是在爱。如果我说“我爱你”，我的意思是说：“我爱你，因此我爱整个人类，爱所有有生命的东西；我爱你，因此我也爱我自己。”这个意义上的自爱是自私的反面。自私实际上是对自己的过度关注，它产生的原因是缺乏对自己的真正的爱，它给予这种缺乏以某种补偿。爱似乎表现出某种矛盾。一方面，它使我更加独立，因为它使我更坚强、更幸福；另一方面，它使我与我所爱的人结合成一体，在那一时刻，我的个体性不复存在。在爱中，我体会到“我便是你”，你是被爱的人，你是陌生人，你是一切有生命的事物。在爱的体验中，我们找到了“什么是人”的唯一答案，找回了健全的精神。

创造性的爱总是意味着一系列的态度：**关心、责任、尊重与了解**。①如果我爱某人，我会关心他，也就是说，我主动地关心他的成长与幸福，而不是当一个旁观者。我对他负责，就是说，我对他的需要——他说出来的需要，以及尤其是他未说出口的需要——作出反应。我尊重他，就是说(根据“尊重”的原意)，我按照他本来的面目看待他，不受自己的愿望与畏惧的影响，客观地看待他。我了解他，我透过他的外表进入了他的本质，把我自己的本质、我的内心，而不是我的外表，同他联系在一起。②

创造性的爱若指向与自己平等的对象，可以称之为**友爱**。在**母爱**中（“母爱”的希伯来文为 rachamim，源自 rechem（子宫）），爱的双方处于一种不平等的关系中；孩子不能自助，依赖母亲。为了成长，孩子必须变得愈来愈独立，直到他不再需要母亲为止。因此，母子关系呈现出矛盾的

① 有关这些观点的更详细的讨论请参阅我的著作《自为的人》，莱因哈特出版公司，纽约，1947 年，第 96 页及其后。

② 在希伯来语词汇 jadoa 和德语词汇 meinen 与 minnen 中，“爱”与“了解”是一个概念。

特征，在某种意义上，这种关系是悲剧性的。母爱需要母亲付出强烈的爱，而正是这种爱必须帮助孩子日益成长，使他脱离母亲，完全独立。对母亲来说，在这种分离过程开始之前爱她的孩子是件容易的事；但是，在爱孩子的同时，又让孩子脱离自己，并**希望**孩子脱离自己，却是大多数母亲无法办到的事。

性爱(希腊文为 eros，希伯来文为 ahawa，词根的意义为“[感情]洋溢”)涉及另一种动力：同他人融合与结合的动力。友爱指向所有人；母爱指向子女以及所有那些需要我们帮助的人；而性爱则是指向一个人，通常是异性，是一种希望与异性融合成一体的强烈欲望。性爱以分离开始，完成于合一之际。母爱以合一开始，最终导向分离。如果合一的需要在母爱中得以实现，这意味着毁了孩子，使他不能成为一个独立的人，因为孩子需要脱离母亲独立，而不是永远同母亲联系在一起。如果性爱缺乏友爱，**仅仅**是为融合的愿望所驱使，它便是没有爱情的性欲，或是反常的爱，如受虐狂或虐待狂的那种“爱”。

只有当一个人考虑到无法与他者发生任何联系的后果时，只有当他懂得自恋的含义时，他才能完全理解与他者相关联的需要。婴儿唯一能体验到的实在就是他的肉体及其需要——生理需要以及对温暖和爱的需要。他还无法区别“我”与“你”。他仍然处于一种与世界一体的状态。这是他的个体感与现实感觉醒之前的一体状态；存在着的外部世界不过是些可以满足他自身需要的食物与温暖，而不是可以实际地、客观地加以了解的某人或某物。弗洛伊德称这种倾向为“原始自恋”。在正常的发展过程中，他对外界现实的认识日益增长，相应地，也慢慢能将“我”与“你”区别开来，原始自恋状态会逐渐消失。这种变化首先发生在感知水平上，这时，事物和人被看成是不同的实体。这一认识为语言的可能性打下了基础，因为要叫出东西的名字，必须先把它们当成个别的、分离的实体来加以认识。①这种变化要经历较长的时间，直到孩子从感情上克服自恋为止；因为孩子长到七八岁时，其他的人仍然主要是作为满足他的需要的手段而存在。这些人的作用在于满足他的需要，他们是可以替换的。只有到了大约八九岁时，他才开始以另一种方式来体验他人的存在，即开始爱，也就是说，按照 H. S. 沙利文的说法，他开始感到他人的需要与自己的需要同样重要。②③

原始自恋是一种正常现象，与儿童的生理及心理发展相一致。不过，自恋也存在于生命后来的各个阶段(弗洛伊德称之为“继发自恋”)，假使成长中的儿童无法发展出爱的能力，或者再度丧失了这种能力的话。自恋是所有严重的心理疾病的本质所在。对于自恋的人来说，世上只有一种现实，即有关他自己的思想过程、他的感情及需要的现实。他不去**客观地**体验或感知外部世界，也就是说，他不把外部世界当成是按照它自身的运行

① 参照让 · 皮亚杰在其著作《儿童的世界概念》中对这一点的讨论，哈考特-布雷斯出版公司，纽约，第 151 页。

② 参阅 H. S. 沙利文的《精神病学的人际关系理论》一书，诺登出版公司，纽约，1953 年，第 49 页及其后。

③ 这种爱通常是针对孩子的同龄人，而不是指对父母的爱。那种认为孩子在爱其他人之前先“爱”自己的父母的想法应当被看成是想当然的幻想。对这个年龄的孩子来说，父母亲更多地是依赖和恐惧的对象，而不是爱的对象。就其性质而言，爱的基础是平等与独立。如果我们把对父母的爱与充满深情但却被动的依恋、乱伦倾向的迷恋及习惯上的或畏惧的顺从区别开来，那么，对父母的真正的爱是在较后的阶段而不是在童年时期得到发展的，虽然在幸运的情况下，我们可以在较早的年龄段发现这种爱的萌芽。(沙利文在其《精神病学的人际关系理论》中更激烈地表达了这一观点。)可是，很多父母并不愿意接受这样的现实，他们公开地或者以取笑这一更有效的方式来表示他们对孩子第一次真正的爱的不满。他们有意或无意间表现出来的妒忌，对于孩子的爱的能力的发展来说，是最大的障碍。

方式、条件及需要而存在的东西。我们可以在各种形式的神经错乱中看到自恋的最极端的形式。神经错乱的人失掉了同世界的联系，退缩到了自己之中，他无法体验到物质的或人的现实本来的样子，而只能见到它们被自己的内心活动所决定和塑造成的样子。他对外部世界不作任何反应，即使有所反应，他也不是依据外部世界的现实，而是根据自己的思想和感情过程来反应。自恋是与客观、理性及爱相对的另一个极端。

人如果完全不能将自己同世界联系起来，他便患有神经错乱，这一事实又向我们指出了另一事实：与外界保持某种形式的联系是任何健全生活的条件。不过，在各种形式的联系中，只有创造性的联系——爱——满足了这个条件：使人既保持了自己的自由与完整，同时又与他的同胞相结合。

二、超越——创造性与破坏性

人类状况的另一个方面是人作为**被造物**却又必须超越这种被动的生存状态，这和人的与他者关联的需要有着密切的联系。人一无所知、不由自主地被抛到这个世界上，又不由自主地被从这个世界上清除掉。在这一点上，人与动物、植物或有机物没有什么两样。可是，由于天赋的理性和想象力，人不满足于被动的角色，不满足于任人摆布的地位。一种强烈的愿望驱使着他去超越被造物的角色以及他的存在的偶然性和被动性，成为一个“创造者”。

人可以创造生命。这确实是他与其他被造物都有的神奇特质，区别在于，人能意识到，他是被造者，也是创造者。人能创造生命，更确切地说，女人能创造生命——她生孩子，照顾孩子，直到孩子长大成人，能够管理自己。人——男人和女人——能从事各种创造活动：播种，生产物品，进行艺术创作，创立概念，以及彼此相爱。通过创造，人超越了作为被造物的自己，超乎自身存在的被动性和偶然性之上，进入了意义和自由的王国。人对超越的需要是爱、艺术、宗教以及物质生产的根源之一。

创造的先决条件是活力与关心，人要创造，必须对所要创造的东西有爱。如果人不能创造，如果人不能爱，他怎么解决超越自我的问题呢？**对于超越的需要还有另一种回答：如果我不能创造生命，我至少能毁灭它**。毁灭生命也使我超越了生命。确实，人能毁灭生命，就跟他能创造生命一样，都是神奇的本事，因为生命本身就是奇迹，是无法解释的奇迹。在毁灭的行为中，人将自己置于生命之上；他超越了作为被造物的自己。由于人被驱使着超越自我，他的最终选择不是创造就是毁灭，不是爱就是恨。毁灭意志所具有的巨大力量正像创造的驱动力一样，根源于人的本性。我们在人类历史上见识过这种力量，在我们所处的时代，我们也曾满怀恐惧地亲眼目睹过这种可怕的力量。我们说，人能发展自己原初的爱和思维的潜力，这并不意味着我们相信人本善的天真说法。破坏性是人的次一等的潜力，植根于人的存在之中，它的强度和力量同人的任何一种感情一样有力。①但是，破坏性只是创造性的**替代物**（这是我的主要论点）。创造性和破坏性，爱和恨，并不是独立存在的两种本能，它们都是就超越的需要给出的解答。当创造的意志无法被满足之时，破坏的意志才会抬头。不过，满足创造的需要会导致幸福，而满足破坏的需要则会对人，尤其是破坏者本人，造成痛苦。

三、根性——友爱与乱伦

人诞生为人便意味着他开始脱离他的自然的家，开始割断他与自然的关系。然而，正是这种断绝令他感到害怕；如果人失去了他自然的根，那

---

① 我在这里要表达的与我在《自为的人》中所说的并不矛盾。在《自为的人》中我写道：“破坏性是人消除过去的生活痕迹的做法的结果。”在本书中阐述超越概念时，我只是想特别说明消除过去的生活痕迹的做法的哪一个方面导致了破坏性。

么，他身在何处？他又是谁呢？他孤立无援，没有家，没有根，他无法忍受这种孤独无助的局面。他会发疯。只有当他找到新的**人类的**根时，他才不再需要**自然的**根，只有在他找到它们之后，他在这个世界上才感到安全和自在。如果我们在人身上发现了一种深切的渴望，渴望不割断与自然的联系，不与自然、母亲、血缘以及土地相分离，我们会感到奇怪吗？

最根本的自然关系是孩子同母亲的关系。孩子在母亲的子宫里开始了生命，并且在那里停留了比大多数动物长得多的时间，就是出生之后，孩子仍然不能自助，完全依赖母亲，而这种无助与依赖的时间也大大长于任何动物。在生命的头几年中，母子之间不存在完全的分离。母亲满足了孩子全部的生理需要以及必不可少的对温暖和爱抚的需要；她不仅生了他，还继续给他以生命。母亲的关心不在于子女对她做了什么或者子女必须履行什么义务，这种关心是无条件地给予的。她关心他，因为这新生命是她的孩子。孩子在他生命中具有决定意义的头几年里体验到，母亲是生命的源泉，是无所不包的、保护的、滋养的力量。母亲就是食物，就是爱，就是温暖，就是大地。得到母亲的爱意味着生命的活力、扎根的土地，以及安全和自在。

正像出生意味着离开子宫的全方位保护一样，成长意味着走出母亲的保护范围。不过，尽管成年人与孩子的情况迥然不同，成年人对于曾经的受到保护的情境的渴求从来没有完全消失过。成年意味着独立，照顾自己，对自己，甚至对他人负责；而孩子还不能做到这一切。但是，我们也看到，生活日益错综复杂，我们的知识支离破碎，成年以后的生活变化无常，我们也犯了许多不可避免的错误。如果我们考虑一下这些情况，我们会发现，成人的处境并不像一般人所想象的那样与孩子的处境大不一样。每一个成年人都需要帮助、温暖与保护，这些需要在许多方面不同于孩子的需要，在许多方面又与孩子的需要类似。一般的成年人都深深渴望得到那种母亲曾经给予过的安全感和实在感，这奇怪吗？是否可以这样预测：除非他找到了新的获得实在感的方式，否则他决不会放弃这种强烈的渴求？

在精神病理学中，这种拒绝脱离母亲那无所不包的爱的领地的现象屡见不鲜。最极端的形式是渴望返回母亲的子宫。一个人如果完全沉溺在这种渴望里，可能会表现出精神分裂的症状。他会像在母亲子宫中的婴儿那样感受、行事，甚至不具有儿童最基本的身体机能。我们在许多较严重的神经症患者身上也发现了这种渴望，不过是以压抑的方式出现在梦中，显示为症状，或者在神经质的行为中显现出来。那种想继续留在子宫里的强烈渴望与人格的成人部分——希望过正常生活的倾向——相冲突，导致了这些压抑的表现。在梦中，这种渴求以象征的方式呈现出来，诸如，在一个黑洞里、在单人潜艇中、潜入深水里等等。这类人的行为反映出一种对生的恐惧，对死的迷恋(在幻想中，死便是回到子宫，回到大地母亲的怀抱)。

在有些人身上，这种对母亲的固恋不那么严重，他允许自己被生下来，但害怕迈出诞生的第二步——断奶。滞留在这一阶段的人渴求母亲般的爱抚、哺育以及保护。他们永远依赖他人，一旦失去母亲般的保护，就感到害怕，不安全，而如果有慈爱的母亲或母亲的替代者出现(无论是在实际中还是在幻想中)，他就表现得乐观和主动。

我们在人类的进化过程中也可找到与个人生活中的这种病理现象相似的东西。这种现象最明显的表现是乱伦禁忌的普遍存在，就是在最原始的社会中，也有乱伦禁忌。乱伦禁忌是人类发展的必要条件，这并不是由于它的性的方面，而是由于它的感情的方面。人要诞生，要进步，就必须割断脐带，克服想同母亲保持联系的强烈愿望。乱伦的欲望不是源于母亲对他的性吸引，而是源于一种根深蒂固的渴求，渴求留在或者回到安全的子宫，或者返回滋养一切的胸膛。这种乱伦禁忌不是别的，正是那两个手持燃烧着的宝剑的天使，他们守卫着天堂的入口，阻止人返回成为独立的个体之前那种与大自然合为一体的生存状态。

然而，乱伦问题不仅仅限于对母亲的固恋。同母亲的关系只是所有给人以根基感及所属感的自然的血缘关系的最基本的形式而已。无论血缘关系是按照什么系统建立的，它都可以延伸到所有血缘相关的人。**家庭**、**家族**，以及后来的国家、民族、教会，其作用类似于母亲对她的孩子最初所起的作用。一个人依赖于这些团体，感到自己扎根其中，是其中的一个组成部分，而不是脱离它们的孤独个体。不属于同一团体的人被看做是外人、危险分子，因为他不具备这个团体的人共同具有的人的特性。

弗洛伊德认为，对母亲的固恋是人的发展的关键问题，不论是对种族还是对个人而言。按照弗洛伊德的思想体系，对母亲的强烈固恋来源于母亲对孩子的**性**吸引力，是内在于人的本性的乱伦倾向的表现。他假设，持续的性欲使这种固恋在人以后的生活中持续存在。他将这种假设与他所观察到的儿子对父亲的反抗联系在一起，给出了一种独创的解释，即“俄狄甫斯情结”（“恋母情结”）。他把儿子对父亲所持的敌意解释为儿子同父亲争夺性对象的结果。

弗洛伊德虽然看到了对母亲的固恋情感的重要性，他对此所作的特殊解释却削弱了这项发现的力量与意义。他把成人的性需求投射到了儿童身上；他认为，有性欲的小男孩本来受到最亲近他的女性的性吸引，只是由于在这个三角关系中对手（父亲）的力量更强大，他才被迫放弃了他的欲望，但他一直未能从这种挫折中完全恢复过来。弗洛伊德的理论是对观察到的事实所作的一个古怪的纯理论的解释。在强调乱伦欲望的性的方面时，他将孩子的欲望解释为某种本身具有理性的东西，而回避了真正的问题：儿子同母亲的**非理性的感情**联系的深度和强度，回到母亲的怀抱、仍然作为她的一部分的愿望，以及对于完全脱离母亲的状态的恐惧。按照弗洛伊德的解释，由于父亲这个对手的存在，乱伦愿望无法实现；同时，在现实中，乱伦愿望与成人生活的所有要求相对立。

由此可见，恋母情结理论既承认又否认一个重要的现象：人渴望母爱。极力强调乱伦的愿望，这样做承认了孩子同母亲的联系的重要性；将乱伦欲望解释为性欲望，这样做则否认了这种联系的感情方面的——也是真正的——含义。

对母亲的固恋也可能是性固恋，这种情况无疑存在，这是因为情感上的固恋过于强大，影响到了性欲，而不是因为性欲是固恋产生的根源。正相反，对其对象来说，这样的性欲是极不专一的。一般说来，性欲恰恰是帮助青年人脱离母亲的动力，而不是把他同母亲紧紧系在一起的力量。当我们遇到对母亲的固恋改变了性冲动的正常运作的情况时，应当考虑到两种可能性。第一种可能：对母亲的性欲望是抵制那种回到子宫的欲望的防御机制；后者会导致精神失常和死亡，而性欲则至少与生命相容。通过近乎现实的幻想——恰当的器官进入阴道，一个人被从对可怕的子宫的恐惧感中解救出来。①另外一种值得考虑的可能性是，孩子同母亲性交的幻想并不具有成人性生活的性质——自觉、快感、主动，而是具有被动性，甚至在性领域，自己也被母亲所征服和占有。除了这两种表现出较严重的病状的可能性之外，我们还发现了由富有诱惑力的母亲所激发的乱伦欲望的例子，这些例子虽然表现出了对母亲的固恋，却较少表现出严重的病状。

---

① 例如，在梦中，梦者发现自己置身于一个洞窟之中，快要窒息的感觉让他害怕，同母亲性交缓解了他的恐惧。

弗洛伊德歪曲了自己的重大发现，此举可能是由于他同自己母亲的关系中的一个未解之谜。但是，我们可以肯定，他的理论在很大程度上受到了他所处的时代特有的严峻的家长作风的影响，而弗洛伊德自己也完全继承了这种作风。母亲被从至高无上的爱的对象的位置上推了下来，父亲取代了她的位置，被当成孩子的感情生活中最重要的人物。 在家长制的偏见已经没有什么影响力的今天，弗洛伊德下述这段话听上去几乎令人难以置信。弗洛伊德写道："在童年的生活中，我找不到什么比寻求**父亲的保护**更强烈的需要了。"①一九〇八年，在提到他父亲的死时，他写过类似的话："在一个男人的生活中，父亲之死是最重大的事件、最惨痛的损失。"②这样一来，弗洛伊德便把实际上属于母亲的位置给了父亲，而把母亲贬低为发泄性欲的对象。女神变成了妓女，父亲则被提升到了宇宙的中心位置。③

约翰·雅各布·巴赫芬，这位比弗洛伊德早一代的天才，曾经看到这种同母亲的联系在人的发展中所起的中心作用。④因为他没有局限于那种对固恋母亲的情感所作的纯理论的、性的解释，他对事实的看法更深入，更客观。在有关母系社会的理论中，他设想，人类在进入父系社会之前经历了一个母系社会阶段，在这个阶段，人同母亲、血缘以及土地的联系在

---

① 弗洛伊德：《文明及其不满》，由J.里维艾勒译自德语，贺嘉思出版有限公司，伦敦，1953年，第21页。

② E.琼斯：《西格蒙德·弗洛伊德生平和著作》，基础书籍出版公司，纽约，1953年，第1卷，第324页。

③ 在杀死母亲的慈爱形象这件事上，弗洛伊德对心理学所做的正如路德对宗教所做的，更恰当地说，弗洛伊德是新教的心理学家。

④ 参阅约翰·雅各布·巴赫芬：《母权与原始宗教》，R.马克思编，A.科革纳出版社，斯图加特，1954年。

个人和社会两方面都是最重要的关联形式。如上所述，在这种社会组织形式中，母亲在家庭、社会生活以及宗教事务中都是中心人物。尽管巴赫芬的很多历史构想不一定站得住脚，但毫无疑问，他揭示了为心理学家和人类学家所忽略了的一种社会组织和心理结构，因为这些心理学家和人类学家往往从父权倾向出发，认为这种社会曾经由女人而不是男人统治的说法荒唐可笑。不过，有许多证据证明，希腊和印度在北方部族入侵之前曾经有过母系社会结构的文化。女神的庞大数目及其重要性也指向相同的结论。（例如，威伦朵夫的维纳斯、莫亨哥-达罗的母亲神、伊西斯、伊西塔尔、瑞亚、库伯勒、埃及的爱神哈索尔、尼普尔的蛇神、阿卡德的水神阿依、农业神德墨忒尔，以及集生命的给予者与掠夺者为一体的印度女神迦利。这只是一小部分例子。）甚至在许多当代的原始社会中，我们也可以在母系形式的血缘关系或从母居的婚姻形式中看到母系社会结构的残迹；更重要的是，即使在社会形式已经不再是母系结构的社会中，我们还可以发现许多与母系社会的情况类似的与母亲、血缘和土地的关系。

弗洛伊德在乱伦固恋中只看到了消极的、病态的因素，而巴赫芬则清楚地看到了这种对母亲的依恋的消极的和积极的两个方面。**积极方面是一种对生命、自由以及平等的肯定感，这种肯定感普遍存在于整个母系社会的结构中**。因为人是自然之子、母亲之子，因此，他们互相平等，拥有同样的权利；唯一有价值的东西便是生命。换句话说，母亲爱孩子，不是因为这个孩子比那个孩子好，这一个满足了她的期望，那一个没有，而是因为他们都是她的孩子，在这一点上，他们都一样，都有同样的权利获得她的爱和照顾。至于母系社会结构的消极方面，巴赫芬也看得很清楚：**人与自然、血缘、土地的结合限制了他的个性及理性的发展**。他始终是个孩子，无法进步。①

巴赫芬对父亲的作用也作了同样广泛和深入的探讨，他也指出了父亲的作用的消极的和积极的两个方面。如果解释并发挥一下巴赫芬的观点，我们可以这么说，男子不生孩子(我这里说的当然是指怀孕与分娩的经验，而不是指纯理性的知识——父亲的精子也是创造孩子所必需的)，而且也不担负哺育孩子的任务，他比女子更远离自然。正因为男子不那么植根于自然，他被迫发展他的理性，建立一个由概念、原则及人造的东西构成的人为的世界。这个世界取代自然成了生存与安全的基础。孩子同父亲的关系不及他同母亲的关系那么密切，因为母亲在孩子的早年生活中起到了全方位的包容、保护和抚慰的作用，而父亲则从来也没有起到这样的作用。相反地，在所有的父系社会中，儿子同父亲的关系，一方面是顺从，另一方面则是反抗，这种关系本身就包含着促成解体的因素。对父亲的顺从不同于对母亲的固恋。后者是自然关系——对自然的依恋——的继续；前者是以权力和法律为基础的人为的东西，因而不像同母亲的关系那样具有强迫性，那样有力。母亲代表着自然及无条件的爱，而父亲则代表着独立、良心、责任、法律与等级。父爱不同于无条件的母爱(因为他们是她的孩子)，父亲最宠爱的是那些最符合他的期望的孩子，最适合继承他的财产与世俗责任的孩子。

由此我们可以看到父爱与母爱的重要区别。在同母亲的关系中，孩子

---

① 观察两个相互对立的哲学派别在过去的一百年中各自是如何利用母系社会结构的这两个方面的，是一件有趣的事。马克思主义学派热烈欢迎巴赫芬的理论是因为他指出了母系社会结构中内在的自由和平等元素(参阅弗里德里希·恩格斯：《家庭、私有制及国家的起源》)。在巴赫芬的理论埋没了许多年之后，纳粹哲学家出自相反的理由也对巴赫芬表现出了极大的热情。他们对他指出的母系社会结构的另一个方面，即血缘和土地对人的束缚的非理性特征，产生了浓厚的兴趣。

无法节制或控制母爱。母爱像是一种天惠；如果母爱存在，那是一种幸运，如果不存在，则不能由人创造出来。这就是为什么那些没有克服对母亲的固恋的人往往设法以一种神经质的和神秘的方式来获取母爱。他们使自己显得无助，让自己患病，或者在感情上回到婴儿阶段，靠这些方法来达到目的。他们幻想，如果我使自己变成无助的孩子，母亲必定会出现，会来照顾我。在另一方面，同父亲的关系则是可以控制的。父亲希望儿子长大成人，负起责任，有自己的思想，当一名建设者；或者（并且）恭顺，服从父亲，像父亲。不论父亲对儿子的期望是看重儿子的成长还是强调顺从，儿子都有机会获得父爱，通过做父亲希望的事来博得父亲的欢心。总的来说：**恋父情结的积极方面包括理性、纪律、良心和个性；消极方面包括等级、压制、不平等和顺从。**①

特别值得指出的是，父亲与母亲的形象同**道德**原则有着密切的关系。弗洛伊德在他的“超我”概念中只提到了父亲的形象同道德心发展的关系。他假设，由于害怕作为竞争对手的父亲会阉割他，小男孩把父亲——确切地说，父亲的命令和禁令——转变成了道德的构成部分。②不过，我们看到，世上不仅有**父亲的良心**，也有**母亲的良心**；有一个声音告诉我们去尽职责，也有一个声音告诉我们去爱，去原谅——爱自己，爱别人，原谅自己，也原谅别人。确实，两种良心最初都受到了父亲和母亲的形象的影响，但在其成熟的过程中，良心愈来愈脱离了原始的父母形象，愈来愈

---

① 这些消极方面在埃斯库罗斯的悲剧《安提戈涅》中的人物克瑞翁身上表现得最明白不过了。

② 在《自为的人》一书中，我讨论了弗洛伊德的“超我”概念的相对性，区分了权威主义的良心和人道主义的良心，人道主义的良心是一种帮助我们回到自身的声音。参见《自为的人》第四章第二节。

独立；可以说，**我们成了自己的父亲和母亲，也成了自己的孩子**。我们内心的父亲告诉我们，“你该做这，不该做那”。要是我们做错了事，他会责骂我们；如果我们做对了，他会表扬我们。与此同时，我们内心的母亲却在以完全不同的语言说话，她仿佛在说：“你父亲骂你是对的，不过你也不需要把他的话太当真了；不管你干了什么，你都是我的孩子，我会爱你，会原谅你。你做的所有事情都不会影响你对于生活和幸福的期望。”父亲和母亲以不同的语言说话，实际上，他们说的似乎刚好相反。不过，责任的原则与爱的原则之间的矛盾，父亲的良心与母亲的良心之间的矛盾，是人类存在所固有的矛盾，人应该同时接受矛盾的双方。只听从责任的命令的良心和只听从爱的指示的良心都是歪曲的良心。内心的父亲和母亲的声音所说的不仅涉及人对自己的态度，也涉及人对其同胞的态度。他可能会用父亲的良心来评判他的同胞，但是同时，他必须听听他内心的母亲的声音，后者爱所有的同胞，爱所有活着的人，原谅一切越轨行为。①

在继续讨论人的基本需要之前，我想依据对人类历史的观察简单描述一下人类寻求安放精神之所的各个阶段，尽管这种描述似乎打断了本章思想的主线。

婴儿植根于母亲，处于历史婴儿期的人(从时间上讲，到目前为止，历史婴儿期仍然是人类历史中最长的一段)仍然植根于自然。虽然他已经从

① 如果我们研究一下在犹太教和基督教的上帝的概念中父亲的原则和母亲的原则各自所占的分量，那会非常有趣。上帝发了洪水，因为除了诺亚，其他人都是邪恶的，发洪水的上帝代表父亲的道德心。上帝对约拿说，他同情“尼尼微大城，其中不能分辨左右手的有十二万多人，并有许多牲畜”。这个上帝就像原谅一切的母亲一样。从犹太教和基督教的进一步发展中，尤其是在神秘主义中，我们也可以清楚地看到上帝所具有的父亲功能和母亲功能之间的这种对立。

自然中脱颖而出，自然世界仍旧是他的家；他的根仍然在这里。他竭力想回归到自然中，与自然，也就是动植物的世界，合而为一，从中找到安全感。我们可以在很多原始神话和宗教仪式中清楚地看到这种紧紧抓住自然不放的努力。当人把树木、动物当成偶像来加以崇拜时，他是在崇拜自然的具象。这些个体是有力的保护力量，对它们的崇拜也就是对自然本身的崇拜。当个人把自己与它们联系起来时，他找到了自己的身份感及归属感，感到自己是自然的一部分。人与其生活的土地之间的关系也是如此。一个部族常常不仅是由血缘凝聚在一起的，共同生活的土地也是部族存在的原因。血缘和土地的结合给了部族力量，为个人提供了真正的家和行为规范。

在人类进化的这个阶段，人仍然感到自己是自然世界、动植物世界的一部分。只有在他已经迈出了那决定性的一步，从自然界中完全走出来之时，他才会努力要在自己与动物之间划出一条明确的界限。温尼巴哥的印第安人的信仰就是一个例子。这些印第安人相信，最初，一切造物都还不具有固定的形态，都是一种不确定的存在，可以变成人，也可以变成动物。到了某个时候，它们才决定完全变成动物或人。从那以后，动物一直是动物，人一直是人。①阿兹台克人（墨西哥的印第安原住民）也有类似的信仰。他们认为，在我们现在生活的时代之前，世界上只居住着动物，直到主神格查尔科阿托到来，才出现了人。某些在墨西哥印第安人中间还保留着的信仰表达了同样的感情，他们相信，某一种动物相当于某一类人。毛利人也相信，某一棵树（人出生时种下的树）相当于某一个人。在很多宗

① 这个例子取自保尔·拉丁所著《原始世界中的神和人》，莱茵出版社，苏黎世，1953 年，第 30 页。

教仪式中，人把自己打扮成某种动物，或者给自己选择一个动物图腾，从而把自己与动物等同起来，这些都是上述那种思想的表现形式。

人在与自然的关系中所处的被动地位同人的经济活动相关。他起初只是一个收集食物的人，一个猎人，要不是他学会了使用原始的工具，利用火，他与动物实在没有什么太大的差别。在历史的进程中，他的技能增长了，在与自然的关系中，它的角色也从被动转变为主动。他发展了畜牧业，学会了种地，艺术和工艺方面的技能不断提高，同外国人交换产品，变成了旅行家和商人。

人信奉的神也发生了相应的变化。只要他在很大程度上仍感到自己与自然是一体的，他的神就是自然的一部分。当他作为工匠的技艺增长后，他用石头、木头或金子给自己制作了一个偶像。当人进化到更高阶段，感到自己的力量更强大时，他的神开始有了人的形象。最初——这大致相当于农业阶段——人把上帝看成保护一切、养育一切的“伟大的母亲”，最终，他开始崇拜代表理性、原则和法律的父亲形象的神。从自然中拔根离去，摆脱对慈爱的母亲的依赖，这一最终的、具有决定意义的转变大体始于理性的、代表父权的伟大宗教出现之时。在埃及，转变发生于公元前十四世纪的伊克拉顿宗教革命时期；在巴勒斯坦，转变发生在大约同一时期，摩西教形成之时；在印度和希腊，转变发生在不久之后北方部族入侵之时。很多宗教仪式表达了这种新思想。在动物祭祀中，人身上的动物性被作为牺牲奉献给了上帝。我们从《圣经》中的食物禁忌——禁止饮动物的血(因为“血便是动物的生命”)——看到了区分人与动物的严格界线。在上帝的概念中，与自然的、有限的、变化的物质世界相对立的另一极被建立起来。上帝代表着统一所有生命的原则，是不可见的、无限的存在。上帝创造了人，使他像自己，人于是与上帝共有某些性质；人从自然中走了出来，追求完全的诞生和觉醒。①人脱离自然的进程在公元前一千年的中期迈入了一个新的阶段：中国出现了孔子和老子，印度诞生了佛陀，希腊涌现出了启蒙哲学家，巴勒斯坦则出现了《圣经》中提到的先知。接着是一个新的高峰，其标志是罗马帝国境内基督教和斯多噶哲学的发展，以及墨西哥境内阿兹台克人的主神格查尔科阿托的出现；②然后，在公元六世纪，非洲诞生了伊斯兰教的创始人穆罕默德。

我们西方文化建立在两个基础之上：犹太文化和希腊文化。犹太传统的基础是《旧约》，这个传统是一种相对单一的父系文化形式，其基础是：家庭中的父权、社会中的祭师和国王的权力，以及天上父亲般的上帝的权威。不过，尽管这是一种极端的父权形式，我们仍可辨认出其中包含的更古老的母权因素，这些因素曾经存在于那些与土地和自然密切结合的宗教中，这些宗教在公元前两千年至公元前一千年间被理性的父权宗教击败了。

在《创世纪》的故事中，男人仍然与土地保持着原始的结合，用不着劳动，没有自我意识。 女人则更聪明，更主动，更有胆识。只是在“堕落”之后，代表父权的上帝才宣布了男人应该统治女人的原则。整个《旧约》以各种方式详尽阐述了父权原则。《旧约》建立了神权政体的等级模式以及一个完全由父亲统治的家庭组织。在《旧约》描述的家庭结构中，

---

① 当我修改手稿时，我在阿尔弗雷德 · 韦伯的著作《第三或第四种人》中发现了一个历史发展框架，它与我在文中所提出的框架类似。他称公元前四千年到公元前一千二百年为“地府时期”（chthonic period），这个时期的特征是：农业人口对于土地的固恋。

② 关于格查尔科阿托的出现时间，我依据的是劳莱特 · 塞霍尔的著作和私人信件，请参阅她的文章《格查尔科阿托的训示》，载《美洲评论》杂志，1954 年第 5 期。

我们总是发现**受宠爱的**儿子的形象：亚伯得宠，该隐失宠；雅各得福，以扫失名；约瑟胜过他的兄弟们。在更广泛的意义上，以色列人是上帝的宠儿。原来在母亲眼中所有的子女都是平等的，这时却出现了得宠的儿子，这儿子最像父亲，最能讨父亲的欢心，成了父亲的接班人以及他的财产的继承人。为了争夺宠儿的地位，得到继承权，弟兄成了仇敌，特权取代了平等。

《旧约》不仅严格禁止乱伦，而且禁止对土地的固恋。**人类历史**始于人被逐出天堂，离开他所扎根的、与之合一的土地之时。**犹太**历史则始于亚伯拉罕受命离开生养他的国土，去往“汝所不知的国度”之时。犹太部族从巴勒斯坦流浪到埃及，又从埃及回到了巴勒斯坦，但这新的居住地也不是最后的家。以色列人对乐土的崇拜表明了一种新的对土地和自然的眷恋，而先知的教义反对这种眷恋。这些先知宣布了一条法则：凡从理性和正义原则倒退到同土地保持乱伦关系的人，都将被从他的土地上逐走，在世界上到处流浪，无家可归，无土可依；直到他完全获得了理性，不再与土地和自然保持乱伦关系之时，他才能回到自己的家园，只有到了此时，土地才是福赐，才是摆脱了乱伦诅咒的**人**的家。弥赛亚（救世主）时代的概念包含着这样的内容：理性原则完全战胜了乱伦关系，道德良知和理性良知的精神现实不仅在犹太人中，而且在全人类，得以完全确立。

体现《旧约》的父权发展的首要的和中心的概念当然是上帝的概念。上帝代表了支配现象的多样性的总的法则。上帝创造了人，使他像自己，因而人人皆平等——有共同的精神品质、共同的理性和友爱的能力。

早期基督教进一步发展了这种精神，不是表现为强调《旧约》中多处提及的爱的观念，而是表现为强调宗教的超自然性质。《旧约》的先知质疑自己国家的存在的合法性，因为这个国家没有达到良心的要求；早期的基督徒则怀疑罗马帝国的道德合法性，因为帝国违背了爱和正义的原则。

犹太-基督教的传统强调父权精神的道德方面，而古希腊的思想则在其**理性**方面找到了最富有创造性的表达方式。我们看到，古希腊和巴勒斯坦一样，是一个父权的世界，这个世界在社会和宗教两个方面都已成功地从早期的母权结构中走了出来。正如夏娃不是女人所生，而是用亚当的肋骨造出来的，雅典娜也不是女人的孩子，而是从宙斯的头部出生的。正如巴赫芬指出的那样，我们仍然可以在从属于奥林匹亚的父权世界的众多女神身上找到早期母权世界的痕迹。古希腊人为西方世界的理性发展打下了基础。他们制定了科学思想的“第一批原则”，第一次创立了“理论”作为科学的基础，发展出了先前的文化中从未有过的系统哲学。他们根据希腊城邦的经验创立了国家和社会理论，这些理论将在古罗马，在庞大、统一的帝国的社会基础上，继续存在和发展。

由于罗马帝国不能继续推进社会和政治进步，大约在公元四世纪，而不是在天主教会这一新的势力强大的组织建立之前，罗马帝国便进入了停滞不前的状态。早期的基督教是穷人和被剥夺了继承权的人的精神革命，这些基督徒质疑现存国家的道德合法性；它是少数人的信仰，这些人愿意作为上帝的见证人去承受迫害和死亡。但是，在短得令人难以相信的时间内，天主教变成了罗马的国教。随着罗马帝国的社会结构慢慢地凝结成封建秩序(这种秩序在欧洲持续了一千年)，天主教的社会结构也开始发生变化。先知鼓励人们对违反了爱和正义的信条的世俗力量提出责难和批评，在此时，这种态度已经逐渐失去其重要性。新的态度号召人们不加区别地支持教会组织的权力。教会给人以极大的心理上的满足感，使他们顺从地接受自己的依赖和穷困，不做任何努力去改善自己的社会处境。①

从眼下的讨论的立场看，最重要的变化是从强调父权因素转变为强调父权和母权因素的融合。《旧约》中的犹太上帝是一个十足的代表父权的神；天主教在发展过程中重新引进了爱一切和原谅一切的母亲的概念。天主教本身——代表着拥抱一切的母亲——以及圣母，象征着宽恕与爱的母性精神；而上帝(父亲)则代表着等级主义的权威，人必须顺从这个权威，不得有半点抱怨与反抗。毫无疑问，这种父亲因素与母亲因素的融合是天主教有巨大的吸引力、深深影响人们的头脑的主要原因之一。受到父权权威压制的群众可以求助于慈母，以得到安慰与帮助。

天主教会的历史功能绝不仅仅是帮助建立一个封建秩序。它最重要的成就是在阿拉伯人和犹太人的大力帮助下把犹太思想和希腊思想的基本元素引入欧洲的原始文化之中。西方的历史仿佛停止了一千年来等待这一时刻：北欧踏上了它发展的起点，这是地中海世界在中世纪初期就已抵达的位置。此时，雅典和耶路撒冷的精神遗产已经传播到了北欧，并且渗透到了北欧人的头脑之中，冻结的社会结构开始融化，新一轮爆发性的社会和精神发展开始了。

---

① 基督教的社会作用和功能的变化与其精神的深刻变化有关：教会变成了一个等级严密的组织。教义的重点也逐渐发生了变化：从期待基督复活，建立一个爱与正义的新秩序，到人的起源的事实，以及使徒关于拯救人的原罪的训示。与此相关的还有另一个变化。最初，基督的概念包含在“义子说”之中：上帝收养耶稣这人为他的儿子，也就是说，一个受尽苦难的穷人成了一个神。这种观点以宗教形式表达了穷人和受压迫的人的革命希望和渴求。在基督教被罗马帝国宣布为国教之后一年，新的教义被正式接受：耶稣等于上帝，两者本质相同，上帝只是通过一个人的血肉之躯来显现。按照这种新观念，上帝施爱于人世，拯救了人，使他免于堕落；这取代了原先把人提升到神的高度的革命思想。(参阅弗洛姆：《基督教义的发展》，心理分析学出版社，维也纳，1931 年。)

这轮新发展的基础包括：十三、十四世纪的天主教的神学思想，“发现个人和自然”的意大利文艺复兴思想，人文主义和自然规律的概念，以及宗教改革运动。这之中，对欧洲和世界发展产生最激烈、最深远的影响的当推宗教改革运动。新教教义和加尔文主义回到了《旧约》那种纯粹的父权精神，清除了宗教观念中的母亲因素。人不再得到教会和圣母的慈母般的爱，他必须独自一人面对严厉的上帝，只有完全顺从，他才能得到上帝的慈悲。上帝认可君主和国家拥有绝对的权力。打碎封建枷锁、争取解放的斗争导致了日益增长的孤独感。但与此同时，父权原则的积极方面也在理性和个性的复兴中得到了肯定。①

十六世纪以来，尤其在新教国家中，父权精神的复兴运动表现出父权思想的**积极的和消极的**两个方面。消极方面表现为：人重新屈从于国家及世俗政权，屈从于日趋重要的由人制定的法律和世俗的等级制度。而不断增长的理性和客观精神，以及个人和社会的良心，则反映了父权精神的积极方面。当今时代科学的繁荣最充分地显示了人类理性思想的成就。但是，**母亲情结**的积极的和消极的方面绝没有从现代西方的舞台上消失。人人平等、生命神圣、人人都有分享自然果实的权利等思想构成了母亲情结的积极方面。这些积极因素表现在自然法则、人道主义、启蒙哲学以及民主社会主义的目标等思想中。这些思想有一个共同的观念，即人人都是大地母亲的孩子，都有权得到她的滋养，无论社会地位如何，都有权取得幸福。人与人之间的兄弟关系意味着大家都是同一个母亲的儿子，都有得到爱、享受幸福的不可剥夺的权利。在这个观念中，与母亲的乱伦关系已经

① 参阅M.N.罗伊在《理性、浪漫主义和革命》一书中对这个问题所作的透彻、精彩的分析，复兴出版公司，加尔各答，1952年。

不复存在。人通过征服自然(比如在工业生产上)把自己从对血缘和土地的固恋中解放出来，使自然人化，使人自然化。

但是，我们从欧洲的发展过程中也看到，在母亲情结的积极方面得以发展的同时，其消极方面——固恋血缘和土地——仍在顽抗，甚至更进一步，出现了向这消极的一面倒退的现象。人挣脱了中世纪社会传统的镣铐，却害怕新获得的自由，因为这自由使他变成了一个孤立的原子。于是，他逃离了自由，重新开始崇拜血缘和土地；民族主义和种族主义便是这种崇拜的最明显的表现形式。进步发展融合了父权精神和母权精神两者的积极方面，与此同时，两者的消极方面也在向前推进，其表现为与种族或民族崇拜混合在一起的国家崇拜。法西斯主义、纳粹主义和斯大林主义便是这两种崇拜混合在一起的最极端的表现形式，这两种原则在“元首”这一形象中都有体现。

但是，新极权主义绝不是我们这个时代的乱伦固恋的唯一表现形式。假如思想的发展能按照文艺复兴以来的人文主义思想的精神领袖们的意图进行的话，中世纪天主教超自然世界的崩溃本来是可能导向较高形式的“天主教义”的。但是，虽然科学和技术为这种发展创造了条件，西方世界却倒退到新的民族崇拜之中，这种倾向正是《旧约》的先知们和早期的基督教所力图根除的思想倾向。民族主义最初是一种进步运动，但现在，它取代封建主义和专制主义，成了一种新的枷锁。当代的普通人通过归属于一个民族而不是作为“某人之子’来获得他的身份感。这种固恋扭曲了他的客观性，即他的理性。他用一种标准对待自己民族的成员，而用另外的标准来判断“外人”。他在感情上对外人也有偏见。从血缘、土地的关系出发考虑(这些关系表现为共同的语言、习俗、食物、民歌等等)，谁不是“熟悉的人”，人们就会用怀疑的眼光打量他们，一点小事就能激发对他们的猜忌。这种乱伦固恋不仅毒害了个人与陌生人的关系，也危害了他与他所在的集团的关系。没有从血缘、土地关系中解脱出来的人不是完全的人；他的爱与思维的能力是有欠缺的，他无法从他的同胞以及他自己作为人的现实存在中体验自身和他们。

“民族主义”是我们这个时代的乱伦的表现形式，我们所崇拜的偶像，我们的精神病。“爱国主义”是对民族主义的狂热崇拜。不用说，我们所说的“爱国主义”是指把自己的民族放在高于全人类、高于真理和正义原则的地位上的那种态度，而不是指对自己民族的爱，这种爱所关注的是民族的精神和物质财富，绝非凌驾于其他民族之上的思想倾向。正如只爱某个人、不爱其他人的态度不能称作爱一样，只爱自己的国家而不把这种爱的对象扩展到全人类的倾向也不是爱，只能称作偶像崇拜。①

我们可以从人们对亵渎民族象征物的行为的反应中看到这种民族感情。这种反应与针对亵渎宗教或道德象征物的行为的反应非常不同。让我们设想这样一种情景：一个人把国旗拿到西方某个城市的大街上，然后，当众在国旗上乱踏。他不被私刑处死，那就是十分走运了。几乎在场的每个人都会对这种举动极其愤怒，不大可能客观地看待它。亵渎国旗的人干了一件恶劣到无法形容的事，在人们眼中，他所犯的罪不同于其他罪行，是不可饶恕的。亵渎国旗的行为与直接用语言攻击国家的做法虽然招来的反应不完全一样（人们对前者会作出更激烈的反应），但性质却相同。如果一个人说“我不爱自己的国家”，或者，在战争期间说“祖国能不能打胜仗，我才不在乎呢”，这种说法是真正的亵渎行为，他会被他的同胞当成一个魔鬼，一个罪犯。

---

① 参阅 R. 罗克的《民族主义与文化》一文对民族主义问题所作的全面、深刻的研究，见《罗克公共评论》，洛杉矶，1937 年。

为了理解亵渎行为所引起的这种感情的特殊性质，我们可以把这种感情同另外一种情况下可能出现的反应作一番比较。如果一个人站起来说："我赞成杀死所有的黑人，或者所有的犹太人，我赞成发动一场战争，占领新的领土。"人们会有怎样的反应呢？确实，很多人会感到这是一种不道德的、非人道的主张。但关键是，不会有那种无法抑制的、从骨子里爆发出来的愤怒。那种观点只是一种"坏"主张，但不是亵渎行为，不是对"神圣的"东西的攻击。即使一个人诋毁上帝，他的行为所能激发的愤怒也不大可能赶得上亵渎国家象征物的罪行所能引起的反应。人们可以说，一个人如果不尊重自己的祖国，他就缺乏团结意识和社会感情，如此一来，对于亵渎民族象征物的行为的反应就被轻而易举地理性化了。但是，如果一个人鼓吹战争，或者赞成杀戮无辜，或者为了自己的利益剥削他人，难道不也是缺乏团结意识和社会感情吗？毫无疑问，不关心祖国的确是缺乏社会责任心，缺乏团结意识，上述其他行为也是如此；但是，在其他各个方面，对亵渎国旗的行为的反应与对拒绝承担社会责任的行为的反应有着本质的区别。只有一件东西是"神圣的"，那就是民族崇拜的象征，其他东西则不是。

十七、十八世纪的欧洲大革命没有能够把"走出……的自由"变成"去做……的自由"，在这之后，民族主义和对国家的崇拜成了向乱伦固恋阶段倒退的外显症状。只有当人成功地发展了自己的理性，爱得更深更广之时，只有当他建立起一个以人类团结和正义为基础的世界之时，只有当他感到他的根在普遍的友爱的经验之中时，他才能找到一种新的人的根基感，他才能将他所处的世界改造成一个真正的人类之家。

四、身份感——个性与从众行为

我们可以给人下这样一个定义：人是可以说"我"并知道自己是一个

独立的实体的动物。动物存身于自然之中，无法超越自然，没有自我意识，不需要身份感。人从自然中走了出来，被赋予理性与想象力，需要形成一个关于自我的概念，需要说出并感觉到："我就是我。"因为他不是被动地活，而是主动去生活，因为他丧失了原有的与大自然的一体状态，他不得不自己做出决定，并且意识到自己与他人是不同的个体。他必须能够感到自己就是自己行动的主体。这种对身份感的需要，同其他几种需要——和他人发生联系、找到扎根之所，以及超越——一样，至关重要，不可或缺。如果他无法满足这种需要，他就不可能保持神志正常。人的身份感是在脱离母亲及自然的"原始束缚"的过程中发展形成的。婴儿仍然感到自己与母亲是一体的，还不会说"我"，他也没有这种需要。只有当他形成这样的概念——外部世界独立于自己，与自己不同——的时候，他才开始意识到自己是一个独特的个体；关于他自己，"我"是他学会用的最后几个词之一。

在**人类**发展的过程中，人在多大程度上意识到自己是一个独立的自我取决于他脱离部族的程度以及他的个性发展的情况。原始部族的成员会用这种方式来表达他的身份感："我即我们。"他还不能完全把自己看成是独立于团体的"个人"。在中世纪，个人的身份是由他在封建等级制中所处的社会地位来定的。农民并不是碰巧当了农民的人，封建领主也不是碰巧成了领主的人。**他生来是**一个农民或领主，对他的这一不可变更的地位的意识是构成他的身份感的基础。当封建制度瓦解之时，这种身份感也动摇了；人提出了这样一个尖锐的问题："我是谁?"或者更确切些，"我是怎样知道我是我的?"后者是笛卡尔以哲学的方式提出的问题。对此，笛卡尔给出了这样的回答："我疑——故我思，我思——故我在。"这一回答只强调了作为一切思维活动的主体的"我"的经验，而没有能够看到，在感觉及创造性活动的过程中，“我”也能被体验到。

西方文化发展的方向就是为个人创造充分体验他的个性的基础。通过使个人在政治、经济上获得自由，教导个人独立思考，将他从独裁主义的压力下解放出来，个人能感觉到“我”是自己力量的中心和行动的主体，并以这种方式来体验自己。但是，只有少数人获得了这种对“我”的新体验。对大多数人来说，个性不过是一个门面，在个性后面隐藏着寻求个人身份感的失败经验。

人们寻求真正的个人身份感的替身，他们找到了。国家、宗教、阶级及职业提供了某种身份感。“我是美国人”，“我是新教教徒”，“我是商人”，在原有的部族身份感消失之后，真正的个人身份感获得之前，这些说法帮助人体验到一种身份感。在当代社会中，不同的身份标识常常混在一起用。从广义上讲，这些是社会地位的标识，如果这些标识与古老的封建残存因素混在一起的话(比如在欧洲国家)，会更加有效。在美国，由于封建遗风很淡，加之社会流动性又非常大，这些地位标识自然就不那么有效了，身份感也日益转变为群体认同感。

我不是与众不同，我跟别人差不多，别人承认我是“一个规矩的人”，因为这，我感到我是“我”。正像皮兰德娄在他的一部剧的标题里所说的：我就是“你所希望的我”。人们发展出一种新的群体身份感来取代个性形成之前的部族身份感。这种身份感以对这个群体的无可置疑的归属感为基础。虽然人们通常不承认这种对群体的顺从态度，而以个性的幻象来掩盖它，可是这并不能改变事实。

身份感的问题，并不像人们通常所理解的那样，仅仅是一个哲学问题，或者仅仅是一个与我们的头脑和思维有关的问题。对身份感的需要源于人类存在的状况，也是人类最强烈的追求的源泉。由于没有“自我”感我就无法保持精神健全，因此，我被迫尽一切努力来获得这种自我感。这种需要驱使人们竭尽全力去争取社会地位，求得与社会协调一致；有时这一需要比肉体生存的需要还要来得强烈。很明显，人们宁愿冒生命危险，放弃自己的爱，舍弃自己的自由，牺牲自己的思想，为的就是成为群体中的一员，与群体协调一致，并由此获得一种(即使是虚妄的)身份感。

五、对定位坐标系与信仰体系的需要——理性与非理性

人具有理性和想象力这一事实不仅使他有寻求自我身份感的需要，也使他感到，在这个世界上，他需要理智地确定自己的位置。我们可以把这后一种需要同人的身体发展的走向作一个比较。这一发展在人出世后的头几年中进行；当他能自己走路，接触和摆弄东西，并知道这些东西是什么时，他便完成了这一发展过程。不过，能走路，会说话，仅仅是获取定位坐标系的第一步。他进而发现自己周围有许多令人困惑的现象；由于他有理性，他势必想理解其中的含义，想把这些现象放在某个他能理解的情境中，这一情境使得他可以思考它们。他的理性愈发展，他的定位坐标系就愈完善，也就是说，愈接近现实。但是，即使人的定位坐标系完全是虚妄的，也满足了他对一幅他认为有意义的图画的需要。无论他信仰的是图腾动物的力量、雨神的力量，还是他所在的种族的优越性和命运，他对于定位坐标系的需要都得到了满足。很明显，他心目中的世界图景取决于他的理性和知识的发展程度。但是，从生物学的角度看，人类的脑力经过数千代都没多少进步，要达到**客观**的境地，即有能力按照世界、自然、他人、自己的本来面目去看待它们，不受欲望或恐惧感的影响，需经过一个很长的进化过程。人客观看待事物的能力越发达，他就越接近现实，越成熟，越能创造一个适合作为他的家园的人类世界。理性是人以思想**把握**世界的能力，它与智力形成对照，后者是人借助思想操控世界的能力。理性是人

获得真理的工具，而智力则是人得以更成功地操纵世界的工具；前者本质上是属于人的，后者则属于人身上动物性的部分。

理性这种能力不能分割。为了发展理性，就得训练它。我的意思是，客观认识事物的能力关涉到人对自然、人、社会以及他自身的认识。如果一个人活在对生活的某个部分的虚幻的认识中，他的理性能力便会受到限制或损伤，他会因此也无法在生活的其他方面发挥他的理性。在这一点上，理性很像爱。爱是一种指向所有客体的感情，它与仅仅指向一个对象的爱不能共存。同爱一样，理性这种人所拥有的能力必须拥抱人所面对的整个世界。

人需要一个定位坐标系，这种需要包含两个层次。第一个层次，也是比较基本的，是要有**某个**定位坐标系，且不管它是真实的还是虚假的。除非有这种他主观上感到满意的定位坐标系，否则人无法精神健康地生活。第二个层次是，人需要以理性来接触现实，客观地把握世界。但是，发展理性的需要不及发展定位坐标系的需要急迫，因为对人来说，发展理性与他的幸福和宁静密切相关，而不是他的精神健康。我们研究了**理性化**的作用之后，这一点就会十分清楚了。一个人，无论他的行为多么不合理，多么不道德，他都会竭尽全力使它合理化，也就是说，向别人也向他自己证明，他的行为是受到理智、常识，或至少是受到传统的道德观念的支持的。不按理性行事是件容易的事，但他却几乎不可能不给自己的行动披上合理动机的外衣。

如果人只是个脱离肉体而存在的心灵，他就可以靠一个综合性的思维系统来达到自己的目的。但是，由于他是一个既有肉体又有心灵的存在，他便不得不对其存在的二元性作出反应，不仅在思想上，而且在生命的整个过程中，在感情上和行动上，作出反应。因此，任何令人满意的定位坐标系都不仅包含了理智因素，也包含了感情及感觉因素，后者通常在人与其信仰对象的关系中表现出来。

人以各种方式来满足他对定位坐标系与信仰对象的需要，这些方式在内容上与形式上都有很大不同。如泛灵论与图腾崇拜这类原始系统就是以自然物或祖先来代表人对意义的追问的答案。还有非神论系统，譬如佛教，这类系统原本并没有神的概念，却通常也被称为宗教。此外还有一些纯哲学的系统，如斯多噶主义。还有一神教系统，这类系统对于人对意义的追求给出了与上帝概念有关的解答。

人不仅需要某种思想体系，也需要一个信仰对象，有了这个目标，他的存在及他在这个世界中的位置才有了意义。不管上述系统的内容怎样，它们都是对人的这些需要的回应。只有通过对不同宗教的分析，我们才能看出哪些较好地解答了人对意义和献身对象的追求，哪些解答则较差，而好坏之分总是从人性及人的发展的角度出发来考虑的。①

① 读者如想进一步了解有关这个问题的讨论，可参阅我的《心理分析与宗教》一书，耶鲁大学出版社，1950 年。本书第八章第四节会继续讨论对于献身对象及仪式的需要。

第四章　精神健康与社会

精神健康的概念取决于我们的人性概念。在前一章，我力图表明，人的需要与感情根源于人的存在的特殊状况。人与动物共有的需要——饮食、睡觉、性满足——非常重要，因为这些需要根源于身体内部的化学反应，如果一直得不到满足，就会变得非常强烈。（当然，与性需要相比，这种说法更适用于人对食物和睡眠的需要，因为，未满足的性需要至少不会因为生理方面的原因呈现出其他两种需要所能呈现的那么强大的力量）。不过，即使全部满足了这些需要，也不足以使人精神健康。精神健康有赖于人所特有的那些需要和情感的满足，它们产生于人类处境的状况：人需要与他人相关，需要超越，需有有一个根，需要身份感，需要定位坐标系及信仰对象。人的几种重要的情感，诸如他对权力的渴求、他的虚荣心、他对真理的追求、他对爱情及友爱的渴望、他的破坏性和创造性，每一种促使他行动的强烈愿望都植根于人类的特殊状况，而不是像弗洛伊德所假定的那样，植根于原始性欲发展的各个阶段。

从心理学角度讲，人解决生理需要的方法十分简单；此处所面临的困难是纯粹社会的和经济的。对于他的人的一面的需要，人所提供的解决方案极其复杂，解决这个问题取决于很多因素，最终，但并非最不重要，取决于他所在的社会的组织方式，以及这个社会组织如何决定生活在其中的人们之间的关系。

基本的心理需要根源于人类存在的特殊性，它们必须以某种方式得到满足，否则人就会精神失常，就如人的生理需要必须得到满足，否则他就会死去一样。不过，满足人的心理需要的**方法**多种多样，各种方法之间的差异与精神健康的各种程度之间的差异相对应。如果某种基本需要得不到满足，人就会精神错乱；如果满足了，但令人不满意——从人这种存在的本性出发考虑——结果便是神经症（要么是明显的神经症，要么是以社会决定的缺陷的形式出现）。人必须同他人建立关系。但是如果这种关系是以共生或让渡权利的方式建立的，他便会丧失他的独立性和完整性；他脆弱，痛苦，变得敌视他人，或者情感淡漠。只有当他以友爱的方式把自己与他人联系起来时，他才能在保持自身完整的同时，感到与他人结合在一起。只有在生产劳动中他才同自然发生关系，与自然结合成一体，又不被自然所淹没。人只要仍然深切地扎根于自然、母亲、部族，就无法发展自己的个性及理性，就仍然是为自然所俘获的无助的猎物，但他决不会感到自己同自然是一体的。只有当他发展了他的理性和爱的能力，只有当他能以人的方式来体验自然界和社会之时，他才会感到自在、安全，感到是自己生命的主人。显而易见，在两种可能的超越形式中，破坏性会导致痛苦，创造性能带来幸福。我们也很容易便能看到，只有那种以对自己的力量的体验为基础的身份感才能给人以力量，而一切以集团为基础的身份经验都会使人不能自立，从而使人虚弱。最终，只有当人达到了把握现实的境地，他才能使这个世界成为**他的**世界。如果他生活在幻象之中，他就无法改变视这些幻象为必需品的环境。

总之，我们可以说，精神健康的概念是从人类存在的特定条件推导而来的，而且，对于处在各个历史发展时期和各种不同的文化中的人，这个概念是相同的。**精神健康的特点是：有爱与创造的能力；挣脱了同部族及土**

地的乱伦关系；人的身份感的基础为体验到自己是自己力量的主体和动因；能把握自身之内及之外的现实，即能够发展客观性和理性。

精神健康的这种概念在本质上与伟大的人类精神的导师们所制定的标准是一致的。在某些现代心理学家看来，这种一致性证明：我们的心理学的前提不是“科学的”，而是哲学的或宗教的“理念”。显然，他们认为很难得出这样的结论：各种文化产生的伟大学说都是以对人性的理性洞察和人的全面发展的条件为基础的。这个结论看来也更符合如下事实：在地球上若干极为不同的区域，在不同的历史时期，“已觉醒的人们”在相互之间几乎没有什么影响的情况下给出了同样的教诲。埃赫那吞①、摩西、孔子、老子、佛陀、以赛亚、苏格拉底、耶稣为人类生活定出了大体相同的规范。

对于许多精神病学家和心理学家来说，要接受**人本主义精神分析学说**的思想，得克服一个特别的困难。他们仍然根据十九世纪唯物主义的哲学前提来思维，这些前提假定，所有的心理现象都植根于相应的生理和肉体过程，并且是这些过程的结果。弗洛伊德的基本哲学倾向也是由这种唯物主义所塑造的，因而他认为，他在“里比多”中发现了人类感情的生理基质。而在本书所提出的理论中，与他人保持关联及超越等需要并没有相应的**生理**基础。人类情感的基础不是肉体的东西，而是与世界、自然、他人相互作用的人格之整体，**是人的存在状况所导致的人的生活实践**。我们的哲学前提不同于十九世纪的唯物论的哲学前提，而是将人的行为以及人与人、人与自然的相互作用作为研究人的基本经验资料。

如果我们考虑到人类进化的概念，那么，我们的精神健康的概念便引

---

① 埃赫那吞，埃及第十八王朝法老、宗教改革家，统治期在公元前十四世纪上半叶。——译注

起了一个理论难题。我们有理由假设，在几万年前，人类历史以真正“原始”的文化开其端；此时，人的理性发展还处在最初级的阶段，他的定位坐标系同现实、真理还没有多少联系。原始人只是缺乏那些只有进化可以赋予他的品质，难道我们可以因此说他精神不健全吗？确实，有一个答案可以轻易解答这个问题。这个答案注意到了人类进化与个人进化之间明显的类似。假使一个成年人的态度和定位坐标系如同一个月大的孩子，我们肯定会把他视做重症病人或者精神分裂症患者；而一个月大的婴儿有同样的态度则是正常、健康的，因为这种态度与他的心理发展阶段相一致。因此，我们可以像弗洛伊德一样把成人的精神病概括为一种对属于较早的进化阶段的定位坐标系的执着或者向这一坐标系的回退，就人本该达到的进化情形而言，这种坐标系已经不适用了。同样，我们也可以说，人类，如同婴儿一样，以一种原始的定位坐标系开始了自己的进化旅程，一切与人类进化的完备程度相一致的定位坐标系都应被认为是健康的；而“执着于”和“倒退到”人类已经历过的较早期的进化状态的倾向则是“病态的”。这种解答很吸引人，但它未考虑到一个事实。一个月大的婴儿由于生理发展所限还无法具备成熟的态度。他绝不可能像成人那样思维、感觉或行动。与此相反，人的机体发展成熟已有几十万年了，在这漫长的时间中，他的大脑、身体的协调性、体力都没有什么变化。他的进化完全依赖于他向下一代传送知识的能力，以及由此而来的积累知识的能力。人类进化是文化发展的结果，而不是有机体变化的结果。如果我们把最原始的文化中的婴儿放到一个高度发达的文化之中，他也会像这个文化中的其他孩子一样成长，因为决定他的发展的唯一因素是文化因素。换句话说，一个月大的婴儿无论在什么文化条件下都不可能有成年人那样成熟的精神；任何以原始阶段为发展起点的人，若被赋予通向这种成熟状态的文化条件，都能够在其进化的顶点成为一个完善的人。因此，那种认为原始的、乱伦的、缺乏理性的人是处在一个正常的进化阶段的看法同认为婴儿也处在一个正常的进化阶段的看法不是一回事。不过，从另一方面讲，文化的发展是人类发展的一个必要条件。因此，对于这个问题，似乎没有一个完全令人满意的解答。 从一种立场出发，我们可谈论精神健康的缺乏；从另一种立场出发，我们可谈论发展进化的早期阶段。不过，这个困难只有当我们处理的是这个问题最一般的形式时才显得特别大；而当我们面对的是我们时代的具体问题时，这个问题就不那么复杂了。我们现在已经到达了个性化的阶段，在这种情况下，只有充分发展了的、成熟的个人才能最有成效地使用自由；如果一个人还没有发展自己的理性及爱的能力，他便无力承担自由和个性的负担，他会设法逃入能够提供给他归属感和根基感的人为的关联中。今天，任何从自由退回到在国家、民族中寻求人造的根基感的行为都是精神病的表征，因为这种退缩与人已经达到的进化状态不符，并且必定会导致病态现象。

无论我们谈论的是“精神健康”还是人类的“成熟发展”，我们都应看到，精神健康或成熟的概念是一个客观的东西，只有在对“人的处境”及植根于“人的处境”的人的需要进行考察之后，我们才能获得它。因此，正如我在第二章中所指出的，我们不能从个人是否“适应”社会这一点出发来给精神健康下定义；恰恰相反，**我们必须先看社会是否适应人的需要**，在促进或阻碍精神健康的发展方面，它起了什么样的作用，然后再来下定义。一个人的精神是否健康，从根本上讲，并不是个人的事，而是取决于他所处的社会的结构。健康的社会能促进人的如下能力：爱他的同胞，创造性地工作，发展他的理性与客观性，获得自我感，自我感的基础是对自己的创造性力量的体验。不健康的社会则造成人们相互之间的憎恨与不信任，将人变成供他人利用与剥削的工具，剥夺他的自我感，直至他屈从于他人，或者变成一个机器人。社会可以具有两种功能：它可以促进人的健康发展，也可以阻碍它。实际上，大多数社会都具有这两种功能，问题只在于，社会对人的发展的积极的和消极的影响的程度和方向怎样。

精神健康状况是由社会的**客观**条件决定的，社会既能促进人健康发展，也可促使其畸形发展，这个观点不仅与上述相对主义的观点矛盾，也与另外两种观点抵触。下面我就这两种观点作一番讨论。第一种观点——肯定也是当今最流行的观点——想使我们相信，当代西方社会，尤其是"美国的生活方式"，与人性最根本的需要是一致的，适应了这种生活方式就意味着精神健康与成熟。于是，社会心理学不再是社会批判的工具，而成了现状的辩护者。这种观点所包含的"成熟"与"精神健康"的概念与工业或商业的工人或雇员的令人满意的态度相一致。我可以举出一个例子来说明这种适应概念。斯特雷克对感情成熟下了这么一个定义："成熟指坚持干一项工作的能力，能干比要求多的事，可靠，不怕困难，坚持不懈地执行一项计划，能够在一个组织内或在权威的领导下同他人一道工作，有能力作出决定，有生活的意志，具有灵活性，独立，宽容。"①很清楚，斯特雷克在这里所描述的成熟是我们这个时代的大的社会组织中的好工人、好雇员或好士兵的美德；这些美德是招聘雇员的广告中经常提到的雇员品德。对斯特雷克以及其他许多有类似想法的人来说，成熟等同于适应社会，他们从不提这种适应指向的是健康的还是病态的生活方式。

与此相反的是从霍布斯到弗洛伊德以来的观点，这种观点假设**人性与**

① E. A. 斯特雷克：《他们母亲的儿子们》，J. B. 利平柯特出版公司，费城与纽约，1951 年，第 211 页。

社会之间存在着根本的、不可改变的**矛盾**，这一矛盾源自所谓的人的非社会性。弗洛伊德认为，人受到两种生物冲动——渴望性快乐与渴望破坏——的驱使。人的性欲望的目标是完全的性自由，即与所有他所渴望的女人不受限制地发生性关系。“人通过经验发现，性爱(生殖器官的爱)使他得到了最大的满足，因而对他而言，性爱就成了一切幸福的原型。”于是，人被迫“继续沿着性关系的道路寻求他的幸福，把肉欲变成生活的中心”。①

人的自然的性欲的另一个目标是同母亲乱伦，这种渴望的性质导致了父子之间的冲突和仇视。弗洛伊德说道，禁止乱伦的做法“也许对人的性爱生活造成了最严重的创伤”，以此强调性欲的这个方面。②

弗洛伊德认为，在满足这些基本欲望方面，原始人无需或者极少需要应对什么限制。这与卢梭的观点相吻合。原始人可以表现出侵略性，原始社会几乎没有什么限制性冲动满足的规定，“实际上，原始人……根本不知道约束本能这回事。……文明人用他的部分幸福机会换取了一定的‘安全感’”。③

弗洛伊德一方面继承了卢梭关于“幸福的野蛮人”的观点，另一方面又采用了霍布斯关于人与人之间的基本的敌视态度的假设。弗洛伊德问道：“*Homo homini lupus*(人对他人是狼)；在自己的生活和历史所提供的全部证据面前，谁有勇气来反驳这种说法?”④弗洛伊德认为，人的侵略性有两种根源：第一，固有的破坏欲望(死亡本能)；第二，文明加诸本能欲望

---

① 弗洛伊德：《文明及其不满》，由J. 里维艾勒译自德语，贺嘉思出版有限公司，伦敦，1953年，第69页。

② 同上书，第74页。

③ 同上书，第91、92页。

④ 同上书，第85页。

之上的挫折。人可以通过超我把一部分侵略性引向自己，少数人可以将性欲升华为友爱，但是，侵略性是根深蒂固的。人总是互相竞争，互相攻击，不是为了物质的东西，就是为了“在性关系中获得特权，这就在在其他方面相互平等的男女中造成了最深的怨恨和最强烈的敌意。我们可以设想通过使性生活完全自由除去这些怨恨和敌意，如此一来，家庭这一文化的细胞将不再存在。 我们的确无法预见文化发展的新途径。不过，我们却可以肯定一件事：不管文化走向如何，人性的那些无法消除的特征都将继续存在。”①由于弗洛伊德认为爱从本质上讲是性欲，他不得不提出爱与社会内聚力相矛盾的观点。他认为，就其本性，爱具有自我中心及反社会的特点，一体感和友爱不是根植于人性的原始感情，而是被抑制了的性欲。

弗洛伊德认为，人生来渴求不受限制的性满足，具有破坏性。以此观点为基础，他势必会描绘出一幅文明与精神的健康及快乐必然**冲突**的画面。原始人是健康的、快乐的，因为他的基本本能没有受挫，但是他缺乏文化的赐福。文明人比较安全，享有艺术与科学，但是他必定会患神经症，因为文明生活使人的本能不断受挫。

在弗洛伊德看来，社会生活与文明同人性的需要在根本上是对立的，人面临着一种悲惨的选择：一面是以不受限制的本能满足为基础的快乐，另一面是以本能受挫为基础的安稳与文化成就，后者导致了神经症及其他形式的精神病。弗洛伊德认为，文明是本能受挫的产物，因而也是精神病发生的原因。

---

① 弗洛伊德：《文明及其不满》，由J. 里维艾勒译自德语，贺嘉思出版有限公司，伦敦，1953年，第89页。

弗洛伊德认为，人性在根本上是竞争的(和反社会的)；这与我们在许多相信现代资本主义社会的人性便是人的本性的作者那里所看到的人性概念一样。弗洛伊德关于恋母情结的理论建立在这样一个假设之上：在爱母亲这一点上，父亲与儿子之间存在着“天然的”敌对和竞争心理。这种竞争不可避免，因为儿子乱伦的欲望是天生的。弗洛伊德顺着同样的思路提出了另一个假设：每个人的本能促使他渴望在性关系中获得特权，并因此导致了他们之间强烈的敌意。我们不难看到，弗洛伊德的整个性理论建立在这样一个人类学的前提下：竞争与相互仇视乃人类固有的本性。

在**生物学**领域，达尔文以“生存竞争”理论表达了这一原则。经济学家，比如李嘉图及曼彻斯特学派，将这条原则引入**经济学**领域。后来，在相同的人类学前提的影响之下，弗洛伊德主张这一原则也适合于性欲。弗洛伊德的基本概念是“性欲的人”，正如经济学家的基本概念是“经济的人”。无论是“经济的人”还是“性欲的人”，都是方便的虚构概念；这些概念所声称的人性——孤独、自私、贪婪和竞争——使得资本主义看起来是一种完全符合人性的制度，从而使它免遭批判。

“适应观”以及霍布斯-弗洛伊德关于人的本性与社会必然冲突的观点暗含着对当代社会的辩护，两者都带有片面性。此外，两者都忽视了这样一个事实：社会不仅同人的**非社会的**方面相冲突，这一方面部分地是由社会自身造成的；社会常常也同人的最有价值的人性的品质相矛盾，社会不是促进而是压抑了这些品质。

要对社会与人的本性的关系作客观的考察，必须同时考虑到社会对人的促进和抑制作用，考虑到人的本性以及源于本性的需要。由于大多数作者强调现代社会对人的积极影响，在本书中我对这方面会说得少些，而将重点放在在某种程度上为人们所忽视的方面：现代社会的致病作用。

第五章　资本主义社会中的人

社会性格

精神健康这一问题，如果当成抽象的人的抽象属性来讨论的话，是没有什么意义的。如果我们要讨论当代西方人的精神健康状况，考虑其生活方式中哪些因素促成了精神错乱，哪些有利于精神健全，我们就得研究我们的生产方式的特殊状况及我们的社会和政治组织对人性的影响，必须了解生活及工作于这种环境中的一般人的个性。只有当我们能描绘出**"社会性格"**时——这种描绘也许是尝试性的和不完全的——我们才有根据来判断现代人的精神健康状况。

社会性格是什么意思？我用这一概念指的是，**在某一文化中，大多数人所共同拥有的性格结构的核心，这与个体性格截然不同，属于同一文化的个体的性格彼此有别。**社会性格的概念不是指某一文化中大多数人的性格特征的简单总和，从这个意义上讲，社会性格的概念不是统计学概念。我们只有涉及社会性格的功能才能理解社会性格。前者正是本书接下来将要讨论的问题。①

---

① 后面几页中的部分观点选自我的论文《心理分析性格学及其在文化理解中的应用》，见 G. S. 萨金特及 M. 斯密斯所编《文化及性格》一书，瓦伊金基金会出版，1949 年，第 1-12 页。社会性格的概念最初形成于我的论文《心理分析性格学在社会学中的应用》，载《社会研究杂志》第一期，赫希菲尔德出版公司，莱比锡，1931 年。

每个社会的构成和运行方式都是由很多客观条件限定的。这些条件包括了生产和分配的方法，这取决于原料、工业技术、气候、人口规模、政治和地理因素、社会所继承的文化传统以及它所遭受的文化影响。世上没有一般的"社会"，而只有按照不同的、可确定的方式运行的特殊的社会结构。虽然这些社会结构在历史发展的进程中确实在改变，但在任何特定的历史阶段，它们是相对稳定的；社会必须在特定的框架结构中运行，否则就不能存在下去。社会成员以及(或者)这个社会中的不同阶级或阶层必须按照社会制度所要求的方式行事。社会性格的功能在于以这样一种方式对社会成员的能量加以引导：社会成员的行为是否遵从社会模式并非出自有意识的决定，而是他们**想要**按照他们**必须**遵从的模式行动，与此同时，他们也在按文化要求而行动的过程中得到满足。换句话说，社会性格的功能是，**在特定的社会中锻塑及引导人的能量，目的在于保证社会的持续运行。**

例如，现代工业社会如果不以史无前例的程度控制自由人的工作精力，就不能达到其目的。人必须被塑造成这样的人：迫切想把大部分精力放在工作上，守纪律，特别是有秩序和守时，其程度是大多数其他文化所不及的。每个人每天有意识地下定决心：我应工作，应准时，等等——这是不够的。因为任何这类有意识的考虑都会导致更多的例外，超出社会的顺利运行所允许的范围。威胁及武力不能作为一种动力，因为长远看来，在现代工业社会中，高度分工的任务只能由自由人而不是受强迫的劳工来完成。工作、准时及纪律的**必要性**必须转化为追求这些目的的内在的**动力**。这意味着，社会必须创造一种社会性格，对于生活于其中的人而言，这些追求都是内在的和固有的。

要了解社会性格的**形成**，只看某一因素是不行的，必须了解社会因素和思想意识因素的相互作用。由于经济因素较不容易发生变化，它们在这种相互作用中具有一定的优势。这不是说，对于物质利益的渴望是人唯一的甚至是最强有力的动力，而是说，个人与社会首先关心的是生存，只有当生存得到保证后，他们才会进一步满足人类其他迫切的需要。生存的任务意味着人必须生产，即他必须获得生存所必需的最低限度的食物和居住条件，以及从事最初级的生产所需要的工具。而生产的方法反过来又决定着一个特定的社会中的社会关系。生产方法决定着生活方式和习惯。不过，宗教、政治与哲学思想并不完全是第二位的投射系统。一方面，这些思想扎根于社会性格，反过来，它们也决定着社会性格，使其系统化，稳固化。

让我重述一遍。如果我们说，社会的社会-经济结构锻塑了人的性格，那只涉及到社会组织与人之间的相互关系的一个方面。需要考虑的另一个方面是，人的本性反过来也造就了人生存的社会条件。只有当我们了解了人的现实、人的心理及生理特征，考察了人的本性与人生存于其中的外部环境——为了生存，他不得不掌握它——的本性之间的相互作用之后，我们才能理解社会的进程。

虽说人的确几乎能适应任何环境，可他并不是一张白纸，任凭文化留下它的痕迹。对快乐、和谐、爱与自由的需要内在于人的本性。在历史的进程中，这些需要也是动力因素，若得不到满足，就会引起心理上的反应，最终会创造出符合人的原初需要的环境来。只要社会和文化的客观条件保持稳定，社会性格就会起到一种显著的稳固作用。如果外部条件发生变化，不再适合传统的社会性格，就会造成一种**脱节**现象。在某种程度上，这种现象常常把社会性格的稳定功能变成一种分裂因素，使社会性格由社会黏合剂变成了炸药。

要是这种关于社会性格的形成和功能的概念是正确的话，我们便面临一个令人困惑的问题。个人在文化中所必须扮演的角色塑造了他的性格结构，这个假设是否与另一个假设——童年是人的性格形成期——相矛盾？儿童在他人生的头几年中，相对来说，与社会接触很少，在这一事实面前，上述那两种观点如何能同时证明自己是正确的？乍一看，这个问题很难回答，但实际上并不难。我们应该区分对社会性格的具体**内容**负责的因素与塑造社会性格的方法。我们可以认为，社会结构以及个人在社会结构中的作用决定着社会性格的内容。另一方面，家庭可被看成是**社会的精神代表**，家庭的作用就是把社会的要求传递给正在成长的孩子。家庭通过两种方式起到了这种作用。第一，父母的性格影响了正在成长的孩子的性格形成，这是最重要的因素。由于大多数父母的性格是社会性格的一种表现形式，这样，他们便将社会希望的性格结构的主要特征传输给了孩子。父母的爱和快乐，连同他们的不安和敌意一起，都传给了孩子。此外，在一个文化中，人们习以为常的训练孩子的方法也塑造着孩子的性格，使其向着社会希望的方向成长。一方面，有许多种训练孩子的方法可以达到同一目的；另一方面，有些方法看似相同，实则不同，因为使用这些方法的人的性格结构不同。如果把注意力集中在训练孩子的方法上，我们根本无法解释社会性格。训练孩子的方法只有被当做一种**传动**机制来看，才是重要的。只有了解任何一种特定的文化希望和需要什么样的性格之后，我们才能正确理解训练孩子的方法。①

现代工业社会的社会-经济环境造就了现代西方人的性格，使人的精神处于紊乱状态。要了解社会-经济环境的问题，得先了解资本主义生产方式所特有的那些元素，了解工业时代的“赢利社会”。作为一个经济学

① 那种认为训练孩子的方法本身是某一文化形成的原因的假设正是卡迪纳、戈勒等人的研究方法的弱点所在。在这一方面，他们的研究是以正统的弗洛伊德主义的前提为基础的。

的门外汉，我对经济的描述必然粗略肤浅，我希望这种描述能够为后面对当代西方社会的人的社会性格的分析奠定基础。

资本主义的结构

一、十七世纪与十八世纪的资本主义

十七、十八世纪以来，在西方居于支配地位的经济制度是资本主义制度。尽管在资本主义制度内部发生了巨大的变化，资本主义的某些特征却经受住了历史的考验。根据这些共有的特征，我们完全有理由使用资本主义这个概念来谈论整个这一时期的经济制度。

简言之，这些共同特征包括：一，存在着政治、法律意义上的自由人；二，自由人(工人和雇员)以订立契约的方式在劳动力市场上将自己的劳动力出卖给资本家；三，存在着商品市场，商品市场作为一种机制决定着价格，调节着社会产品的交换；四，原则：个人行为的目的在于为自己获取利益，但是，很多人参与竞争的结果却是所有人利益的最大化。

一方面，在过去的几个世纪中，资本主义有这些共同特征，但是，发生在这一时期的变化同这些共通性一样重要。一方面，我们在分析中最关心的是当代社会-经济结构对人的影响，但同时，我们至少应简要讨论一下与二十世纪的社会和人的发展不同的十七、十八以及十九世纪的资本主义的特征。

说到十七、十八世纪，有两点非提及不可，它们是早期资本主义的特征。第一，同十九世纪和二十世纪的发展相比，十七世纪和十八世纪的技术和工业处于初级阶段；第二，中世纪文化的习俗和思想对这一时期的经济手段仍然有相当大的影响。因此，如果一个商人以较低的价格或是其他任何引诱手段来招徕顾客，在当时会被认为是不合基督教教义的和不道德

的。《彻头彻尾的英国商人》第五版（1745 年）中写道，自从作者笛福于一七三一年去世以来，“这种廉价出售货物的做法发展到了恬不知耻的地步，某些人甚至公开宣传，他们的售价比其他任何人都要低廉”。[①]书中举了一个具体的例子来说明这种情况。一个“发了家的商人”比他的竞争者有更多的钱，因此他不再需要信用贷款，而是直接从生产者手中购买货物，不经过中间人，自己运输这些货物，并将它们直接卖给零售商，于是后者便能以每码低于市价一便士的价格出售布料。书中评论道，这整个方法的结果是：这个“贪婪的人”挣到了钱，另一个人以稍稍便宜的价格买到了布，“非常少的一点利益”，与其他商人所受的危害极不相称。[②]我们在德国和法国十八世纪的法令中也发现了类似的禁止廉价出售商品的条款。

众所周知，当时的人对新机器有颇多顾虑，因为机器会夺去人的工作。科尔伯[③]把机器叫作“劳工之敌”，孟德斯鸠在《论法的精神》（第二十三章，第十五节）中写道：机器减少了工人数目，是“有害的”。上述各种态度的根据便是几个世纪以来支配着人们的生活的原则。其中最重要的一条原则就是：社会与经济是为人而存在的，而不是相反。经济进步若伤害到社会中的任何一个集团，都是不健康的。不用说，这种观念与传统思想密切相关：传统的社会平衡应当保持，任何打破平衡之举都是有害的。

二、十九世纪的资本主义

在十九世纪，传统的十八世纪的态度发生了变化，起初很慢，后来便加快了。有着欲望与悲哀的活生生的人日益丧失了他在这个制度中的中心

① 此处的描述及引语皆取自 W. 松巴特的《资产阶级》，慕尼黑暨莱比锡，1923 年，第 201 页及其后。

② 同上书，第 206 页。

③ 让-巴蒂斯特 · 科尔伯（1619—1683），法国政治家。——译注

地位，他原来的位置由商业和生产取而代之。在经济领域，人不再是“万物的尺度”。十九世纪资本主义的最大特点首先是对工人的无情的剥削；当时的人们认为，成千上万的工人在饥饿线上挣扎是一种自然的或社会的法则。资本所有者在追求利润的过程中最大限度地剥削雇工，也被认为是道德上正确的。资本家和工人之间几乎谈不上什么人与人之间的同类相亲。弱肉强食的经济法则至高无上。之前数个世纪的所有限制性观念都被抛在了脑后。商人寻求顾客，想方设法比他的竞争者卖得更便宜。对手之间的竞争残酷无情，不受限制，就跟剥削工人的情况一样。随着蒸汽机的使用，劳动分工进一步加强，企业的规模也扩大了。每个人都追求自己的利益，并因此也对所有人的幸福做出了贡献，这条资本主义原则成了指导人的行为的准则。

在十九世纪，市场摆脱了一切传统的限制性因素，大行其道，成为首要的调节机制。一方面，每个人都认为自己是为了自身利益行事，但实际上，大家都受制于无形的市场及经济机器的法则。个体资本家扩大他的企业，主要不是因为他**想**这样做，而是因为他**不得不**这样做，因为——正如卡内基①在他的自传中所说的那样——拖延扩大经营就意味着倒退。实际情况是，人们不得不让生意越来越大，不管他们想不想这样做。经济规律在人背后发挥着作用，它强制人去行动，而不给他自由决定的权力。从经济规律的运行中，我们看到了某种集合体的萌芽，这种集合体到了二十世纪才开花结果。

在我们这个时代，不仅市场规律具有生命力，支配着人，科学和技术的发展亦是如此。由于多方面的原因，当今的科学问题和科学组织展现出

---

① 安德鲁·卡内基(1835—1919)，美国工业家及慈善家。——译注

这样一种局面：科学家无法自行选择问题，问题是被强加给科学家的。他解决了一个问题，其结果不是他感到更安全或更确定，而是这样的情形：在已解决的这个问题的位置上又冒出了十个新的问题。这些新问题迫使科学家为它们找出解决办法，他不得不以越来越快的步子前进。工业技术的情况同样如此。科学的步伐带动着技术的步伐。理论物理把原子能推到我们面前，原子弹的成功制造又迫使我们去制造氢弹。**我们**无法选择我们的问题，也无法选择我们的产品；我们被推着向前，我们被迫前进——被什么力量？ 一种制度，这种制度没有超越自身的目标及目的，它把人当成它的附属物。

在分析当代资本主义的时候，我们会就人无能为力的这一面做更多的讨论。不过，在此我们应该再讨论一下作为分配产品的核心机制的现代市场的重要性，因为市场是资本主义社会人际关系形成的基础。

假使社会的财富与社会全体成员的实际需要相当，那就不存在财富分配的问题；每一个人可根据自己的喜爱或需要获得社会产品，除了纯粹**技术**意义上的分配，没有必要调节。但是，除去原始社会之外，这种情况至今还没有在人类历史上存在过。人类的需要总是比社会产品的总量要大，因而不得不就如何分配作出规定。有多少人，以及哪些人，他们的需要应该得到最大程度的满足；哪些阶层的要求不应完全满足。过去，在那些最发达的社会中，主要是靠强制手段来做出这种决定。某些阶级有权为自己谋得最好的社会产品，而将较重、较脏的工作连同较小的社会产品份额分派给其他阶级。强制手段常常借助社会的与宗教的传统来施行，这些传统在群众中形成了一种很强的精神力量，往往使得肉体威胁没有必要。

现代市场是一种自我调节的分配机制，这种机制使得人们不必按制定好的或传统的计划来分配社会产品，自然也没必要在社会内部动用强力了。当然，强制力的消失更多地是表面上的，而非实际上的。工人在劳动力市场上被迫接受市场提供的工资水平；他不得不接受市场的条件，否则他就无法生存。所以，所谓的个人“自由”在很大程度上是虚幻的。个人只知道没有什么**外部**力量迫使他签订某些契约，他却不太知道，在他背后，市场规律在起着作用。因而，他认为自己是自由的，虽然实际上他并不自由。尽管如此，这种通过市场机制进行的资本主义分配方式是阶级社会中迄今为止人们所设计出的最佳的分配方式，因为它为个人的相对的政治自由提供了基础，而政治上的自由正是资本主义民主的特点。

市场的经济作用的发挥有赖于许多参与市场的个人的**竞争**，这些个人想在商品市场上出售商品，在劳动力和人格市场上出售劳动力或服务。从性格学的角度看，经济竞争的必要性，尤其在十九世纪下半期，导致了日益增强的竞争态度。人在超过竞争对手的欲望的驱使下，完全摒弃了封建时代所特有的态度，即每一个人在社会等级制度中都有其传统的位置，他应该对此感到满足。与中世纪的社会稳定性相反，一种前所未闻的社会流动性获得了发展，在这种社会中，每个人都在为争得最好的位置而奋斗，尽管只有少数人能达到目的。在争夺成功的竞争中，人类团结的社会与道德规范崩溃了；在一个竞争性的族群中，生存是头等大事。

资本主义生产方式的另一要素是，在资本主义制度中，一切经济活动的目的都是**利润**。围绕着资本主义的这种“利润动机”，许多混乱被有意识地或无意识地制造出来。这个制度告诉我们，无疑，只有在能获利的情况下，也就是说，在生产活动中，我们所获得的收益超过支出，任何一项经济活动才有意义。为了谋生，即使在资本主义社会之前，工匠也必须使花在原料上的钱以及付给学徒的工资比产品的售价少。在任何支持工业的社会——无论是结构单一的还是复杂的——中，产品的销售价值都必须大于生产成本，这样才能为生产的增长和发展所需的机器及其他设备的更新提供必需的资本。不过，生产的盈利问题并不是我们这里所关注的。我们的问题是，我们的生产不是为了产品的社会实用性，不是为了在工作过程中得到满足，而是为了通过投资获得利润。至于产品对顾客有何用处，资本家完全不必感兴趣。这并不是说，从心理学的角度讲，资本家对金钱贪得无厌。资本家可能如此，也可能并非这样；对于资本主义的生产方式来说，这并不涉及本质。事实是，贪婪作为资本家的动机的情况更多地见于资本主义发展的早期阶段，现在并不多见。现在的情况是：在很大程度上，所有权和经营权分离，获取较多利润的目的退居次要地位，希望企业不断扩大、运转顺利的愿望成了主要的动机。

在现行制度下，个人的收入与他所付出的努力或所提供的服务相当脱节。资本所有者可以不劳而获。用劳动换取收入这一人的基本功能变成了以金钱生出更多金钱的抽象的操作。在工业企业中那些不参与经营的所有者身上，这一情况非常明显。无论他拥有的是整个企业还是只是企业的一部分，都没有什么差别。在这两种情况下，他都用不着亲自动手，而是靠自己的资本和他人的劳力来获得利润。人们用很多貌似正当的理由来为这种情况辩护。有人说，利润是为资本家在其投资中所冒的风险支付的报酬；或者，因为他自动放弃储蓄，把资金用于投资，所以应该得到利润作为补偿。但是很明显，这些次要因素并没有改变这一基本事实：资本主义使得资本家不必亲自从事生产便可获得利润。即使那些亲自从事一些工作的资本家，他们的收入与所付出的劳动之间的关系也很不合理。一个中学教师的收入只相当于一个医生的收入的零头，尽管他们的社会作用具有同等的重要性，他付出的辛劳也并不比医生少多少。矿工的收入只相当于矿山经理收入的零头，尽管从矿工工作的危险性和不舒适程度上考虑，矿工所付出的努力比经理要大。

在资本主义社会中，收入分配的特点是：个人的努力和工作同社会给予他的承认——经济报酬——之间存在着比例失调的情况。在一个比较贫困的社会里，这种比例失调的结果是更大的贫富悬殊，其程度超过了我们的道德标准所能容忍的限度。但是，我在这里要强调的不是这种比例失调造成的有形的影响，而是它所带来的道德及心理后果。后果之一是低估工作与人的努力及技能的价值。其二是造成这样的情况：只要我的收入取决于我所作的努力，我的欲望就会受到限制；从另一方面讲，如果我的收入与我所作的努力不相称，我的欲望就不会受到限制，因为欲望之满足取决于特定的市场状况提供的机会，并不在于我本身能力的大小。①

十九世纪的资本主义是真正的**个人**资本主义。个人寻求新机会，按经济规律行事，领悟新方法，获取资产，目的是生产和消费——并享受他们的财富。除了竞争与追求利润之外，这种从拥有财产中获得乐趣的情况是十九世纪中上阶级的基本特征之一。这一特征十分重要，因为就从拥有财富和积蓄中获得乐趣这点而言，今天的人与其父辈已经非常不同了。实际上，这种对于积蓄和占有的狂热已经变成了大多数没落阶级及中产阶级下层的特性；在这一点上，欧洲比美国更典型。一种曾为最进步阶级所有的社会性格特征，在经济发展的进程中，在某种程度上被进步阶级扬弃了，而为那些发展最差的集团所保留。在此我们看到的就是这种情况的一个例子。

从性格学的角度出发，弗洛伊德将源于占有财产的快乐描述为“肛门

---

① 在这里我们发现，身体欲望与那些不是植根于身体需要的欲望之间存在着类似的差别。例如：吃的欲望受到生理组织的自我节制，只要不是在病态的情况下，这种欲望都会受到一个生理饱和点的限制。而野心、权力欲等，不是植根于机体的生理需要，没有那种自我调节的机制，这便是这些欲望日益膨胀且如此危险的原因。

性格”的一个重要方面。我则从不同的理论前提出发，采用了“囤积倾向”的说法来描述这种临床症状。就像其他性格倾向一样，这种囤积倾向包括积极的和消极的两个方面，究竟哪一面占主导地位，这取决于能动的倾向在个人性格或社会性格中的相对力量。这种倾向的积极方面，就如我在《自为的人》一书中所描述的那样，包括：实际、经济、仔细、节制、谨慎、顽强、沉着、守纪律、有条理，以及忠实。与此相应的消极方面为：缺乏想象力、吝啬、多疑、冷酷、多虑、固执、墨守成规、刻板、有强迫症及强烈的占有欲。①很容易便可看到，在十八、十九世纪，囤积倾向适应了经济进步的需要，它的积极特征占据了主导地位；而在二十世纪，这些特征成了落伍阶级身上的落伍特征，于是这种倾向的消极方面都显现出来了。

随着人类团结一致的传统原则的瓦解，新的剥削形式出现了。在封建社会，封建领主被认为拥有神圣的权利，可以向其臣民要求财物和劳役；但同时，他也受到习俗的限制，有义务对其臣民负责，保护他们，并至少提供给他们最低限度的即传统的生活水准。封建剥削发生在一个人们互相承担义务的制度之中，因而受到某些限制的支配。十九世纪发展起来的剥削形式则不同。工人，或者更恰当地说，他的劳动力，是一种商品，供资本家购买，与市场上的其他商品没有什么根本的差别，买主会将它利用到极致。由于劳动力是在劳动力市场上以适当的价格购进的，因而劳资双方没有什么互惠感，资本家除了付给工人工资之外，没有任何义务。假使成千上万的工人失业，在死亡线上挣扎，那是因为他们时运不佳，才能太差，或者是无法改变的社会及自然法则作用的结果。剥削不再是某个具体

① 参阅《自为的人》，第 114 页。

的人的行为，剥削者在某种程度上隐身了。是市场规律强迫一个人为了仅能糊口的工资而工作，而不是任何个人有意或出于贪欲要他这样做。没有人该对这一切负责，没有人有罪，也没有人能改变这种情况。人所遭遇到的是铁的社会法则，或者看上去是这样。

在二十世纪，这种在十九世纪常见的资本主义的剥削方式大体上已经消失。尽管如此，我们也应洞察到这样一个事实：二十世纪的资本主义与十九世纪的资本主义一样，其基础都是那个在任何阶级社会中都能找到的原则：**人被人利用**。

由于现代资本家“雇用”劳动力，这种剥削的社会的及政治的形式已经改变；没有改变的是，资本所有者利用他人来获利。“利用”的基本概念与待人是否残忍无关，它只涉及这一基本事实：人服务他人并不是为了他自己的目的，而是为了雇主的目的。人利用人的概念甚至也与被利用的是他人还是自己无关。因为事实仍然是：一个人，一个活生生的人，自身不再是目的，而成了他人或自己或某个非人的巨物——经济机器——实现其经济利益的工具。

对于上述说法有两种明显的反对意见。第一种意见认为：现代人可以自由地接受或拒绝一份合同，因而在同雇主的社会关系中，他是一个自愿的参与者，而不是一个“物”。但是，这种意见忽略了一个事实：首先，人没有选择的余地，只能接受现实的条件；其次，即使他不是被迫接受这些条件，他仍然会被“雇用”，也就是说，他不是被利用来为自己的目的服务，而是被资本利用来获取利润。

第二种反对意见认为：任何社会生活，即使是它最原始的形式，都要求某种程度的社会合作，甚至纪律。在更复杂的工业生产形式中，个人自然得履行某些必要的和专门的责任。这种说法十分正确，不过却没有看到这个基本差别：在没有人支配人的现象的社会中，人人都在合作与互利的基础上发挥自己的作用。人与人之间的关系是建立在相互合作、爱、友谊或自然纽带的基础之上，没有谁能支配他人。实际上，在当今社会中，我们会在很多情况下发现这一点：在家庭生活中，丈夫与妻子之间常见的合作关系在很大程度上不再取决于丈夫对于妻子的支配权，就像在古老的父权社会中的情形一样，而是建立在合作与相互依存的原则上。这一原则也适用于朋友关系，因为朋友之间是相互帮助、彼此合作的。在这些关系中，没有人敢于设想去**支配**另一个人，可望得到帮助的唯一理由是相互之间的爱、友谊，或者单纯的人类休戚相关的感情。作为一个人，我只有通过自己的主动努力，唤起他人的爱、友谊及同情，才能获得他人的帮助。而雇工与雇主之间的关系却不是这样。雇主购买了工人的劳动，不管他对工人多么人道，他仍然支配着他，劳资关系不是建立在互助的基础之上，而是基于这样的事实：雇主购买了工人的劳动时间，有权要求他一天工作多少小时。

人利用人是资本主义制度的**价值体系**的表现。**资本,死的过去,雇用了劳动力——活的生命力,现在的力量**。在资本主义的价值等级中，资本的地位高于劳动力，积累起来的物的地位高于生命的展现。资本雇用劳动力，而不是劳动力雇用资本。拥有资本的人支配“只”拥有自己的生命、技能、活力以及创造性生产力的人。“物”的地位高于人。资本与劳动力之间的冲突比两个阶级之间的冲突以及他们争夺更大份额的社会产品的斗争更激烈。这是两种价值原则的冲突：**物及其积累的世界与生命及其生产力的世界之间的冲突。**①

① 参阅 R. M. 托尼在《渴求财富的社会》一书中对同一观点的讨论，哈考特-布雷斯出版公司，纽约，1920 年，第 99 页。

在十九世纪，**权威**问题与剥削、利用问题密切相关，尽管甚至更加复杂。在任何社会制度中，如果全体成员中的一部分人受到另一部分人的支配，尤其当后者是少数派之时，这种社会制度必定建立在一种强烈的**权威**感的基础之上。在一个父权色彩极为浓重的社会，这种权威感会加强；男性被认为比女性优越，应当统治女性。由于权威问题对于我们了解任何一种社会中的人际关系都很关键，也由于从十九世纪到二十世纪人们对权威的态度发生了根本的改变，在开始讨论这个问题之前，我想先提一下我在《逃避自由》一书中对权威所作的区分，在我看来，那些说法仍然有足够的理由被引用来作为下面讨论的基础。我在《逃避自由》中说：人无法在具有财产或物理属性的意义上“具有”权威。权威指向一种人际关系，在这种关系中，一个人把另一个人看成是比自己优越的人。不过，这种关系有两种表现形式：一种可以称之为**理性**权威，另一种可以描述为**起抑制作用的**或非理性的权威，两者之间存在着根本的差别。

有一个例子可以说明我的想法。师生之间的关系与奴隶主和奴隶之间的关系都是建立在一方相对于另一方的优势之上的。教师与学生的利益一致。教师如果成功地促进了学生的成长，他会感到满意；如果他失败了，这种失败是他们双方的失败。与此相对的是，奴隶主想要尽可能地剥削奴隶，剥削得越多，奴隶主就越满意；而同时，奴隶也尽最大努力去护卫自己应该得到的最起码的幸福。奴隶主和奴隶的利益肯定是对立的，因为一方的利益来自对另一方的损害。在这两种情况下，优越地位所起的作用不同：在前者，优越地位是帮助服从权威的人的条件，而在后者，则是剥削的条件。

这两类权威的动力也不一样：学生学得越多，他与老师之间的差距越小；学生变得越来越像他的老师。也就是说，**理性的权威关系倾向于自我**

消解。但是，当权威作为剥削的基础时，时间越长，奴隶主与奴隶之间的距离越远。

这两种情况的权威所包含的心理状况是不同的。第一种情况充满爱、敬佩或感激的因素。权威同时也是一个榜样，学生希望自己部分地或整个地变成老师的样子。在第二种情况中，奴隶怨恨或仇视剥削者，服从奴隶主的做法违背了奴隶自己的利益。不过，就奴隶而言，经常的情况是，他的怨恨只会导致同奴隶主的冲突，这类冲突使奴隶遭受苦难，没有成功的机会。因此，通常的倾向会是这样：奴隶压抑仇恨的感情，有时甚至用一种盲目的崇拜感取代仇恨。这起到了两个作用：一，消解既痛苦又危险的仇恨感；二，缓解屈辱感。如果统治我的人是那样完美，那么，我不应为听从他而感到羞耻。我不能同他平起平坐，因为他比我强壮、聪明、优秀这么多。这样一来，在抑制性的权威体系中，要么是仇恨的因素，要么是对权威的非理性的过高评价和崇拜因素，将日趋膨胀。在理性的权威体系中，感情关系的力量的弱化与服从权威的人的力量的增长成正比，服从权威的人越强大，越像权威本身，感情关系的力量越弱。

理性的权威与抑制性的权威之间的差别是相对的。即使是在奴隶与主人的关系中，也有于奴隶有利的因素。奴隶得到最低限度的食物及保护，这使他至少能为主人干活。另一方面，只有在理想的师生关系中，才完全不存在利益对立的情况。在这两种极端情况之间还有许多等级，比如在工厂工人同老板，或者农场主的儿子与父亲，或者“家庭妇女”与丈夫的关系中。不过，尽管在现实生活中这两种权威是融合在一起的，但两者在根本上是不同的。对某一具体的权威状况所作的分析必须确定每种权威各自的比重。

有关理性的与非理性的权威的混合情况，十九世纪的社会性格是个不错的例子。这个时期的社会性格本质上仍然是等级制的，尽管不同于建立在神圣的法律和传统的基础上的封建社会的等级性格，前者更多地建立在资本所有权的基础之上。拥有资本的人可以购买劳动力，并因此可以支配那些没有资本的人的劳动；后者只好服从，否则就会受到挨饿的惩罚。在这个时期，新旧等级模式之间存在某种程度的混合。国家，尤其是君主制国家，培养了顺从的品德，并使其接纳新的事物和价值。在十九世纪的中产阶级的观念中，顺从仍然是基本的美德之一，而不顺从则是根本的邪恶之一。

与此同时，理性权威与非理性权威都在发展。从宗教改革和文艺复兴时期起，人开始依靠理性来指导自己的行动和价值判断。他为自己有判断力而感到骄傲，他尊重科学家、哲学家、历史学家的权威，因为这些权威帮助他形成了自己的判断，并使他相信自己的判断力。在真理与谬误、正确与错误之间作出决定，这具有极重要的意义。的确，道德心和理智在十九世纪的人的性格结构中占据着最重要的位置。他可能不会将自己的道德原则运用到不同肤色或不同社会阶级的人身上，不过，在某种程度上，他的是非感，至少是对错误念头的抑制，决定着他的言行，如果他无法避免做错事的话。

与这种理智和道德感密切相关的是十九世纪的另一种典型特征：自豪感与优越感。在今天，如果我们看一看有关十九世纪生活的图画——男人留着胡子，头戴高高的丝绸帽子，握着手杖，我们很容易看到十九世纪的男人的自豪感的可笑的、否定性的一面——男人的虚荣心，对于自己是自然及历史造就的佼佼者的天真的信念。但是，特别是当我们思及这种特征在我们的时代的缺失时，我们能看到这种自豪感蕴含的积极成分。人感到自己跨上了马背，摆脱了自然的统治，有史以来第一次成了自己的主人。

他挣脱了中世纪迷信的枷锁，在一八一四年到一九一四年这一百年间创造了人类历史上最和平的时期之一。他感到自己是独立的个人，只服从理性的法则，只听从自己的决定。

总的看来，我们可以说，十九世纪社会性格的本质特征包括：竞争、囤积、剥削、权威、侵略及个人主义。在此，我们已经着重指出了二十世纪与十九世纪资本主义的重大区别。关于这一点，我们在后面还要进一步讨论。我们发现，在二十世纪的资本主义社会中：接纳与推销取代了剥削与囤积；日益增长的“协同”倾向取代了竞争；对于稳定而安全的收入的期望取代了永无止境的对利润的追求；分享财富，操纵他人——以及自己——的倾向取代了剥削；匿名的权威——舆论及市场的权威——取代了理性的和非理性的公开的权威；①对适应及认可的需要取代了个人的良心；日益增长的但在多数情况下意识不到的无力感取代了自豪感与优越感。②

如果我们回过头来看十九世纪的人的病理问题，我们知道，这些问题当然与他的社会性格特征有着密切的关系。剥削及囤积的态度使人遭受苦难，使人的尊严得不到尊重；这种态度造成了欧洲对非洲、亚洲以及对本国工人阶级的无情剥削，这种剥削毫不顾及人的价值。十九世纪的另一个致病现象，即非理性权威的作用以及服从于这一权威的需要，导致人压抑那些为社会所禁止的思想和感情。最明显的症状便是性压抑，以及对一切

---

① 不过，俄国及德国的情况向我们表明，二十世纪逃避自由的形式也可能是完全服从于公开的非理性权威。

② 我得补充一点，前面所述主要适用于十九世纪的中产阶级，十九世纪的工人和农民在许多基本方面都与此不同。二十世纪的发展的重要方面之一是，各个社会阶层——尤其是居住在城市的——之间的性格差异几乎完全消失了。

自然的东西的压抑，这些压抑表现在身体、姿态、服饰、建筑风格等方面。弗洛伊德认为，这种压抑的结果是各种形式的神经症。

十九世纪以及二十世纪初的改革运动就是从这些主要症状入手，力图治疗社会的病况。从无政府主义到马克思主义的各种形式的社会主义都强调消灭剥削，将工人改造成独立、自由、受人尊重的人的必要性。这些社会主义思想认为，如果消除了经济上的苦难，把工人从资本家的统治下解放出来，十九世纪所有积极的成就都会完全实现，一切罪恶也将消失。同样，弗洛伊德认为，如果大幅度减少性压抑，神经症和各种精神疾病也会随之减少(尽管在他后来的生活中，他原来的乐观态度越来越弱了)。自由派认为，如果完全脱离了非理性的权威，将会迎来一个新的太平盛世。自由派人士、社会主义者、心理分析学家，尽管彼此不同，他们为治疗人类疾病所提供的药方却都是针对十九世纪的病理和复合症状下的良药。通过消除剥削和经济苦难，或者除去性压抑和非理性权威，人便会进入一个新的时代，比他在十九世纪所处的状况更加自由，更加幸福，更加进步——还有什么比这种想法更自然呢?

半个世纪过去了，十九世纪改革家的主要要求都已经实现。就拿经济上最进步的国家美国来说，对群众的经济剥削之轻在马克思的时代是不可思议的。工人阶级并没有掉在整个社会的经济发展的后面，而是越来越多地分享国家的财富，我们完全有理由设想，在今后一两代人之内，假使没有什么大的灾难发生，美国将不会再有明显的贫穷存在。与经济苦难的日益消除密切相关的是，工人的人权及政治处境发生了剧烈的变化。工人主要是通过工会成了经营管理的社会“合伙人”。再也没有人会像三十年前那样盛气凌人地命令、开除或侮辱他了。当然，他不会再仰望“老板”，认为老板高人一等。他既不崇拜也不仇恨老板，虽然他可能会因老板在实现社会所赞许的目标方面所取得的成就而忌妒老板。就顺从非理性权威的问题而论，自十九世纪以来，社会景象已发生了巨大变化。就父母与子女之间的关系而言，子女不再害怕自己的父母，父母与子女成了朋友。如果说有人会感到有点不安，那不会是子女，而是父母，他们担心自己跟不上时代的潮流。在工业生产和军队中，有一种“协作”及平等的精神，这在五十年前是不可想象的。此外，性压抑也已经削弱到引人注目的程度；第一次世界大战之后，发生了一场性观念的革命，旧的禁忌和原则被抛弃了。性欲不可满足的看法被认为是过时的或不健康的。尽管有人反对这种态度，总的情况却是，十九世纪的整个禁忌、抑制系统几乎完全消失了。

按照十九世纪的标准，我们几乎具备了健全社会应该具备的一切条件，确实，很多仍然按照十九世纪的标准考虑问题的人深信，我们会继续前进。他们进而认为，对继续进步的唯一威胁来自极权社会，就像苏联——经济上，为了更快地积累财富，无情地剥削工人；推行残酷的权威政治，这对继续施行剥削而言是必要的。可是，对于那些不用十九世纪的眼光看待当代社会的人来说，显然，十九世纪的希望的实现并没有带来预期的结果。实际上，尽管物质繁荣，人们在政治和性方面拥有自由，但在精神上，二十世纪中期的社会比十九世纪病得更重。艾德莱·史蒂文森曾简明扼要地指出，的确，“我们不再有成为奴隶的危险，但有可能成为机器人”。①没有公开的权威来威吓我们，但是，我们却害怕那要求人顺从的匿名的权威。我们不屈服于任何具体的人，我们不同权威发生冲突，但是我们也没有自己的信念，几乎丧失了个性和自我意识。很明显，对我们的病理的诊断不能走十九世纪的老路。我们必须认清我们这个时代的特殊

---

① 参见艾德莱·史蒂文森一九五四年在哥伦比亚大学的演讲。

的病理问题，才能找到方法拯救西方世界，使其不至于越来越深地陷入疯狂之中。在下一节中，我将试图作出这种诊断，讨论二十世纪西方人的社会性格。

三、二十世纪的社会

（一）社会和经济变化

十九世纪到二十世纪中期，资本主义社会在工业技术、经济及社会结构方面发生了剧烈的变化。这一时期，人的性格所发生的变化同样剧烈和深入。我们在前面已经提到了资本主义从十九世纪到二十世纪所发生的一些变化——剥削形式、权威形式、占有的作用，下面我们将讨论当代资本主义的某些经济和性格特征，这些特征是我们这个时代最根本的特征，虽然它们的起源可以追溯到十九世纪乃至更早的时候。

让我们以一种否定性的观点开始我们的讨论。在当代西方社会，封建特征愈来愈淡化，纯粹的资本主义社会的形式因此愈来愈明显。不过，美国同欧洲相比，封建思想的残余更少一些。美国的资本主义不仅比欧洲更强大、更先进，也是欧洲资本主义发展的榜样。它之为榜样不是因为欧洲各国都在努力地仿效它，而是因为它是资本主义的最进步的形式，完全摒除了封建残余的影响，摆脱了封建势力的枷锁。封建遗产除了明显的消极性外，还有许多人性的特征，与纯粹资本主义的态度相比，这些特征对人们有很大的吸引力。在欧洲，旧的封建主义的人的价值观念依然有其生命力，欧洲人对美国的批评本质上是以这些价值观念为依据的。在欧洲，这种以过去的名义批评现在的态度也正在急剧地消失。在这一方面，欧洲和美国之间的差别仅仅是较旧的资本主义阶段同较新的资本主义阶段之间的差别，是夹杂封建残余的资本主义与纯粹的资本主义之间的差别。

从十九世纪到二十世纪，最明显的变化是技术变化。蒸汽机、内燃机及电的运用日益普遍，原子能初步得到利用。这种发展的特征是：机器作业愈来愈多地取代了手工劳动，机器智能愈来愈多地取代了人的智慧。在一八五〇年，就各种劳动力所占的比例而言，人占15%，动物占79%，机器只占6%；到一九六〇年，这个比例将会变为：人占3%，动物占1%，机器占96%。①在二十世纪中期，我们看到了一种日益增长的使用自动机器的趋势，这些机器有自己的“头脑”，使生产的整个过程发生了根本的变化。

生产方式上的技术变化是资本日益集中的结果，另一方面，技术变化也迫使资本日益集中。小型公司数目减少、重要性降低的情况与巨大的经济体的增加成正比。有几个例子可能会帮助我们获得有关这一图景的具体印象，至于这一图景的大致轮廓，那是已经众所周知的。一九三〇年，在纽约股票交易所交易的股票中，五百七十三家独立公司占了大多数，其中一百三十家公司占了所有公司资产总和的80%。二百家最大的非金融公司控制着“所有非金融公司总财富的近一半，剩下的一半则为三十多万家小公司拥有”。②此外，我们必须记住，这些庞大的公司所具有的影响远远超过了它们直接控制的资产。“小公司同大公司做买卖，它受到后者影响的程度可能比它同其他小公司打交道所受到的影响大得多。在很多情况下，小公司要保持兴旺繁荣就得依赖大公司所给予的恩惠，这种情况的必然结果是，大公司的利益也成了小公司的利益。仅凭公司规模，大公司对物价的影响通常就会大大增加，即使它并未开始垄断价格。大公司的政治

① 参阅Th.卡斯卡多姆和R.莫德利所著《美国，标准国家》，麦克米兰出版公司，纽约，1949年，第3页。

② 参阅A.A.伯利和G.C.米恩斯所著《现代公司和私人财产》，麦克米兰出版公司，纽约，1940年，第27、28页。

影响也可能非常大。因此，如果二百家大公司控制着总财富的大约一半，其余一半为小公司所有，那么，我们完全有理由认为，这些大企业控制着一大半工业生产。在一亿两千五百万人口中，约两千人控制和管理着一半的工业，当我们考虑到这一情况时，权力集中就更加值得关注了。”①自一九三三年以来，这种权力集中的情况一直在增长，到现在还没有停止的趋势。

个体经营的企业的数目也大大减少了。在十九世纪初叶，大约有五分之四的就业人口为个体经营者；到一八七〇年，这部分人只占了就业人口的三分之一，而到了一九四〇年，这一老的中产阶级只占了就业人口的五分之一，也就是说，只相当于一百年前它的相对力量的25%。在今天，二万七千个巨型商行(只占全美国商行总数的1%)的雇员数目占了全美商业雇员人数的一半，而另一方面，一百五十万个体经营商号(非农业性质)的雇员数目只占全美商业雇员人数的6%。②

正如这些统计数字所表明的那样，随着企业资本的集中，这些大企业的雇员人数也大幅增加。从前，由农民、独立经营者以及专业人员组成的老中产阶级占了中产阶级总人数的85%，现在，这些人只占了44%；在同一时期，新的中产阶级所占的比重从15%增加到了56%，其中，管理人员由2%增加到了6%，靠工资维生的专业人员由4%增加到了14%，销售人员从7%增加到了14%，办公室工作人员由2%增加到了22%。在一八七〇年到一九四〇年间，新的中产阶级在劳动力总数中所占的比例由6%上升到了25%，而工资劳动者则由61%下降到了

---

① 参阅A. A. 伯利和G. C. 米恩斯所著《现代公司和私人财产》，麦克米兰出版公司，纽约，1940年，第32、33页。

② 这些统计数字引自C. W. 米尔斯所著《白领》一书，牛津大学出版社，纽约，1951年，第63页及其后。

55%。米尔斯简单明白地指出：“……**操纵物的个人越来越少;对付人和符号的人越来越多。**”①

随着大型企业的重要性的增加，出现了另外一种极其重要的发展：经营权和所有权日益分离。伯利和米恩斯的经典著作中的统计数字揭示了这一点。从(一九三〇年的)二百家最大的公司中我们可获得其资料的一百四十四家来看，股东在五千人以下的只有二十家，股东在二十万至五十万人之间的有七十一家。②只有在小公司中，经营者才占较重的股份，在大的，确切地说，最重要的公司中，股份所有权和经营权几乎完全分离。一九二九年，在某些最大的铁路及公共事业公司中，每个股权人所占的股份不超过全部股份的2.74%。据伯利和米恩斯称，这种情况也存在于工业领域。“如果按照其经营者所持的股份的平均数值对工业企业进行排队……高级职员和经理所持的股份份额几乎完全与企业下属的公司的平均规模成反比。除了两种主要的例外情况，公司越大，经营者所持的股份越少。在几个铁路公司中，每个公司的普通股平均为五千二百万美元，经营者所占的股份为1.4%。在各种矿业公司中，经营者所占的股份为1.8%。只有在小公司中，经营者才占有较多的股份。除了其下属公司平均资本不到一百万美元的企业，经营者所占的股份不超过20%。与此相对，有三个工业集团，各自下属公司的平均资本不到二十万美元，经理和高级职员持有 一大半股份。”③这里出现了两种倾向：大企业相对增加，大企业经营者所占

---

① 这些统计数字引自C.W.米尔斯所著《白领》一书，牛津大学出版社，纽约，1951年，第63页。

② 这些以及下面的统计数字引自伯利和米恩斯的著作。

③ 伯利和米恩斯：《现代公司和私人财产》，麦克米兰出版公司，纽约，1940年，第52页。

的股份相对减少。如果把这两种倾向联系在一起，我们便可以清楚地看到，总的趋势是资本所有者与经营者日益分离。不拥有相当的资本，经营者是怎样控制企业的？这是一个社会学和心理学的问题，我们将在后面对其进行讨论。

从十九世纪到二十世纪，资本主义的另一个根本变化是，国内市场的重要性增加了。我们的整个经济机器依赖于大规模生产和消费的原则。在十九世纪，总的趋势是积蓄，而不是沉迷于超前消费；当今的制度则与此完全相反。人们被哄骗来尽其所能地购买，而不是量入为出。广告和其他所有能影响人的心理的方法大大刺激了人的消费需要。这种发展与工人阶级的经济和社会地位的上升密切相关。在整个欧洲，尤其在美国，工人阶级参与了整个经济系统的增产活动。工人的工资，以及他得到的社会福利，使他能达到在一百年前无法想象的消费水平。工人的社会和经济力量也达到了同样的高度，这不仅是就工资和社会福利而言，也是就他作为人，作为社会中的一员，在工厂里所扮演的角色而言。

让我们再来看看二十世纪资本主义最重要的元素：封建特征消失，工业生产激增，资本日益集中，交易额与管理机构日益扩大，操纵数字和人的人员愈来愈多，所有权与经营权分离，工人阶级的经济、政治地位上升，工厂和办公室使用新的工作方法。我们再从稍微不同的角度来看待这些变化。封建因素的消失意味着非理性权威的不复存在。人们不再认为有谁会由于出身、神意、自然规律等因素比别人高出一头。人人都自由、平等。没有人天生就该受别人剥削和支配。如果一个人受到另一个人的支配，这是因为支配者在劳动力市场上购买了被支配者的劳动或服务。一个人可以支配另一个人，这是因为双方都是自由和平等的，并因此可以建立一种契约关系。但是，随着非理性权威的消失，理性权威也过时了。如果市场和契约可以约束人们之间的关系，那么就无需知道是非善恶了。要知道的是：事情是**公平**的——交易是公平的，事情“可行”——事情运转正常。

二十世纪的人所体验到的另一个明确的事实是生产的奇迹。他支配的力量是自然界从前赋予他的力量的千万倍。蒸汽、石油、电成了人的奴仆和使唤的牲畜。他跨越大洋大洲的时间先是以星期，然后是以天，最后以小时来计算。他似乎已经克服了重力定律，在天空自由翱翔。他把沙漠变成了良田，造雨而不是祈求雨神。生产的奇迹带来了消费的奇迹。再没有传统的障碍来阻止他购买他所喜爱的任何东西了。他只需要有钱。但是，越来越多的人有钱不是为了购买真正的珍珠，而是为了得到虚假的东西：看起来像卡迪拉克牌的福特牌汽车、看起来值钱的廉价衣服，以及百万富翁和普通工人都吸的香烟。一切东西都可以获得，都可以买到，都可以消费。从前的哪一个社会出现过这种奇迹?

人们一起工作。成千上万的人走进了工厂和办公室——乘坐汽车、地铁、公共汽车、火车——他们按照专家制定的节拍、方法，不紧不松，一起工作；每个人都是整体的一个部分。到了晚间，人流倒回去：人们读同一种报纸，听同样的广播，欣赏同样的电影；处于社会最高层与最低层的人，聪明人和傻子，受过教育的和未受过教育的，都一样。一起生产、消费、享乐，步调一致，从不怀疑。这就是他们的生活节奏。

那么，我们的社会所需要的是什么样的人呢？什么是适合二十世纪资本主义的“社会性格”？

社会需要的是在大团体中能与他人顺利合作的人，想要消费得越来越多的人，以及趣味标准化、易于受到影响、其要求可以预测的人。

社会需要的是这样的人：他们感到自己自由，独立，不服从任何权威、原则或良心，然而却自愿接受支配，做别人希望的事，毫无摩擦地顺应社会机器。没有暴力的引导，没有领袖的指导，没有任何目的——除了保持运动——的激励，社会怎么使人们发挥其作用，不断前进呢?

（二）性格的变化

1. 量化与抽象化

要分析和描述当代人的社会性格，我们有许多方法可供选择，就像我们在描述个人的性格结构时所做的那样。这些方法之不同可能在于分析的深度不一样，也可能“深度”一致但角度不同，如何选择得依调查者的特殊兴趣而定。

在下面的分析中，我选择了异化概念作为中心论点，从这一点出发来分析当代的社会性格。我这样做，一方面是因为我认为这个概念触及到了现代人格的最深层；另一方面，我们如果注意到了当代的社会-经济结构与一般人的性格结构之间的相互作用，就会认识到异化概念是最适当的论点。①

要讨论异化问题必须先谈资本主义的基本经济特征之一，**量化**与**抽象化**的进程。

中世纪工匠生产的物品只供应相对较少的熟悉的顾客。他需要获取一定的利润，以便维持依照传统与其社会地位相称的生活方式，这些利润决定了他的产品价格。他凭经验便知道生产成本，即使雇用了几个工匠与学徒，他的事业的运行也不需要簿计或资产负债表之类复杂的规则。农民的生产亦是如此，甚至更少用到定量的、抽象的方法。与此相反，现代商业企业离不开资产负债表。现代企业无法像过去的工匠那样，靠具体的和直

---

① 如果读者熟悉在《自为的人》中形成的“市场倾向”这一概念，就会看到，异化现象是更一般的现象，也是“市场倾向”这一特殊概念的基础。

接的观察来计算他的盈利。原料、机器、劳动力成本和产品都可用货币价值来表示，因而可以比较，也适于记在收支表上。所有的经济活动都必须是可以严格量化的，只有资产负债表，即用数字表示的经济活动的精确对照，才能告诉经理，他所做的生意是否赚钱，也就是说，是否有意义，以及赚了多少。

这种从具体到抽象的转变已经大大超出了资产负债表以及生产领域中的经济活动的量化问题。现代社会的商人不仅要处理数以百万计的金钱，还得应付数以百万计的顾客、数以千计的股东，以及成千上万的工人、雇员；所有这些人都是一架庞大的机器的零部件，商人必须控制这架机器，计算其效能；每个人最终可以被看成是一个抽象的实体，一个数字。在此基础之上，商人计算其经济活动，预见经济趋势，作出决定。

今天，在我们社会的总就业人数中，只有20%的人是个体经营者，其余的人则为其他某人干活，靠工资或薪水过活。不过，我们应当说“某物”而不是“某人”，因为雇用或解雇工人的是一个机构，这个机构的管理人员是企业的非人格的部件，而不是与雇员有个人联系的人。我们不能忘记另一个事实。在资本主义以前的社会中，交换在很大程度上是货物与人工的交换；今天，一切工作换得的报酬都是钱。紧密交织的经济关系是由金钱，即劳动的抽象表现形式，来控制的，也就是说，我们以不同质的工作换取不等量的同一的东西，我们用钱来换取东西——这也只是不同量的金钱与不同质的劳动的交换。实际上，除了农业人口之外，没有人能够在不获得和不付出金钱的情况下活上几天，钱代表着具体工作的抽象性质。

劳动的不断分工是资本主义生产的另一个特点，其结果是生产的日益抽象化。总的看来，劳动分工存在于大多数已知的经济制度中，即使在最原始的社会团体中也存在着以男女分工形式出现的劳动分工。资本主义生产的特性在于这种分工发展的程度。在中世纪经济中存在着，比如说，农业生产与工匠劳动之间的分工，但是在每一生产领域中却很少有这样的劳动分工。做椅子、桌子的木匠从头到尾把椅子、桌子做出来，即使他的徒弟为他做了些准备工作，他仍然控制着生产，监督着生产的全过程。而在现代的工业企业中，工人却无法接触到产品生产的全过程。他只起到了某一特定的作用，随着时间的推移，他所起的作用也可能发生变化，但是，他仍然与**作为一个整体的**具体产品没有联系。现代产业工人发挥着某一特定的作用，总的趋势是，在那些针对它的机器还未设计出来的生产活动中，或者在机器比人工更费钱的生产活动中，他以一种类似机器的方式在工作。唯一同生产的整个过程有接触的是经理，但是，对他来说，产品是一个抽象物，其本质是交换价值；而将产品看成具体东西的工人却从来没有参与过产品生产的整个过程。

毫无疑问，如果没有量化与抽象，现代的大规模生产是不可想象的。不过，在经济活动已成为人们主要关心的事的社会中，这种量化与抽象的进程已经超越经济生产领域，扩展到了人对事物、他人及自己的态度方面。

为了理解现代人身上发生的抽象化进程，我们必须首先从总体上来考虑抽象的含糊不清的功用。很显然，抽象自身并非一种现代现象。事实上，日益增长的抽象能力是人类文化发展的特性。如果我说“一张桌子”，我就是在使用一个抽象概念；因为我所说的并不是某一张具体的桌子，而是包含了所有可能的具体的桌子的“桌子”这个类。如果我说“一个人”，我并不是在说这个或那个具体的、独一无二的人，而是指“人”这个类。“人”这个概念包含了所有个体的人。换句话说，我是使具体的物或人抽象化了。哲学和科学思想的发展就是基于这种不断增长的抽象能力。放弃抽象能力意味着回到最原始的思想方法。

我们可以用**两种**方法把自己同物联系在一起：我们可以将自己同具体的物联系在一起，这样一来，此“物”呈现出它特有的性质，没有其他的物和它完全一样；我们也可以一种抽象的方式将自己同物联系在一起，即只强调同一类事物所共有的性质，突出某些性质，忽略另一些性质。人同某一物体发生的创造性的、完全的联系包含着这样一种对立：既看到了物的特殊性，又看到了物的一般性，既看到了它的具体性，又看到了它的抽象性。

在当代西方文化中，这种对立让位给了一种几乎是排他性的倾向，人们只关注人和物的抽象性质，忽视了人与他人及物的关系的具体性和独特性。我们不是形成一些必要的、有用的抽象概念，而是把一切，包括我们自己，都抽象化了。抽象的概念以及体现了不同的量而不是不同的质的幽灵代替了人和物的具体现实，那个我们可以具体现实的自己与之联系的具体现实。

我们很习惯说一座“三百万美元的桥”、一支“二十美分的雪茄”、一块“五美元的表”，这不仅是在购买它的过程中站在制造商或顾客的立场上说话，而且表明了我们描述事物的基本出发点。当我们谈论“三百万美元的桥”时，我们主要关心的不是桥的实用性或美，即桥的具体性质，而是把桥当成了商品，其主要性质是它的交换价值，即可以用金钱数量表达的价值。这当然不是说，我们不关心桥的实用性或美，可是却的确意味着，就对物的体验来说，桥的具体（使用）价值**次于**其抽象（交换）价值。格特鲁德·斯坦①的名句“玫瑰就是玫瑰就是玫瑰”便是对这种抽象的经验

① 格特鲁德·斯坦（1874—1946），留居法国的美国作家。——译注

形式的抗议。对大多数人来说，玫瑰并不是玫瑰，而是一种适应某些社交场合、能在某个价格区间内购得的花；即使是最美丽的花，假定它是野生的，不花任何钱就可得到，同玫瑰相比，也不那么美了，因为它没有交换价值。

换言之，不仅当我们在买卖东西时，而且在经济交换已完成之后，我们都将东西看做是商品或交换价值的体现。一件东西即使在被购买之后，也不会完全失去其作为商品的性质；它可以使用，依旧保持着它的交换价值。有一份报告讲述了一个重要的科学组织的执行秘书如何在他的办公室里度过了一天，这份报告可以较好地说明这种态度。这个组织刚买了一幢房子，并搬了进去。这位执行秘书在报告中说，他们搬进这幢大楼没几天，他接到一个房地产代理打来的电话，电话说，有人很想买这幢房子，想先看看。虽然他知道该组织不可能在搬进来几天之后就卖掉它，但是他忍不住想知道这幢大楼是否在他们买了它之后又升值了，于是他花了宝贵的一两个小时带领房地产代理参观了楼房。他写道："我很感兴趣，有人愿出比我们为这幢大楼所花的更高的价钱。地产代理出价时，碰巧财务主管也在办公室里，大家一致同意，让董事会了解大楼可以卖出的价钱大大多于买它花掉的钱有助于提升士气。让我们看看结果怎样。"尽管他们对于搬进这幢大楼感到骄傲、愉快，大楼仍然保持着它作为商品、作为某种可被消费的东西的性质。人们并未在完全的意义上占有或使用它。在人与他所买的汽车的关系中，这种态度也很明显；人从来没有同汽车完全地亲密起来，汽车仍然保持着它作为商品的性质，可以在一次成功的交易中被换掉。因此，汽车可以在使用一两年后被卖掉，在其使用价值耗尽之前很久，甚至在其使用价值还未降低多少时就易主。

这种抽象化甚至波及到那些无关商品交换的现象，例如水灾。报纸以

“百万元大灾”为标题报道某次水灾，强调的是抽象的数量，而不是人所遭受的具体苦难。

抽象化和量化的态度远远超出了物的范围。人也可以作为量化的交换价值的体现。如果说一个人“值一百万美元”，就是不把他看成是一个具体的人，而是把他当成一个抽象的东西，其本质可以用数字表达。报纸以“制鞋商死亡”为题刊登了一则讣告，这种情况反映了同样的态度。实际情况是：一个人死了，一个有着人的某些性质、有希望也有挫折、有妻室儿女的人死了。的确，他生产鞋，更准确地说，他拥有并管理着制鞋厂，在其中，工人开动机器生产鞋子；但如果说一个“制鞋商死了”，那就是用经济功能的抽象公式来表达丰富、具体的人生。

在“福特先生生产了这么多汽车”，或者，某个将军“占领了一座要塞”之类的说法中，我们能看到同样的抽象化倾向；再如，如果一个人为自己造了一座房子，他会说“我造了一座房子”，这也是抽象化的说法。具体说来，福特先生并不造汽车，他指挥着成千上万的工人从事汽车生产。将军并没有占领要塞，他坐在他的司令部里发号施令，是士兵占领了要塞。上述那人并没有造房子，而是，他付钱，建筑师设计，工人施工。我说所有这些并不是在贬低管理、指挥的意义，我是想通过这些来说明，这种体验事情的方式使具体发生的事从我们眼前消失了，取而代之的是一种抽象的观点。按照这种观点，一种作用，比如制定方案、发布命令或支付费用，似乎与整个具体的生产、战斗、修建过程等同。

这种抽象化也发生在其他各个领域。《纽约时报》最近印发了一则消息，标题是：“B. Sc. ＋Ph. D. ＝ $40，000”。这个标题有点令人困惑，消息的内容是说，统计数字表明，取得博士学位的工程学学生在一生之中会比只得到理学士学位的学生多挣四万美元。就这个事实而言，这是一则值得报道的有趣的社会经济学资料。在这里，我之所以提到此事，是因为这种把科学学位与一定量的钱等同起来的表达事实的方式。这种做法显示出抽象化的及量化的思维，知识被看成是人格市场上的一定量的交换价值的体现。在一份新闻杂志上，我们看到一篇政治报道，这篇报道称，艾森豪威尔政府认为，政府有足够的“信用资本”，因而可以冒险采取一些不得人心的措施，因为政府“有本钱”，不怕失掉一些信用资本。这篇报道所说的与上面那个例子在实质上是一样的。我们又一次看到，人的品质，比如信用，被用抽象的形式表达出来，仿佛它是一项金钱投资，可从市场投机的立场出发来处置。关于商业范畴的东西影响宗教思想的强烈程度，我们可以看希恩主教的一篇论述基督诞生的文章。他写道：“我们的理性告诉我们，如果任何自称(上帝之子)的人都是上帝派来的话，那么，上帝为了支持他的代表的声明，至少该预先宣布这人的降世。连汽车制造商也会告诉我们，什么时候可以看到一款新型的汽车。”①我们可以从福音传教士比利·格雷厄姆所说的话中看到更明显的商业影响。他说：“我在出售世上最伟大的产品；为什么我们不该像吹捧肥皂那样颂扬它呢?”②

不过，抽象化还有比此前所述的更深刻的根源及表现形式，可以远溯到现代时期的开端，生命进程中的任何一个**具体的参照系统解体**之时。

在原始社会中，“世界”等同于部族。部族可以说就是宇宙的中心，部族之外的任何东西都是朦朦胧胧的，没有独立的存在。在中世纪的世界观中，宇宙宽广多了，包括地球、天空以及天上的星星，不过，地球被看成是宇宙的中心，人被看成是上帝创世的目的。一切东西都有其固定的位

---

① 见《矿工》杂志，1953年。

② 见《时代》杂志，1954年10月25日。

置，就像在封建社会中，每个人都有他固定的地位。十五、十六世纪，新的景象展开在人们面前。地球失去了其中心地位，成了太阳的卫星之一；人发现了新的大陆、新的航道；静止的社会制度越来越松动；每样事物、每个人都在运动。不过，直到十九世纪末，自然和社会都还未丧失其具体性与确定性。人所处的自然界和社会仍然是可把握的，仍然有着明确的轮廓。但是，随着科学思想的进步、技术的新发现，以及一切传统束缚的解体，这种确定性和具体性正在逐渐消失。不论我们考虑的是我们的新宇宙观，或理论物理，或无调音乐，或抽象艺术，我们的参照系统的具体性与确定性都正在消失。我们不再处于宇宙的中心，不再是上帝创世的目的，不再是可把握的、可知的世界的主人——我们不过是宇宙中的一粒微尘，一件无足轻重的东西，我们与任何东西都没有任何一种具体的联系。我们谈论数以百万计的人遭到杀戮，设想第三次世界大战如果爆发，世界上三分之一或更多的人口将会被从地球上抹去，我们谈到国家债务高达数十亿美元，谈到行星间的距离有数千光年，谈到星际旅行、人造卫星。数十万人在一个大企业中工作，有数百个城市，每个都有数十万居民。

我们所应对的维度是数字和抽象的东西，这些东西远远超出了任何具体经验的范围。没有适合**人类维度**的、我们可以掌握和观察的参照系统存在了。我们的眼和耳只能在人能把握的区间内获得印象，可是我们的世界概念恰恰丧失了这种性质，不再与我们作为人的维度相适应。

如果联系现代的毁灭性手段的发展情况来看，这一点特别有意义。在现代战争中，一个人就能造成成千上万的男人、女人和孩子的毁灭。他只消按下一个按钮就能办到；他正在做的事可能不会对他造成情感上的困扰，因为他不认识他所杀的人。他按按钮的行为与那千万人之死之间似乎并没有真正的联系。同样是他，面对一个无助的人，可能甚至不忍心斥责他，更不用说去杀他了。在后一种情况下，具体的情境激发了他的良心，普通人都会作出这样的反应；而在按按钮的行为中则没有这种反应，因为行为和目标都与施动者很疏离，他的行为不再是他的了，可以说，行为本身具有了生命，对自己负责。

科学、商业、政治都丧失了一切对人而言可理解的基础和维度。我们生活在数字和抽象物之中；由于没有什么是具体的，也就没有什么是真实的了。的确，任何事情都是可能的。科幻小说与科学事实没有什么差别，噩梦、梦想与真实的未来之间也是一样。人被逐出了有明确界限的地方，在那里，他可以综观并把握他的人生及社会生活。某些力量驱赶着他，使他越动越快，而这些力量最初是由他创造出来的。在这疯狂的漩涡中，他思考、盘算，为抽象的东西忙碌，愈来愈远离具体的生活。

2. 异化

以上对于抽象化的讨论把我们引向了资本主义对人格的影响的中心议题：异化现象。

所谓异化，是一种经验方式，在这种经验中，人感到自己是一个陌生人。我们可以说，他同自己疏远了。他不觉得自己是他那小天地的中心，是他本身行为的创造者——他的行为及其后果反倒成了他的主人，他服从这些主人，甚至会对它们顶礼膜拜。异化了的人同自己失去了联系，就像他同他人失去联系一样。他感受自己及其他人的方式就像感受物一样，他有感觉，也有常识，可是他同自己以及同外界之间并不存在创造性的关系。

“异化”一词过去是指精神不健全的人；法语中的 aliéné 及西班牙语中的 alienado 都是较古老的称呼患有精神病的、完全异化了的人的词汇（在英语中，Alienist 仍然为精神病医生所使用）。

在上个世纪，黑格尔和马克思曾经用过“异化”这个词，不过不是指精神错乱的状态，而是指一种不那么激烈的自我疏离的形式，它不妨碍人在具体事务上理性地行动，但它本身却是社会铸就的最严重的缺陷之一。在马克思的体系中，异化是指人的这种状况：“人本身的活动对人来说成为一种异己的、同他对立的力量，这种力量压迫着人，而不是人驾驭着这种力量。”①

不过，虽然在这种普遍的意义上使用“异化”一词是最近才有的事，但这个概念却由来已久。它与《旧约》中的先知所说的偶像崇拜是一回事。如果我们先考虑一下“偶像崇拜”的含义，我们将会更好地理解异化概念。

一神教的先知们谴责异教徒崇拜偶像主要并不是因为异教徒崇拜的神不只一个。一神教和多神教之间的根本区别并不是神的数目问题，而是在于自我异化这一事实。人花费精力，发挥艺术才能建造了一个偶像，然后崇拜这个偶像，这个偶像不是别的，而是人自己努力的成果。他把自己的生命力注入了一件“物体”，但是这物体成了偶像之后，就不再被体验为他自己的创造性努力的成果，而成了某种与他有距离的东西，监督他，与他为敌，他崇拜并顺从它。先知何西阿说（《旧约 · 何西阿书》第十四章，第三节）：“我们不向亚述求救，不骑埃及的马，**也不再对我们手所造的说：你是我们的神。** 因为孤儿在你耶和华那里得蒙怜悯。”崇拜偶像的人对于出自自己之手的作品顶礼膜拜。**偶像代表着以异己形式呈现的人自身的生命力。**

---

① 卡尔 · 马克思：《资本论》。也可参阅马克思、恩格斯合著的《德意志意识形态》（1845 年 6 月），见卡尔 · 马克思：《历史唯物主义早期论文》，S. 兰德夏特和 D. P. 迈尔合编，莱比锡，1932 年，第 2 卷，第 25 页。

与此相对照的是一神教的原则：人是无限的，人身上没有哪一部分性质可以实体化为整体。在一神论的概念中，上帝是不可知的和不可界定的；上帝不是一件“物”。如果上帝照自己的形象创造了人，那么，人身上就体现着无限的性质。在偶像崇拜中，人对自己某一部分性质的投射顶礼膜拜。他没有体验到自己是发射活生生的爱和理性行为的中心。他成了一件物，他的邻居也成了物，正如他的神灵也是物一样。“外邦的偶像是金的，银的，是人手所造的。有口却不能言，有眼却不能看，有耳却不能听，口中也没有气息。造他的要和他一样，凡靠他的也要如此。”（《圣经·诗篇》第一百三十五篇第十五节）。

在很大程度上，一神教本身也退回到了偶像崇拜。人将他自己的爱和理性的力量投射到上帝身上，他不再感到这些力量属于自己，于是他祈求上帝赐还某些他投射到上帝身上的东西。早期的新教和加尔文教所要求的宗教态度是，人**应该**感到空虚和贫困，相信上帝的恩赐，即希望上帝将他投射在上帝身上的他自身的品质退还一部分给他。

从这个意义上讲，一切谦卑的膜拜行为都是异化和偶像崇拜的行为。人们时常所说的“爱”常常只不过是这种异化的偶像崇拜现象；只是，崇拜对象不是上帝或偶像，而是他人。在这种一方顺从于另一方的关系中，“施爱”的人将他(她)全部的爱、力量和思想投射到另一个人身上，把所爱的人当成一个更优秀的人，在完全的顺从和崇拜之中得到满足。这不仅仅意味着“施爱”的人未把所爱的人当成一个现实的人来看待，而且，他没有体验到自己也是一个现实的人，有着人的创造力。正如宗教的偶像崇拜一样，他将自己丰富的品质投射到另一个人身上，不再觉得这些品质属于他自己，而把它们当成是异己的东西，存在于他人身上；只有通过服从他人或与他人融为一体，他才能接触到这些品质。同样的情况也发生在对政治领袖及国家的崇拜性的服从之中。实际上，领袖和国家是经由被统治的人的认可而产生的。当个人将自己的全部力量投射到领袖和国家身上，崇拜它们，希望通过服从和崇拜的方式重新得到力量时，领袖和国家才成了偶像。

在卢梭的国家理论中，就像在当代的极权主义中一样，个人应当放弃自己的权利，将其投射到作为唯一仲裁者的国家身上。在法西斯主义和斯大林主义中，完全异化了的个人匍匐在偶像的祭坛前，无论这偶像叫什么名字——国家、阶级、集体或其他——情况都并无不同。

我们谈论偶像崇拜或异化，不仅涉及人与他人的关系，也涉及人与其自身的关系——当人屈从于非理性的情感时。主要为他的权力欲所驱使的人不再能从他自身体验到人的丰富性和局限性，而是成了他的某一偏颇的追求的奴隶，他将这一追求投射到外在的目的之上，为这些目的所支配。一心追求金钱的人被他的这一追求所支配；金钱成了他崇拜的偶像，是某种他所缺乏的力量的投射，他贪求这种力量。在这个意义上，神经症患者也是异化了的人。他的行为不是他自己的行为；他幻想他正在做他想做的事，而实际上，是从他自身分离出去的力量在背后驱使他这样做；对于他自己来说，他是一个陌生人，他的同胞们也是。他所体验到的不是他人和自己真实的样子，无意识的力量歪曲了他关于他人和自己的体验。神经错乱的人是**完全异化**的人，他已完全不是他自己的经验的中心；他已丧失了自我意识。

偶像崇拜、对上帝的偶像崇拜、对某人的盲目崇拜式的爱、对政治领袖或国家的崇拜，以及对非理性情感的外化形式的偶像崇拜，凡此种种，有一个共通之处，即异化。事实是：**人不再感到他是自己的力量和丰富品质的主动拥有者，他感到自己是一个贫乏的“物”，依赖于自身之外的力量，他把他的生存状况投射到这些外在于他的力量上。**

正如偶像崇拜所表明的那样，异化绝不是一种现代现象。要勾勒出异化的历史远不是这本书所能办到的。简单地说，情况似乎是，一种文化中的异化不同于另一种文化中的异化，不仅异化的领域不同，异化的完全性与彻底性也不一样。

我们发现，在现代社会中，异化几乎无所不在，它弥漫在人与他的工作、人与消费品、人与国家、人与他的同胞、人与他自己的关系中。人创造出一个前所未有的人造世界。他构筑了一部复杂的社会机器来管理他造的技术机器。但是，他所创造的一切却高踞于他之上。他没有感到自己是创造者，是中心，而觉得自己是他的双手创造出来的机器人的奴仆。人释放出的力量越大，人越感到，作为一个人，他是多么无能为力。他面对着自己的力量，这些力量体现在他所创造的物中，已从他身上独立出来。他被他所造之物控制着，失掉了对自己的所有权。他铸造出一个金犊，并说道："这便是带领你们走出埃及的神。"

工人的情况怎样呢？我们可以借用一位洞悉工业世界的观察家的话来说明："在工业界，人成了一个经济原子，按照原子管理的节奏行动。你的位置就在这儿，你就以这种方式坐在这儿，你的手臂以 Y 为半径移动 X 英寸，移动的时间为 .000 分钟。

"随着设计师、微动作研究人员，以及科学管理人员进一步剥夺工人自由思维和自由行动的权利，工作变得越来越重复，越来越无需动脑筋。生命正在被否定，人对控制、创造、好奇心与独立思考的需要被遏制了，其结果，其必然结果便是工人方面的退避或斗争、冷漠或破坏，以及心理上的倒退。"①

经理的作用也是一种异化了的作用。的确，他管理着全部而不是部

---

① J.J. 吉莱斯皮：《工业中的自由表达》，向导出版有限公司，伦敦，1948 年。

分，但是，他也与作为某种有用的、具体的物的产品相疏离。虽然同较老的由所有者担任经营者的经营方式相比，现代的经营对于将被作为红利分配给股份所有者的利润的兴趣降低了，更关心如何使企业有效率地运转并扩大规模；但是，经理的目的仍然是利用他人的投资来获取利润。这种经营方式的特点是：在企业内部，与负责生产技术的人相比，负责劳资关系及销售的人越来越重要。

经理同工人一样，同每个人一样，应对的是一些非人格的巨物：具有竞争力的庞大企业、巨大的国内与国际市场、不得不哄骗和操纵的众多消费者、大的工会组织及庞大的政府。所有这些巨物仿佛都有它们自己的生命。他们决定着经理的行为，也左右着工人及职员的行为。

经理的问题揭示了在一个异化了的文化中最重要的现象之一——**官僚化**。官僚机构统治着大企业及庞大的政府。官僚是管理物和人的专家。由于要管理的机构很庞大，抽象化的做法不可避免，官僚同人民的关系是一种彻底的异化关系。官僚们把被管理的人民当成物，对他们既不爱也不恨，完全没有什么个人的感情；就其职业活动而言，经理-官僚不必带有什么感情；他必须把人当成数字或物来加以操作。由于机构庞大，劳动分工彻底，任何个人都无法看到全体。在工业界，由于个人或团体之间没有有机的、自发的相互合作，管理官僚的存在是完全必要的。没有管理官僚，企业会在短时间内崩溃，因为没有谁知道使企业运转的奥秘所在。官僚以及他们用掉的成吨的纸张都是必需的。正因为大家都感到无力，都意识到了官僚的必不可少，于是，人们几乎像对待神那样，尊重这些官僚。人们感到，要是没有了官僚，一切都会崩溃，我们也会挨饿。在中世纪，领袖被看成是神授秩序的代言人，在现代资本主义社会中，官僚的角色也几乎是神圣的——因为他之存在关系到全体人民的死活。

马克思给官僚下了一个深刻的定义："官僚把世界仅仅当成他的活动的对象。"有趣的是，官僚精神不仅进入了企业经营及政府管理，也侵入了工会，以及英国、德国和法国的大的民主社会主义党派。在俄国，官僚管理者及其异化精神征服了全国。如果具备了某些条件，俄国也许可以在没有恐怖的情况下生存，但是，如果没有完全官僚化——即异化——的制度，俄国无法生存下去。①

那么，企业**所有者**，即资本家，他们的态度又怎样呢？小企业家、小商人似乎同他一百年前的前辈的状况差不多。他拥有并指导他的小企业，他同整个商业或工业活动保持着联系，同工人和雇员有个人关联。但是，从经济和社会的其他各个方面看，他生活在一个异化的世界之中，此外，他持续地遭受到来自大竞争者的压力，因此，他已绝不像同一行业的先辈们那样自由了。

在现代经济中，大企业、大公司起着越来越重要的作用。德鲁克简明扼要地指出："总而言之，是大公司——自由经济中大企业的特殊组织形式——成了代表，成了起决定性作用的社会-经济机构，这个机构设定模式，甚至决定着街角从来没有买过股票的烟店老板以及他所雇用的从没进过工厂的杂工的行为。因而可以说，我们社会的性格取决于大企业的组织结构、大规模生产的工厂的技术，以及我们的社会信仰及承诺为大企业所实现的程度。"②

大公司的所有者对其财产的态度是怎样的呢？这是一种几乎完全异化

① 参阅 W. 休恩所写的有趣文章：《布尔什维克主义作为一种管理理念》，《火花》杂志，法兰克福，第 5 期，1954 年 8 月。

② 参阅彼得 · F. 德鲁克：《公司的概念》，约翰 · 戴出版公司，纽约，1946 年，第 8、9 页。

了的态度。他的所有权表现为一纸代表着一笔数目不定的金钱的文书，他不对企业负责，同企业也没有任何具体的关系。伯利和米恩斯关于企业股东的态度的描述最清楚地表达了这种异化态度。他们写道：

(1) 所有权的地位由主动变成了被动。原先，所有者拥有物质财产，他可以管理这些财产，并对它们负责，而现在，他只有一纸代表着某些权利以及可望从企业得到的利益的文书。但是，对于企业，对于他的物质财产——生产工具，他有一份利益，却没有什么控制权。与此同时，他对企业及其物质财产也没有什么责任。人们常常说，一匹马的主人对这匹马负有责任。如果这匹马活着，他得喂它，它死了，他得埋它。但是，拥有部分股权却不是必然要担负这样的责任，实际上，企业所有者无力通过自己的力量来影响企业的基本财产。

(2) 原先伴随着所有权的精神价值现在与所有权分离了。从前，所有者可以控制、影响他的物质财产，这些财产除了给他带来更具体的收入之外，还直接使他感到满足。财产代表着他自己的人格的延伸。随着企业革命的发生，财产所有者失掉了财产的这一性质，正像工业革命后，工人失掉了财产的这一性质一样。

(3) 个人财富的价值愈来愈依赖于完全外在于个人自身及他的努力的力量。来自两方面的行为决定着财富的价值：一方面是控制企业的个人的行为，对于这些人，典型的所有者无法加以控制；另一方面是那些在敏感且反复无常的市场上办事的人的行为。因此，我们可以说，价值取决于变幻莫测的市场，受到市场的操纵。我们还可以进一步说，价值随社会对其最近的前景所做出的估价而大涨大落，在有组织的市场上，价值的一般水平反映了这种估价。

(4) 个人财富的价值不仅不停地波动——我们可以说，大多数财富都是如此——而且不断地被重新估价。个人能够随时看到他的财产估价的变化，这一事实明显地影响着他花费及享用他的收入的方式。

(5) 个人财富在有组织的市场上极易流动。要是市场机器运转自如，个体所有者可以在顷刻之间改变他的财富的形式，他这样做不是被迫出卖，不会遭受重大损失。

(6) 财富的存在形式使得财富愈来愈不能为所有者直接使用。例如，当财富是以土地的形式存在时，即使土地在市场上没有多少价值，仍旧可以为所有者所使用。这类财产所具有的自然属性使得它对所有者而言的主观价值有可能与它的市场价值完全无关。新形式的财富根本无法直接使用。所有者只有通过在市场上出售这种财富，才能直接使用它。于是，所有者被迫与市场紧紧拴在一起，这是前所未有的事。

(7) 最后，在公司制度中，工业财富的“所有者”只剩下一个所有权的象征符号。权利、责任及财产曾经是所有权的不可分割的部分，现在却转到了另外一群人手中，为这些人所控制。①

股东地位的异化的另一个重要方面是他对企业的控制问题。从法律上讲，股东们控制着企业，也就是说，他们选举管理者，正如在民主政体中人们选举代表一样。但实际上股东的权限很小，这是因为单个股东的股份很少，因而他们对碰头、开会不感兴趣，参与活动也不积极。伯利和米恩斯区分了五种主要的企业控制形式。“这些控制形式包括：(1)由完全所有

① 参阅 A. A. 伯利及 G. C. 米恩斯所著《现代公司和私人财产》一书，麦克米兰出版公司，纽约，1940 年，第 66-68 页。

者控制；(2)多数人控制；(3)通过某种法律安排，使得没有人能控制过半的公司股份；(4)少数人控制；(5)管理者控制。”①一九三〇年前后，在二百家最大的公司(按照财富多少排列)中，采用头两种控制形式的只占6%；而余下的94%，要么由管理者控制，要么通过法律安排使得所有人都只控制着较小份额的公司股份，或者是由少数股东控制。②在伯利和米恩斯的经典著作中，关于这种奇迹是怎样在不使用暴力、欺诈或任何违犯法律的手段的情况下出现的，有十分有趣的描写。

消费过程异化的程度同生产过程一样。首先，我们用金钱获得东西，我们对此事习以为常，认为这理所当然，但实际上，这是获取东西的最古怪的方式。金钱代表着抽象的劳动与努力，倒不一定是**我的**劳动或**我的**努力，因为可以通过继承、欺诈、运气或其他种种方式得到钱。而且，即使我是通过我的努力获得了钱(让我们暂时忘记这一事实：要是我不雇用人，**我的**努力可能不会给我带来钱)，我用的是特殊的方法，做出了特殊的努力，这与我的技能相关；而在花费时，钱转变成了劳动的抽象形式，可以同任何其他东西交换。假使我有钱，我不用费力，也不必有兴趣，便可得到东西。如果我有钱，即使我对艺术没有鉴赏力，我也可以得到一幅精美的绘画作品；即使我不懂音乐，我也可以买最好的留声机；我可以买下一座图书馆，尽管只是为了炫耀之用；我可以买教育，尽管除了作为附加的社会资产之外，它对我而言别无他用。我甚至可以毁掉我买来的画或书籍，除了金钱损失之外，我一无所失。只要有钱，我就有权得到，并用我所获得的去做任何我所喜欢的事。而**符合人性**的获取方式则是通过与想获

① 参阅A. A. 伯利及G. C. 米恩斯所著《现代公司和私人财产》一书，麦克米兰出版公司，纽约，1940年，第70页。

② 同上书，第94页及114-117页。

得的东西在性质上相称的努力来获取它。获取面包与衣服的行为只基于维持生存这一前提；获取书籍与绘画的行为基于我为理解它们所做的努力以及使用它们的能力。如何实际运用这条原则不是我们在这里所要讨论的问题。我们着重要说的是，我们获取的方式与我们使用的方式是相分离的。

在下述这段话中，马克思精辟地论述了金钱在获得及消费的过程中所起的异化作用。他写道：

> 它把人的和自然界的现实的本质力量变成纯抽象的观念，并因而变成不完善性和充满痛苦的幻象；另一方面，同样地把现实的不完善性和幻象，个人的实际上无力的、只在个人想象中存在的本质力量，变成现实的本质力量和能力。……它把坚贞变成背叛，把爱变成恨，把恨变成爱，把德行变成恶行，把恶行变成德行，把奴隶变成主人，把主人变成奴隶，把愚蠢变成明智，把明智变成愚蠢。……谁能买到勇气，谁就是勇敢的，即使他是胆小鬼。……假定**人**就是**人**，而人对世界的关系是一种人的关系，那么你就只能用爱来交换爱，只能用信任来交换信任，等等。如果你想得到艺术的享受，那你就必须是一个有艺术修养的人。如果你想感化别人，那你就必须是一个实际上能鼓舞和推动别人前进的人。你对人和对自然界的一切关系，都必须是你的**现实的个人**生活的、与你的意志的对象相符合的特定表现。如果你在恋爱，但没有引起对方的爱，也就是说，如果你的爱作为爱没有使对方产生相应的爱，如果你作为恋爱者通过你的**生命表现**没有使你成为**被爱的人**，那么你的爱就是无力的，就是不幸。①

---

① 卡尔·马克思：《国民经济学与哲学》，1844年著，见《卡尔·马克思的早期著作》，阿弗雷德·克罗纳出版社，斯图加特，1953年，第300、301页。

现在让我们把获取的方法放在一边，来谈谈这样一个问题：一旦我们获得了这些东西，我们是如何利用它们的？就很多东西而言，我们甚至找不到使用它的借口。我们得到这些东西是为了**拥有**它们。我们满足于无用的占有。我们可以就此举出很多例子来。贵重的餐具或水晶花瓶，因为怕砸碎就放着从来不用，大厦里有许多不用的房间、不必要的汽车与仆役，就像下层中产阶级家庭里的丑陋摆设一样。只不过，这种基于占有本身的满足在十九世纪更为突出。今天，大多数满足来源于占有可用的东西，而不是占有可保存的东西。但是这种情况并没有改变这一事实：即使在占有可用的东西的乐趣中，占有财富以显示身份仍然是主要的考虑。汽车、冰箱、电视机的确有实际的用途，但也可用于炫耀。这些东西表现了拥有者的身份。

我们怎样使用我们获得的东西呢？我们先从食物与饮料讲起吧。我们吃一种没有什么味道也并不富有营养的面包，因为这种面包投合了我们关于财富和身份的幻想——它是如此之白，如此“新鲜”。实际上，我们在“吃”一种幻想，而与我们真正在吃的东西失去了联系。我们的味觉，我们的身体，被排斥在消费行为之外，而它们是这一行为首先要关涉到的。我们喝的是商标。一瓶可口可乐在手，我们喝的是广告上那幅少男少女畅饮的景象，是“喝一口使你精神百倍”的标语，是伟大的美国习惯，我们很少去品尝味道。至于物品的消费，情况更糟，消费品的整个现实主要是广告竞赛制造出来的幻象，譬如“健康”肥皂或“健齿”牙膏。

我们可以继续下去，举出无穷无尽的例子。不过用不着在这里费笔墨了，因为每个人都可以想出跟我一样多的例子。我只想强调这里涉及的原则：消费行为应当是一种具体的人的行为，其中包括了我们的感觉、身体需要、审美感；这是说，在消费中，我们是具体的、有感觉的、有感情的、有判断力的人，消费行为应当是一种有意义的、有人情味的、创造性的经验。在我们的文化中，这些因素少之又少。消费主要是对于人为激发的幻想的满足，一种与我们具体的、实在的自我相疏离的幻想行为。

我还得提一下我们与我们所消费的事物之间的疏离的另一个方面。我们处在物的包围之中，对于这些物的性质和来源，我们一无所知。电话、收音机、留声机，以及其他许多复杂的机器，它们对我们而言的神秘程度同它们之于原始人的神秘程度差不多；我们知道怎样使用它们，即我们知道该按哪个按钮，但是，除了在学校里学过的那些模糊的东西外，我们不知道它们是根据什么原理运行的。而且，即使是那些没有多少深奥的科学原理的东西，我们对它们也十分生疏。我们不知道面包是如何做出来的，布是如何织出来的，桌子是如何造出来的，玻璃是如何制造的。我们消费，我们生产，却与那些天天打交道的东西没有什么具体的联系；我们生活在物的世界中，我们同物的唯一关系只是知道如何操纵或者消费它们。

我们的消费方式必然导致我们永不满足，因为我们不是以真实具体的人来消费真实具体的物。于是，我们一天比一天需要更多的东西、更多的消费。的确，只要人的生活水平低于能使他有尊严地生存的水平，人自然需要更多的消费。而且，随着人类文化的发展，以及人对更好的食物、艺术品以及书籍的需要的增加，人需要更多的消费也是合情合理的。可是，我们对消费的渴求已经跟人类的真实需要完全失去了联系。本来消费的意义在于给人一种更幸福、更令他满意的生活。消费是通向目的——即幸福——的手段。但是现在，消费自身成了目的。需要的不断增加迫使我们不断努力，这使我们为这些需要所控制，依赖于能帮助我们满足这些需要的人及机构。“每个人都指望使别人产生某种新的需要，以便迫使他做出新的牺牲，以便使他处于一种新的依赖地位并且诱使他追求一种新的享受，从而陷入经济破产。……因此，随着对象的数量的增长，奴役人的异己存在物王国也在扩展。”①

今天，买到更多、更好，尤其是更新的东西的可能性令人神往。人渴望消费。购买和消费行为已经成了一种强制性的、非理性的目标，因为这种行为本身成了目的，至于所购买、所消费的东西有什么用处，以及这些东西蕴含着何种令人愉悦的内容，那是另外的事。购买最新发明的玩意儿、市场上任何最新式的东西是每个人的梦想；相形之下，在使用中所体验到的真正的乐趣倒是次要的了。如果现代人敢于明白道出他心目中的天堂，那么，他会描绘出这样一种景象：天堂就像世上最大的百货公司，里边有各种新东西、新玩意儿，而他自己则有足够的钱来购买这些东西。只要里边总有更多、更新的东西可买，而且，也许他口袋里的钱又比邻人的多一点，他就会兴奋地在商品的天堂里东逛西逛。

特别值得一提的是，中产阶级社会的旧特征之一，对占有和财产的迷恋，经历了深刻的变化。旧的态度表现为某种程度的对于占有的喜好。人习惯了这种对待财产的态度。他为占有财产而骄傲。他很好地照料财产，而最终，当他不得不与财产分手之时，他会感到痛苦，因为他不能再使用它们了。在今天，这种对于财产的态度很少能见到了。人们喜欢买新东西，当更新的东西出现时，他随时准备抛弃已经买下的东西。

如果用性格学的术语来表达这种变化，我可以把上述情况同十九世纪风行的**囤积**倾向联系起来。在二十世纪中期，这种倾向已经让位给了**接纳**

---

① 卡尔·马克思：《国民经济学与哲学》，1844 年著，见《卡尔·马克思的早期著作》，阿弗雷德·克罗纳出版社，斯图加特，1953 年，第 254 页。

倾向；后者的目的是接纳、“吸收”，不断地得到新的东西，这就像一个人一直张着大口生活。这种接纳倾向与市场倾向融合在一起；在十九世纪，则是囤积倾向与剥削倾向的融合。

对待消费的异化态度不仅表现在我们对商品的获得及消费中，而且远不止这样，它决定着我们的闲暇安排。我们到底期待着什么呢？如果一个人同他所做的事没有真正的联系，如果他以抽象的、异化的方式购买、消费商品，他怎么能积极地、有意义地安排他的空闲时间呢？他总是个被动的、异化了的消费者。他“消费”球赛、电影、报纸、杂志、书籍、讲座、自然景色、社会集会，就像消费他所购买的商品一样，采取的都是异化的、抽象的方式。他不是积极地参与，他想“接纳”所有可以得到的东西，得到尽量多的娱乐、文化，以及诸如此类的东西。实际上，他并不能自由地享受“他的”闲暇；他消磨闲暇的方式，如同他所购买的商品一样，受到工业生产的支配。他的趣味被人操纵，他想看、想听的都是他被操纵着想要去看和去听的东西；娱乐，如同其他事情一样，是一种实业，消费者是去买玩乐，就像买衣服鞋子一样。玩乐的价值取决于它的市场行情，而非任何可以从人的方面来衡量的东西。

当我在进行任何创造性的、自发的活动时，比如我在看书、欣赏风景、同朋友交谈之时，我自身之中会发生某些事。有了这种经历之后，我便不同于先前的我了。而在异化的享乐形式中，我自身之中什么也没有发生；我消费了这个或那个，而我自己则没有什么变化，留下的只不过是一些对于所做过的事情的记忆而已。这种娱乐消费的最明显的例子便是拍摄快照，这已经成了最有代表性的消闲活动之一了。自一八八九年以来，柯达公司的广告语——“你只消按下快门，其余的事交给我们！”——大大帮助了照相业，使照相术在全世界推广开来。这一口号具有象征意义。这是最早的对于按键式权力感的一种倡导：你什么都不用做，用不着知道一切，一切都为你做好了；你所要做的只是按一下按键。的确，拍快照已经成了异化视觉及纯粹消费的最显著的表现之一。带相机的“旅游者”充分体现了人与世界之间的异化关系。由于他不停地拍照，实际上，除了通过照相机这个媒介之外，他什么也没有看到。照相机替他看到了，他的“愉快”旅行的结果便是一套快照，这些快照成了他本应体会到而实际上并未获得的经验的替代物。

人不仅同他所做的工作、所消耗的东西和欢乐相疏离，而且同那些决定着我们的社会以及生活在其中的每个人的生活的**社会力量**相疏离。

我们在统治着我们的社会力量面前的真实的无助感在那些社会灾难——经济萧条及战争——发生之时会表现得更加强烈。虽然我们每一次都将这些灾难斥为令人痛心的事故，迄今为止，灾难却仍然一再发生。这些社会现象看起来是自然灾害，而不像是人为的，实际上它们是人为的结果，只不过人们并非有意要造成这样的结果。

社会力量的隐蔽性是资本主义生产方式的结构中固有的东西。

在大多数其他社会中，社会法则很明确，建立在政治权力和传统的基础之上。资本主义不同于这些社会，没有这种明确的法则。资本主义建立在这样的原则之上：只要人人都在市场上为自己奋斗，共同的利益就会从这种奋斗中产生，其结果便是秩序而不是混乱。当然，经济规律左右着市场，不过这些规律是在每个行动着的个人背后起着作用，个人关心的只是他自己的利益。你努力猜测市场的规律，就像日内瓦的加尔文教派信徒努力想知道上帝是否会拯救他一样。市场的规律，同上帝的意志一样，是你的意志和影响所不能及的。

资本主义的发展在很大程度上已经证明这条原则在起作用。独立的经济实体的敌对性合作居然会导致繁荣昌盛的社会，这真是一个奇迹。的确，资本主义的生产方式导向政治自由，而任何中央计划的社会秩序都面临这种危险：先是导致严格的政治管制，最终走向专制。虽然在此不宜讨论，除在“自由企业”与政治管制之间作出选择外，我们还有无其他选项，但我们仍需指出：我们为这样一些规律所支配，对于它们，我们无法控制，甚至没有控制的意愿，这一事实正是异化的最明显的表现之一。我们是我们的经济和社会安排的创造者，同时却又有意地极力推卸责任，满怀希望地或不安地——视情况而定——等待“将来”会给我们带来的东西。我们的行动体现在那些支配我们的规律中，而这些规律却高踞于我们之上，成了我们的主人。庞大的国家和经济体系已不再为人所控制，而是肆意奔突，其领导人也像一个骑在一匹脱缰之马上的骑手，他为自己能保有骑手的位子感到骄傲，尽管他已经无力来指挥这匹马了。

现代人**与他的同胞的关系**怎样呢？这是一种存在于两个抽象体、两部互相利用的活的机器之间的关系。雇主利用他雇佣的人，商人利用他的顾客。每个人对其他每个人来说都是一件商品，总是受到某种友好的对待，因为，即使他现在没有用处，今后或许用得着。在我们这个时代的人与人之间的关系中找不到多少爱和恨；更多地是一种表面上的友好，以及一种更为表面的公平。在这种表面现象之后是距离与冷漠，以及许多微妙的不信任。当一个人对另一个人说“你告诉约翰 · 斯密斯，他很好”时，他意在消除听者的疑虑，以抵制一种普遍的不信任感。甚至爱和两性关系也呈现出这种特点。第一次世界大战之后发生的性解放运动是一次用相互间的性快乐代替更深层次的爱的极端尝试。这次尝试的结果令人失望，两性间的两极关系降到了最低点，代之而起的是一种友好的伙伴关系，一个小联盟。这个小联盟将双方的力量合在一起，使之在日常的生存斗争中保持较好的地位，也减轻了每个人的孤独感。

人与人之间的异化关系导致了中世纪和其他大多数前资本主义社会所特有的普遍的社会纽带的消失。①现代社会由“原子”构成（“原子”一词在希腊文中相当于“个体”），这些微粒相互分离，却因自利和相互利用的需要聚合在一起。然而，人又是一个社会动物，深切需要作为集体的一员去分享、帮助和感受。那么，人的这些社会性的追求发生了什么变化呢？这些追求表现在与私人领域严格区分的**公共**领域的特殊范围内。我们与同胞的个人交往由利己主义原则所主导：“人人为自己，上帝为我们大家。”这与基督教教义形成了公开的对抗。是自我的利益，而不是与同胞的团结、对同胞的爱，推动着个人的行动。在第二位的意义上，后一类感情可以算作个人的仁慈行为，但它们不是我们的社会关系的基本构成成分。我们作为个人时的私人生活与我们作为“公民”时的社会生活是分离的。在社会生活领域，国家是我们的社会存在的化身；作为公民，我们应当——实际上在多数情况下也确实——表现出一定的社会责任感和义务感。我们纳税；我们选举；我们尊重法律；打仗时，我们愿意牺牲自己的生命。一个人不愿花一百元来救济一个陌生人，而在战争中，假使他们两人碰巧都是穿制服的士兵，这个人会毫不犹豫地冒着生命危险去救那同一个陌生人——我们还能找出比这一事实更明白的例子来说明个人存在与公众存在相分离的情况吗？制服体现了我们的社会特性；平民服装则体现了我们的自我特性。

我们可以从 S. A. 斯托蒙尔的新作中找到证明这一论点的有趣的例子。②向各类美国人提出这样一个问题：“你最关心哪一类问题？”大多数

---

① 托尼斯将 Gemeinschaft(Community，团体)作为与 Gesellschaft(Society，社会)相对的概念使用。

② 《共产主义、求同及民众自由》，道布尔戴出版公司，花园城市，纽约，1955 年。

人提到私人事务、经济、健康等问题，只有8%的人关心世界问题，其中包括战争，还有1%的人担心共产主义所带来的危险，或者说，公民自由所面临的威胁。但另一方面，有几近一半的提问对象认为共产主义是一个严重的危险，另外，战争可能在两年内爆发。不过，人们并不感到这些社会问题是个人的现实问题，因此对它们虽然不能容忍却也不甚关心。有趣的是，尽管这些人几乎都信奉上帝，但几乎没有人为自己的灵魂、拯救及精神的进步忧心。上帝同整个世界一样被异化了。引起人们关心和焦虑的是生活中私人的部分，而不是那将我们与同胞联系在一起的社会性的、普遍的问题。

团体与政治国家的分离导致人们把所有的社会感情投射到国家身上，国家因此成了偶像，成了高踞于人之上的力量。人屈从于国家，也就是屈从于他自己的社会情感的化身。他将这些情感作为异于自己的力量来崇拜。作为个人，他在私人生活中承受着孤独，这孤独是个人存在与社会存在分离的必然结果。对国家的崇拜只有在这种情况下才会消失：人收回他的社会力量，组成一个团体，在这个团体中，人的社会情感不是某种**附属于**他的个人存在的东西，人的个人存在和社会存在是同一的。

人与自己的关系又是怎样的呢？我在其他地方将这种关系描述为“交易倾向”①。在这种倾向中，人体验到自己是一件可以在市场上成功地被他人雇用的东西。他不把自己当成是一个主动的作用者，是人的力量的持

① 参阅我在《自为的人》一书中对交易倾向的描述(第67页及以下)。异化概念不同于下面任何一种性格倾向：接纳倾向、剥削倾向、囤积倾向、交易倾向，以及生产倾向。异化可以在这些非生产性倾向的任何一种中找到，但尤其与交易倾向相近。异化也在同样的程度上与里曼所说的“外向”人格有关系。不过，“外向”人格概念虽然是从“交易倾向概念发展而来的”，究其根本，却是一个不同的概念。参阅D.里曼所著《孤独的人群》，耶鲁大学出版社，纽哈文，1950年，第23页。

有者。他同这些力量相分离。他的目的是在市场上将自己卖个好价钱。他的自我意识不是源于他作为一个能爱、能思维的个体的行动，而是源于他的社会-经济功能。如果东西会说话，对于“你是谁?”这个问题，一部打字机会回答说：“我是打字机。”一部汽车会回答说：“我是一部汽车。”或者更确切地说：“我是一部福特牌汽车。”或者，“我是一部别克牌汽车。”或者，“我是一部卡迪拉克牌汽车。”如果你问某人“你是谁”，他会答道：“我是工厂主。”“我是职员。”“我是医生。”——或者，“我是某人的丈夫。”“我是两个孩子的父亲。”他的回答与会说话的物体的回答在含义上并没有什么两样。这便是他体验自己的方式，他体验到自己不是一个有爱、恐惧、信仰和疑虑的人，而是与自己的本性相分离的、在社会制度中起着某种作用的抽象的东西。他的价值感取决于他的成功：他能否将自己卖个好价钱，能否使自己增值，他是否获得了成功。他的肉体、头脑、灵魂就是他的资本，他人生的任务便是成功投资，用自己获利。人的品质，诸如友好、礼貌、仁爱，都变成了商品，成了“人格包裹”中的资产，这些资产使他有望在人格市场上卖个好价钱。一个人把自己作为资本投出去，如果他未获得利润，他就感到自己失败了；如果他赚了，他便成功了。很显然，他的自我价值感总是依赖于自身之外的因素，受制于反复无常的市场判断标准；而市场决定人的价值的方式就像它决定商品价值的方式一样。如同所有的商品一样，如果不能在市场上获取利润，就他的交换价值而言，他就不值一文，尽管他具有可观的使用价值。

这种待价而沽的异化人格必定丧失了许多尊严感，而尊严感正是人类所特有的，甚至存在于绝大多数原始文化中。这样的人几乎完全丧失了自我感，不再感到自己是一个独一无二、不可复制的实体。自我感源于这样的自我经验：我是**我的**经验、**我的**思想、**我的**感情、**我的**决定、**我的**判断，以及**我的**行动的主体。自我感先行认定，我的经验属于我自己，而不是某种远离我的东西。物没有自我，而成了物的人也会没有了自我。

已故的 H.S. 沙利文是当代最有天才和创见的心理学家之一，在他看来，现代人的自我的缺乏是一种自然的现象。一些心理学家——包括我自己——认为，缺乏自我感是一种病理现象，他谈及这类心理学家，就像他们是患有妄想症的人。他认为，自我不是什么别的东西，而是我们在人际关系中所扮演的很多角色，这些角色有这样的作用：使我们的意见获得别人的认同、避免因不被认同而产生的焦虑。自十九世纪以来，自我这一概念退化得多么快！在十九世纪，在塑造彼尔 · 金特这个人物时，易卜生把自我之丧失作为他对现代人的批判的主题。彼尔 · 金特是这样一个人：他汲汲追求物质利益，最终却发现自己已失掉了自我，就像一个洋葱头，一层层裹在一起，却没有一个核心。当他发现这一点之后，对虚无的恐惧揪住了他的心，恐慌之中，他宁愿堕进地狱也不肯回到虚无的"铁水包"中。的确，随着自我经验的丧失，身份感消失了——当这种情况发生之时，一个人如果不通过获得一种**第二位的自我感**来拯救自己，他就会成为疯子；他可以这样来获得这种自我感：他感到别人赞同自己，认为自己是有价值的、成功的、可用的——一句话，是可出售的商品，这商品便是他自己，因为在别人眼中，他是一个实体，虽没有个性，却符合某一现行的模式。

如果不考虑现代生活的一个特点，我们就无法完全理解异化的本质。这个特点就是：**生活刻板化，以及抑制人们对于人类生存的基本问题的意识。**在这里，我们触到了一个具有普遍性的人生问题。人必须赚钱糊口，这多少是件费神的任务。在日常生活中，他必须完成许多费时费力的任务，为了完成这些任务，他不得不陷入某种规范之中。他建立起社会秩序、习俗、习惯与观念，这些东西有助于他完成那些必须完成的工作，以最低限度的摩擦跟他的同胞生活在一起。建立一个人造的世界——这个世界叠加在人生活于其中的自然世界之上——是所有文化的特性。但是，人只有与其存在的根本事实保持联系，能感受到爱与团结的提升作用，感受到他的孤独、他的存在的支离破碎之时，他才能实现自己。如果他完全陷入了日常生活的规范和人造事物的罗网中，如果他只看到人造的、常识的世界，他便丧失了同自己及世界的直接联系，不能如实地把握它们。在每一种文化中，我们都可以发现日常的刻板生活与重返存在的基本现实的努力之间存在的冲突。艺术与宗教的功能之一便是帮助人们重新回到生存的基本现实，虽然宗教本身最终也成了一种新的规范。

我们看到，即使人类最原初的历史也表现出人类通过艺术创造来探究现实的本质的努力。原始人并不满足于工具与武器的实用功能，他们设法装饰和美化它们，使其超越本身的实际功用。除了艺术之外，突破刻板的生活的表层、探究生命本质的最重要的途径也可在人们通常所说的“仪式”中找到。我在这里所说的是广义的仪式，例如我们在希腊戏剧中所发现的那些，而不仅仅是指宗教仪式。希腊戏剧有什么作用呢？在希腊戏剧中，人类生存的基本问题以艺术的和戏剧的形式表现出来，观众参与到了戏剧表演之中——不同于现代的消费者意义上的观众——被带离了他日常规行矩步的领域，触及到作为一个人的他自身，触及到他的存在的根。观众的脚触到了实处，在这个过程中，他获得了力量，藉此力量他回到了自我之中。无论我们想到的是希腊戏剧、中世纪的耶稣受难剧，还是印度舞蹈，无论我们谈到的是印度教、犹太教，还是基督教的宗教仪式，我们涉及的都是人类生存的根本问题的各种戏剧化的表现形式，它们将哲学和神学所着力思考的问题通过表演展现出来。

在现代文化中，这种将生活戏剧化的做法还剩下什么呢？几乎什么也没有了。人除了用稀奇古怪的方法来满足他们对于仪式的需要——就像我们在宗教组织的兄弟会的仪式上看到的——几乎不走出人造的习俗和事物的领地，也不打破常规生活的表层。唯一接近仪式意义的现象是观众对体育竞赛的参与；这种行为至少涉及到人类生存的一个基本问题：人与人之间的争斗，对于胜利和失败的间接体验。但是，这是一幅多么原始和片面的人类生存的图景啊！人类生活的丰富性被压缩至多么不完全的境地！

在一个大城市中，要是哪里失了火或是出了车祸，立刻就有一群人前去围观。千百万人每天为犯罪报道或是侦探故事所吸引。人们以一种虔诚的态度去影院观影，在那些电影中，犯罪和恋爱是两大中心话题。所有这些兴趣和迷恋并不仅仅是低级趣味或感官主义的表现，而是表达了一种深刻的渴望，渴望将人类生存的基本现象——生与死、罪与罚、人与自然的斗争——戏剧化。希腊戏剧在一种高度艺术化的和形而上的层面上处理这些问题，而我们现代的“戏剧”和“仪式”则十分粗俗，不能产生任何净化效果。所有这些对体育竞赛、犯罪和恋爱的迷恋表明，人们需要突破刻板的日常生活的表层。但是，人们满足这种需要的方式却表明，我们极度缺乏解决问题的办法。

交易倾向与这样的事实密切相关：**交换的需要**已经成了现代人最重要的动力。当然，我们确信，甚至在以最简单的劳动分工为基础的原始经济中，人也在部族内部或部族之间相互交换物品。织布的人用布交换邻人生产的粮食或铁匠打制的镰刀或刀子。随着劳动分工的进一步扩大，物品交换的范围也扩大了，不过，在通常情况下，交换物品只是达到某种经济目的的一种手段；而在资本主义社会，**交换本身成了目的。**

正是亚当·斯密看到了交换需要所起的根本作用，并将这种需要解释为人的基本动机。斯密说道：

> 这种劳动分工带来了许多好处，但它的出现绝非因为人类智慧预见到分工会带来丰硕的果实，并期待获得这些果实。劳动分工是人的某种**自然倾向**的缓慢、渐进，但必然的发展结果，但人的自然倾向本身并不会预见到这种广泛的实用性。这种自然倾向表现为以物易物、用一种东西交换另一种东西的行为。我们无法进一步说明，这种倾向是否人性中固有的原则之一；或者，它是否——似乎更可能是——理性和语言能力的必然结果，这不是我们现在要讨论的题目。**人人都有这种倾向，而任何其他种类的动物却没有**，那些动物似乎并不知道这种或其他任何一种契约……没有谁见过一条狗公平地和主动地与另一条狗交换骨头。①

在国内及国际市场上使用得越来越广泛的交换原则确实是资本主义制度所依赖的基本经济原则之一，而亚当 · 斯密在此却预见到，这条原则也会成为现代异化了的人格的深层心理需要之一。交换作为达到经济目的的一种手段已经失去了其理性功能，成了目的本身。交换还扩展到了非经济领域。亚当 · 斯密在两条狗交换骨头的例子中无意间道出了这种交换需要的非理性性质。在这个例子中，不可能存在现实的目的；要么两根骨头差不多，那么就没有交换的理由，要么一根骨头比另一根好一些，那么咬着好骨头的狗不会自愿交换。只有当我们假定交换就是需要本身，即使交换

---

① 亚当 · 斯密：《国民财富的性质和原因的研究》（即《国富论》），现代文库出版公司，纽约，1937 年，第 13 页。

并不服务于什么实际的目的，这个例子才有意义，而亚当·斯密正是这样假定的。

正像我在其他场合提到的那样，喜爱交换代替了喜爱占有。人们买汽车或马是想一有机会就卖出去。不过，更重要的是这一事实：交换的动机也在人际关系领域起着作用。考虑到人在人格市场上的价值，那么，我们可以说，恋爱常常不是别的什么，而是两个人之间的互利交换，彼此都在最大程度上得到了他想得到的东西。每个人都是“一包东西”，在其中，他的交换价值的几个方面——他的“人格”，即让他能很好地出卖自己的那些品质：他的外貌、学历、收入及成功的机会——混合在一起；每个人都设法使这包东西卖出最好的价钱。甚至连参加晚会、一般的社交，其功能在很大程度上也在于交换。人们渴望同价值稍高的“包裹”打交道，以便通过接触找到获利的机会。人们希望用自己的社会地位，即他的自我，来交换较高的社会地位。在这个过程中，人们用老朋友、旧的习惯及感情交换新朋友、新习惯和新的感情，就如用福特牌汽车交换别克牌汽车一样。亚当·斯密认为，这种对于交换的需要是人性中固有的部分，而实际上，这种需要是现代人的社会性格中固有的抽象化和异化特征的表现。

在人们的经验里，生存的整个过程类似于资本投资活动，我的生命和我这个人便是投入资本。如果一个人买一块肥皂或是一磅肉，他完全有理由希望他付的钱与他买的肥皂或肉的价值相等。他关心的是，在现存的价格结构中，“这么多肥皂＝这么多钱”这个等式是否成立。这种希望已经扩展到了其他的活动形式中。如果一个人去听音乐会或去看戏，他多少会问自己，这场表演是否“值得”他所付的钱。这个问题沾了点边，但从根本上讲，它是无意义的，因为在这个等式中，两件不可比较的事物被放在了一起：听音乐会所得到的愉悦是不可能用金钱来衡量的；音乐会不是商品，听音乐的经验也不是。同样，当一个人愉快地去旅行、听报告、举行晚会，或者从事其他任何需要花钱的活动时，我们也不可能在这些活动与花费的钱之间划等号。这些活动本身是创造性的生活行为，是不能与所花的钱相比较的。这种用可量化的东西来衡量生活行为的需要也表现在问某事是否“值得花时间”的倾向上。人们对于一个年轻人与一个姑娘度过的一个晚上、访问朋友，以及很多涉及或不涉及花钱的活动，都会提出这样的问题：这件事值不值得花这么多钱或时间?① 在每种情况下，人们都需要用一个等式来证明这项活动是否值得。这个等式表明这项活动是有利可图的精力投资。甚至连卫生与健康也得为此目的服务：一个人每天早晨散步，他会把散步看成是对健康的一种投资，而不认为散步是令人愉快的活动，用不着任何辩护理由。我们在本瑟姆关于快乐与痛苦的概念中找到了这种态度的最切近的和最极端的表达。本瑟姆假定，生活的目的就是享受快乐，以此为前提，他建议为每件事记账，看看在其中是否快乐多于痛苦，如果快乐多些，这件事便值得去做。因此，在他看来，整个生活就类似于一桩生意，如果账上显示顺差，这件事就是有利的。

一方面，人们不再那么认同本瑟姆的看法了，另一方面，这种看法所表达的态度比以前更加深入人心。②现代人的心中出现了新的问题，这个问题就是：“人生是否值得度过？”以及相应地，什么样的人生是成功的，或者失败的。这种观念是基于这样一种看法：人生作为一项事业应当

---

① 参阅马克思对资本主义社会的人所作的批判性描述：“时间就是一切，人不算什么；人至多不过是时间的体现。”（《哲学的贫困》，第57页）

② 弗洛伊德提出了快乐原则的概念和在文明社会中痛苦比快乐更普及的悲观论点。我们可以从中觉察到本瑟姆式的计算对弗洛伊德的影响。

有利可图。失败的人生就像破产的生意一样，在其中，损失的要比赚的多。这种看法实属荒谬。我们有快乐，也有不幸，实现了某些目标，而没有达到另一些目标；但是，没有什么合理的天平能够评判人生是否值得活。从“收支平衡”的观点看，也许人生根本就不值得活。人生必然以死结束，在一生中，我们会有许多希望受挫，人生包含着苦难和奋斗。从“收支平衡”的观点看，干脆不出生，或者在襁褓中死去，似乎更有意义。不过，从另一方面讲，谁又能说爱的一刻欢愉，或者因在一个明媚的清晨散步、呼吸清新的空气而产生的愉悦，抵不上生命所必然包含的所有苦难与奋斗呢？人生是独一无二的赠礼和挑战，不能用其他任何东西来衡量。而且，对于人生是否值得一活这个问题，我们也找不到合理的答案，因为这个问题没有任何意义。

将人生当做一项事业的看法似乎构成了人们思考极多的一种典型的现代现象的基础，这一现象便是现代西方社会中**自杀率的上升**。从一八三六年到一八九〇年，普鲁士的自杀率上升了140%，法国上升了355%。在英国，从一八三六年到一八四五年，每百万人中有六十二人自杀，而一九〇六年到一九一〇年间，这个数字增加到一百一十人。同时期瑞典的数字分别为六十六人和一百五十人。①我们如何解释与十九世纪日益增长的繁荣相伴随的自杀率的节节攀升呢？

自杀的动机无疑是非常复杂的，我们不可能找出一个单一的动机将其视为自杀的原因。在中国，“报复性自杀”比较典型；在世界各地都有抑郁所致的自杀。但是，这两种动机都不是十九世纪自杀率不断上升的主要原因。迪尔凯姆②在其关于自杀的经典著作中提出，自杀的原因可以在他

① 引自莫里斯·阿尔布瓦所著《自杀的原因》，费利克斯·艾尔坎出版社，巴黎，1930年，第92、481页。

② 戴维·埃米尔·迪尔凯姆(1858—1917)，法国社会学家和人类学家。——译注

称之为“社会的反常状态”的现象中找到。他所说的“社会的反常状态”是指：所有传统的社会束缚完全解体，所有真正的集体组织相对于国家都是第二位的，所有真正的社会生活都已消失殆尽。①他认为，生活在现代政治国家中的人是“分散的个体的尘粒”。②他在这本书中提出了一些假设，这些假设的倾向包含着他的解释。这些假设我会在后面论及。我也认为生活的无聊与单调——这也是异化的生活方式引起的——是自杀的一个原因。斯堪的纳维亚半岛的国家、瑞士及美国的自杀数字加上酒精中毒的人数似乎支持这一假设。③不过，迪尔凯姆和另外一些研究自杀的学者忽略了另外一个原因。这与那种视人生为一种可能失败的事业的整个“平衡”概念有关。感到“人生已经失败”、“不值得再活下去”是很多自杀事件的原因；一个人自杀，就像一个商人做生意赔了本，而且没有希望翻本，于是宣布破产一样。

3. 其他诸方面

至此，我已经对现代人在生产、消费及消闲过程中与自己及他的同胞相疏离的情况作了一个概述。现在我想讨论一下与异化现象密切相关的当代社会性格的几个特点；不过，就这些特点分别讨论要比把它们放在异化这个总题目下加以讨论来得更方便些。

---

① 参阅埃米尔·迪尔凯姆所著《自杀论》，费利克斯·艾尔坎出版社，巴黎，1897年，第446页。

② 同上书，第448页。

③ 所有的统计数字都表明，新教国家的自杀率高于天主教国家。这也许是因为天主教与新教的一些内在的不同，这些因素包括：同新教相比，天主教对其教徒的生活影响较大，天主教会对付有罪感的措施也更完善，等等。但是，我们也应该考虑到，在新教国家，资本主义的生产方式更发达，对人的性格的塑造也比天主教国家完全；因此，在很大程度上，新教国家与天主教国家的差异也是现代资本主义的各个发展阶段之间的差异。

(1) 无名的权威——顺从

首先要讨论的是现代人对待权威的态度。

我们已经讨论了理性的与非理性的、推动性的与抑制性的权威之间的差别，并且已向读者说明，西方社会在十八、十九世纪兼有这两类权威。理性与非理性权威的一个共同点是，两者均为**公开的权威**。你知道是谁在下达命令和禁令：父亲、教师、老板、国王、官员、牧师、上帝、法律、道德良心。这些要求或禁令也许合理，也许不合理，也许严峻，也许宽宏，我也许服从，也许反抗；我总是知道有一个权威，知道它是谁，它要求什么，以及，我若顺从或反抗，其后果会是怎样。

在二十世纪中期，权威的特点已经发生了改变；它不再是公开的权威，而是**无名的、不可见的、异化了的权威**。没有什么人，没有什么观念，也没有什么道德律条来要求人们该怎样行事了。但是，我们全都做一样的事，一致的程度类似于甚至超过了集权社会的人们。的确，除了“**它**”之外，谁也不是权威。**它**是什么呢？利润、经济需要、市场、常识、舆论，“**集体**”所做、所想、所感受到的一切。无名权威的法则如同市场法则一样，是不可见的——也是无法攻击的。谁能攻击不可见之物？谁能反抗不可见的人？

公开权威的消失清楚地体现在生活的各个领域。做父母的不再下达命令，他们建议说，孩子“将会想做某事”。由于他们自己没有原则或信念，他们便设法引导孩子按照社会的一致性法则行事，而且，由于他们年岁较大，同“最新的东西”接触较少，他们往往向子女学习，以了解社会要求人们持什么态度。在工商界，情况也是一样；你并不命令，你只是“建议”，你并不指挥，你只是诱导。甚至美国军队也在很大程度上接受了这种新型权威。有关军队的宣传给人这样一种印象，从戎乃是一种令人向往的事业；士兵们应该感到自己是“团队”的一员，尽管这一残酷的事实并未改变：他必须被训练去杀人和被杀。

只要有公开的权威，就有冲突，就有反抗——反抗不合理的权威。在同良心的指示发生冲突、同不合理的权威斗争的过程中，人格发展了——尤其是自我意识得到了发展。因为我怀疑，我抗议，我反抗，我体验到了作为“我”的自己。即使我屈服了，认输了，我也体验到了作为“我”的自己——失败的我。但是，如果我意识不到自己的屈服或反抗，如果我受到无名权威的支配，我便丧失了自我感，我成了“它”（指无形权威）的“一个分子”。

无名的权威藉以运转的机制是**“一致性”**。我应当做别人都做的事，因此，我必须与人一致，没有不同，不显得“突出”；我必须随时准备并且乐于按照社会模式的改变而改变；我不应该问我是对还是错，而应当问自己是否顺应了潮流，是否并不“特殊”，并没有与他人不同。在我之中只有一样不变的东西，这就是随时准备改变。除了群体之外，没有谁具有支配我的力量，我是群体中的一员，遵从它的意志。

几乎用不着向读者展示，这种以保持一致来顺从无名权威的情况达到了什么样的地步。不过，我想从一份关于伊利诺伊州帕克森林定居点的有趣而又发人深省的报告中选出一些例子来说明这一情况。这些例子似乎证实了作者用作某章标题的那个公式：“帕克森林，通往将来。”①芝加哥附近的这项发展计划拟容纳三万人，包括一些带花园的出租公寓（两个卧室，复式，租金为九十二美元）和供出售的平房(售价为一万一千九百九十

---

① 下面的内容引自小威廉·H. 怀特的文章《过客》，载《幸运》杂志 1953 年 5、6、7、8 月号，时代出版公司。

五美元）。居民以职位较低的管理人员为主，有少量工程师和药剂师，平均收入在六千到七千美元之间，年龄为二十五岁到三十五岁，已婚，有一两个孩子。

在这样的社区，人们的社会关系及“适应”情况会是怎样的呢？人们搬到这里主要是出于“单纯的经济方面的考虑，而不是因为他们渴望在此地得到母亲般的温暖”；作者指出，“但是，在进入这一环境之后，有些人找到了温暖和支持，相形之下，其他环境便显得冷漠多了，例如，当偶尔听到这里的居民谈论‘外边’时，他会感到有点不安”。这种温暖的感觉多少与被接受的感觉相似。一位居民说道：“我本可以到一个比这个定居点好的地方去，但我要说的是，这里虽然没有老板或者顾客来吃饭，但是你真正感到被集体所接受。”这种对于接受的渴望的确是被疏离的人所特有的感情。为什么被大家接受会令人感激不尽呢？除非他怀疑自己能否被人所接受。为何一对年轻的、受过教育的、在事业上十分成功的夫妇会有这种疑虑？难道不是由于他们不能接受自己，因为他们**不是**他们自己了？身份感的唯一庇护所是一致性。能被接受确实意味着与别人没有什么不同。自卑感来源于感到与他人不同，至于这不同是好还是坏，无人关注。

适应开始得很早。一位家长十分简洁地表述了无名权威的概念：“他们(孩子)适应集体似乎不存在多大问题，我注意到，他们似乎认为没有谁是头头——完全是一种相互合作的感觉。这种感情部分来自于他们幼年时的集体游戏。”这一现象的表达背后就是权威缺席的概念，按照十八、十九世纪的自由观，这是一种积极的价值。这种自由概念背后的现实即无名权威上台，个性退隐。一位母亲把这种与他人保持一致的概念表述得再明白不过了。她说道：“约翰尼在学校的情况不那么好。老师告诉我，他在某些方面很好，**不过，他在社交方面的适应性要差一些。他会找一两个朋友玩——有时他喜欢一个人待着。**”的确，异化了的人发现自己几乎无法一**个人待着**，因为这种情况会使他感到十分恐慌。这样坦率地把这一概念表述出来确实令人吃惊，这表明我们甚至已经不再为我们的群体倾向感到羞愧。

父母们有时报怨学校有点太“放任”了，孩子们缺乏纪律。不过，无论帕克森林居民点的父母们有哪些缺点，他们并未用严厉的、极权主义的措施来约束孩子。的确没有。如果求同的无名权威已经使你的孩子完全顺从于“它”——虽然不顺从做父母的——你难道还需要什么公开的权威么？不过，父母们有关孩子们缺乏纪律的抱怨并不很严肃，因为，“有一点很清楚，在帕克森林，实用主义被推到了神明的地位。如果说这里的暂住者们已经将社会——以及适应社会的任务——神化，这也许是夸张了，但可以肯定的是，他们尤其不愿同社会发生争执。正如有人所说的那样，他们是实用的一代”。

异化的求同倾向的另一面是趣味和判断的齐一化过程。作者在“熔炉”这一标题下描述了这一过程。一位自封的“学者”对新来的访问者说：“我才来这里时，与邻居们格格不入。我还记得，有一天，我在院子里对姑娘们说，头天晚上我听了《魔笛》这首曲子，感到十分愉快，她们的反应令我感到震惊。她们不知道我在讲什么。我开始意识到，她们更关心的是尿布之类的东西。现在我还听《魔笛》，不过我已经意识到，对大多数人来说，生活中的其他事同样重要。”另外一位妇女说，某日，当她正在读柏拉图的书时，一位姑娘突然登门拜访。这位姑娘发现她读的书，“吓了一大跳。现在她们都确信我是个怪人”。作者告诉我们，实际上，这个可怜的女人高估了她的损失。其他人并不认为她十分古怪，“因为她的异常举动伴随着许多策略，同时她还严格地遵循了使集体生活顺利运转的那些琐细的习俗，因而保持了平衡”。不管你是听《魔笛》还是谈论尿布，也不管你是共和党人还是民主党人，问题的关键是要把价值判断转变成看法、意见一类的东西。重要的是，对一切事情都不必过于认真，大家互相交换意见，乐意接受任何一种看法或信念（如果有信念这东西的话），就像它们与别种看法或信念是同样好的东西。在看法的市场上，人人都有价值相同的商品，而怀疑这一点则是不光彩和不公平的。

人们描述异化的求同倾向和社交性格所用的当然是些正面、积极的语汇。不加区别地与人交往和缺乏个性被称为开朗。从精神病学的观点看，这些语汇沾染了杜威哲学的色彩。一位社会活动家说道：“在这里你真的能帮助很多人，使他们感到幸福。我自己就带了两对夫妇来这里；我在他们身上看到了他们自己不曾意识到的潜力。无论什么时候，看到腼腆和内向的人，我们总是特别关照他们。”

“适应”社会的另一个方面是个人完全没有隐私，人们可以随意谈论某人的“问题”。我们在这里又一次看到了现代精神病学和心理分析学的影响。甚至薄墙也成了人们克服孤独的助手。“就是吉姆走了，我也不感到孤独。”这是一种典型的感受。“你知道朋友就在附近，因为晚上你能听到隔壁邻居的活动。”人们通过交谈交谈再交谈使得可能破裂的婚姻关系得到挽救，低落的情绪不致恶化。一位年轻的太太说：“真是太好了，你可以同邻居讨论你的一切问题——原来在南达科他州生活时，这类问题我们是不会告诉别人的。”随着时间的推移，这种自我表白的能力逐渐增长，在家庭生活的最秘密的问题上，定居点的人彼此之间坦率得令人惊讶。他们指出；“每个人都用不着单独面对某个问题。”我们可以补充说，更准确的说法应当是，他们从来都不正视一个问题。

在反对孤独的战斗中，甚至建筑也有其功能。“正像房子内部的门正在消失一样——人们有时说房间门的出现标志着中产阶级的诞生——邻里之间的栅栏也在消失。例如，透过大落地窗可以看到**里面**——或者说别家的窗子里面——正在进行的。”

求同的模式发展出了一种新的道德，一种新的超我，但是这种新的道德不是人本主义传统的良知，新的超我也不是按照极权主义的父亲的形象塑造的。美德即适应，即与他者一致；恶即与众不同。人们常常用精神病学的术语来表达这种观点：“有德行”意味着健康，“恶”则意味着神经症。“任何事都逃不过这院子里的眼睛。”风流韵事十分罕见正是由于这一原因，而不是出自道德上的考虑，或是因为婚姻都美满幸福。维护独处空间的努力十分微弱。一方面，你可以不敲门或不打招呼便进屋；另一方面，有人把椅子搬到朝街的一面而不是庭院一侧，以求得一点清静，以这种做法表明，他们不愿受到打扰。“但是，这种求清静的努力有一个重要的必然的结果：**人们会为此感到有点内疚**。除了个别情况外，人们会将这种隔离自己与他人的行为视为孩子气的表现，或者，更可能的情况是，认为这是某种内在的神经官能症的症状。是个人，而不是群体，会出岔子。至少很多迷途的人似乎是这样想的，他们常常为自己的这种行为感到懊悔，而在别的地方，这些事会被当成某人自己的私事，此外也是非常正常的现象。一位住户最近对他的知心朋友说道：‘我希望同大家搞好关系。我感觉很糟糕，后来就没有请他们进来。他们那样对待我，我一点也不怪他们，这是真的。不管怎样，我要设法与他们和好。’”

确实，“隐私已经成了不能公开要求的东西”。人们所用的语汇都是出自进步的政治及哲学传统；“不是在独自一人的、不顾及他人的思考中，而是在同他人一起工作的过程中，人才能完全实现自己。”还有比这句话说得更好的么？可是，这句话的真正含义是：放弃自我，成为群体的一部分，并且喜欢这种状态。这种状态常常被美称为“团结在一起”。大家喜欢用精神病学术语来表述这种精神状态。一位年轻、很有头脑、事业有成的管理人员是这样描述他得到的教益的：“我们学会了不那么内向。在搬到这里之前，我们一向不怎么同别人打交道。比如，在星期天，我们会在床上待到下午两点左右，看报，听电台播放的交响乐。现在，我们到处逗留，拜访朋友，或者朋友来看我们。我认为帕克森林真的拓展了我们的生活空间。”

缺乏求同意识不仅会招来难听的话，比如“神经病”，有时还会受到严厉的制裁。某个十分活跃的街区的一位住户说道：“埃斯特尔就是一个例子。当她搬到这里时，她急于想同大家打成一片。她是一位热心肠的女人，乐于助人，不过，她有点太花心思了。一天，她决定为女人们办个下午茶会，以赢得大家的欢心。可怜的人儿，她完全搞砸了。女人们像平常一样穿着泳衣和宽松的裤子来了，而她在这儿则摆好了一切：银质的碟子、刀叉、花边桌垫，等等，像个正式的茶会。打这以后，女人们就像事先计划好了一样，什么事都把她排除在外。这真是可悲。她坐在帆布椅子上，对着街，很想有人走来陪她喝杯咖啡，随便聊聊，街那边，四五个女人却扯着闲话走开了。每当她们因为某个笑话突然大笑起来时，她会认为她们这是在取笑她。昨天她到我这儿来，哭了一下午。她对我说，她和她丈夫正在考虑搬到别的地方去，这样，他们可以重新开始。”在其他文化中，惩罚偏离政治或宗教轨道的人的方式是监狱或大刑柱，在这里，惩罚的方式只是排斥，可这种方法却逼得这个可怜的女人陷入绝望，使她萌生了强烈的负罪感。她犯了什么罪？不过是一次错误的行动，对求同之神犯下的一桩罪。

友谊不是建立在个人的爱好和相互倾慕的基础之上，而是由自己的住房与其他人的住房的位置关系所决定，这是异化了的人际关系的另一个特征。事情往往是这样进行的："先从孩子开始。新的郊区居住点有母系色彩，但实际上，孩子们都很霸道，用'**小皇帝**'这样的词来形容也不很过分。孩子们决定基本的格局；他们的友谊转变成母亲们的友谊，然后又变成家庭间的友谊，最后父亲们也跟着来了。"

"童车的流向……决定着哪一扇门有实际功用。在平房住宅，是前门；在住户集中的大院子里，是后门。它还进一步决定着人们选取的路线，因为，当家庭主妇拜访邻居时，她们倾向于选择离自己家较近的地方，以便能听到孩子们的动静和电话铃声。这种情况具体地表现为在院子内'走棋盘'（譬如，规则的咖啡聚会路线），这成了成人间的友谊的基础。"关于这种决定友谊的方式，作者在文中有深入探讨，他甚至邀请读者从这个社区的某一区域的房屋布局、房子的出入口等因素出发来分析这一区域内的友谊关系。

在这幅画面中，重要的不仅是异化了的友谊和机械的顺从这一事实，还有人们对这一事实的反应。人们似乎是完全自觉地接受了这种新的调整。"从前，人们极不愿承认，他们的行为由自己的自由意志以外的什么东西所决定。对这个新居民点的人们来说，情况就不是这样了；他们完全清楚环境所具有的那种无所不及的影响力。事实上，他们热衷谈论的题目很少；伴随着他们对心理学、精神病学、社会学日益增长的外行的好奇心，他们用令人吃惊的冷静词汇讨论他们的社会生活。但是，他们却意识不到自己的困境；他们似乎觉得，事情本来就是这样，正确的做法不是反抗环境，而应当去理解它。"

这些年轻一代也有解释他们的生活方式的哲学。"下一代领导人将把社会实用性神化，对实用的追求不仅被视做一种本能的愿望，而且将作为一套明确的价值观念传递给下一代。关键问题是**这是否行得通**，而不是为什么这么做。居民们解释说，由于社会已经变得如此复杂，只有在为集体的和谐出力的时候，个人的活动才有意义——对于人们来说，不停地搬家、不停地进入新的集体这一情况使得适应集体的能力变得特别地重要。正如他们自己经常说的那样，他们是同一条船上的人。”另一方面，作者告诉我们：“独立思考具有一定的价值，冲突有时是必要的，以及其他诸如此类的令人烦恼的想法，很少侵蚀他们的头脑。”孩子和成人必须学的最重要的事，也是唯一重要的事，是同他人和睦相处，这门学问在学校被称为“公民品德”，这与成人所说的“友好”、“共处”是一回事。

人们真的幸福吗？在潜意识里，他们真的像他们所以为的那样感到满足吗？如果我们考虑到人的本性以及幸福的条件，我们知道情况不可能如此。不过，他们也意识到了一些令人困惑的事。他们感到，同集体保持一致、融为一体是自己的责任，但同时很多人也感到自己在“抑制其他的欲望”。他们感到，“顺应集体的道德观念的做法近似于一种道德责任——所以，尽管犹豫和不确定，他们仍继续**将自己禁锢于兄弟情谊之中**”。一位居民私下思忖道：“我不时感到困惑。我这样说不是想诋毁谁，他们都很友好、正派，尽管彼此有很多差异，我们仍能如此友好地相处，我对此感到骄傲。但是，有时**我想到自己和丈夫，想到我们不能去做的事，就感到气馁。仅仅不坏就够了吗**？”的确，这种妥协的生活，这种“开朗”的生活，也是没有自我的、压抑的、禁锢的生活。他们“同舟共济”，但是，正如作者尖锐地指出的那样，“**此舟驶向何方？似乎没有人清楚**；他们甚至认为提这个问题没多少必要”。

我们勾画出的这幅描述帕克森林的“开朗”居民的求同的图画肯定不

同于美国其他地方的情况。道理很明白。这些人很年轻，属于中产阶级，并且正在向上爬，他们中的大多数人所干的工作都是操纵符号和人，而他们能否爬上去取决于他们自己是否愿意受人操纵。毫无疑问，在干同类工作的人中，很多人比他们年龄大些；有很多人同他们一样年轻，但所从事的工作与他们不同，这些人同他们相比，“爬得不快”，比如那些工程师、化学学者、物理学者，他们更关心的是自己的工作而不是如何尽快爬到管理者的位子上去。此外，还有数以百万计的农场主、农业工人，二十世纪的社会环境只是部分地改变了他们的生活方式；最后，还有产业工人，他们的收入与白领不相上下，但两者的工作环境相差很远。虽然在这里不宜讨论工作对于当今的产业工人的意义，但至少我们可以说：毫无疑问，尽管在生产过程中，操纵他人的人与直接创造物质财富的人所起的作用都是一种部分的、在许多方面异化了的作用，但这两种人之间存在着差异。大钢铁厂的工人同其他工人协同工作，如果他想在工作中保护自己，他就不得不这么办；他面临着危险，其他人与他一同分担；他的同事及工头判断和欣赏的是他的技能，而非他的微笑及“悦人的人格”；工作之余，他有相当的自由；他有带薪假期，他有可能在花园里忙乎，或者埋头于某种业余爱好，或者参加地方的或工会的政治活动。①不过，即使我们将区别产业工人、白领工人及中产阶级上层的所有这些因素考虑进去，产业工人最终似乎也很难逃脱被求同模式挟持的命运。首先，甚至他的工作环境中最积极的因素，比如上面提到的那些，也不能改变这一事实：他的工作已经异化，只在一个有限的范围内是他的精力和理性的一种有意义的

---

① 参阅小沃纳·布卢姆博格的文章《可怕的机器与焦虑的工人》，载《记者》杂志，1953 年 9 月 28 日；以及他 1934 年在芝加哥大学的讲座《工厂里的近代》，感谢他同意我使用他的演讲稿。

表达。第二，不断加快的工业自动化趋势使这后一种因素也迅速消失。最后，他同所有人一样，完全置身于我们整个的文化机器——广告、电影、电视、报纸——的控制之下，几乎不可能逃离被迫与他人合拍的处境，尽管与其他人相比，他顺应主流的动作也许慢了些。①农民的情况也同产业工人一样。

（2）不受挫原则

正如我在前面指出的那样，无名的权威和自动求同在很大程度上是我们的生产方式的产物。这种生产方式要求人们快速适应机器，训练有素，趣味趋同，主动服从。我们的经济制度的另一个方面——对于大规模消费的需要——促进了现代人的社会性格的一个特征的形成，这个特征与十九世纪的社会性格形成了鲜明的对照。我在这里所说的是这样一条原则：**每一个欲望都必须立即满足，任何愿望都不应受挫**。这条原则最明显的例子就是我们采用分期付款的办法购物。在十九世纪，当你攒够了钱时，你才去买你需要的东西；如今，你则用贷款的办法买你需要的或不需要的东西，广告的作用主要是引诱你去消费，刺激你对商品的胃口，引君入瓮。你生活的轨迹就是一个圆圈。你分期付款购买东西，当你快要付清时，你又把它卖了再买——买最新式的东西。

欲望必须立即满足的原则也决定着人们的性行为，尤其是第一次世界大战结束以后。一种对弗洛伊德主义的粗俗的误解为这种行为提供了合理的辩护；人们认为，既然神经症是“被压抑的”性欲所致，挫折会“给心灵造成创伤”，那么，你越是不受压抑，就越是健康。甚至父母们也急于满足子女们所想要的一切，唯恐孩子们遭受挫折，形成某种“情结”。不

① 我们在后面将详细分析现代产业工作。

幸的是，很多孩子连同他们的父母都是只要担负得起，就去找精神分析医生看病。

一些思想家，如马克斯·舍勒和柏格森，曾经强调过现代人贪图物质、无力约束欲望的特性。对现代人这一特性最尖刻的表述是赫胥黎在其名著《美丽的新世界》中给出的。在“美丽的新世界”中，青少年们依赖的口号很多，其中最重要的一条就是：**“决不把今日能享受的快乐推迟到明日。”**这个口号“每周两次，每次两百遍，从十四岁直到十六岁半”，灌输给这里的年轻人。人们将愿望即刻实现看成是幸福。“美丽的新世界”的另一个口号是“当今人人都快乐”；人们“得到他们想要的，并且从不去想他们得不到的东西”。即刻满足商品消费与性欲的需要在“美丽的新世界”中是联系在一起的，这跟我们的社会中的情况一样。同“爱”的对象保持一种长久的关系被认为是不道德的。“爱”被认为是一种短暂的性欲，应当立即得到满足。“人们谨防太爱某一个人。没有什么忠贞不忠贞的；你无法不去做你应该做的事。而总的来看，该做的事是那么令人愉快，你可以尽量满足的自然冲动那么多，以至于实际上没有什么诱惑需要抵制。”①

欲望之无节制，与缺少公开的权威一样，会导致自我的瘫痪，以及最终的毁灭。如果我不推迟对愿望的满足（并且习惯于只期待我能得到的东西），我就没有冲突，没有疑虑，也不必做什么决定；我从来没有独处的时候，因为我总是很忙——不是工作，就是取乐。我用不着意识到我的自我，因为我经常沉浸在寻欢作乐之中。**我就是一整套欲望与满足的组合；**为了满足我的欲望，我不得不工作——而这些欲望总是受到经济机器的不

---

① 参阅奥尔德斯·赫胥黎：《美丽的新世界》，先驱文丛，第 196 页。

断刺激与引导。大多数欲望都是综合性的；甚至性欲也远远不是人们所声称的那样“自然”。性欲在某种程度上也受到了人为的刺激。而如果我们想使人们适应当代制度的需要——“快乐”，没有疑虑，没有冲突，行为无需强力催迫即中规中矩——就得这样。

取乐主要是对消费与“吸纳”愿望的满足；商品、景色、食品、饮料、香烟、人、演讲、书籍、电影——都在被消耗、被吞噬之列。整个世界就是作为我们的欲望的对象的一个大东西：一个大苹果，一大瓶饮料，一个大乳房；我们是些嗷嗷待哺者，是永远在期待的一群，是永远在希望的一群——也是永远在失望的一群。如果我们停留在吃奶阶段，如果我们永不断奶，如果我们只长个头，如果我们从未远离接受倾向，我们怎能不失望呢?

人们对此感到焦虑，觉得自己卑微，不足，有罪。他们觉得，他们活着只是在度日，日子像沙子般从指缝间溜走了。他们怎样对付那些根源于不断接纳的、被动的生活方式的烦恼呢？他们采取了另外一种被动的方式，可以说是一种持续的溢出：**谈论**。在此我们看到，正如权威及消费的情况一样，一种曾经富于创造力的思想已被推向了它的反面。

(3) 自由联想与自由谈话

弗洛伊德发现了**自由联想**原则。一个人如果在一个受过专门训练的倾听者面前解除对自己思想的控制，那么，用不着处在睡眠中，或发狂，或喝醉酒，或是受到催眠，他便可以发现自己潜意识里的感情和想法。精神分析学家分析你的言谈，他能做到比你更了解你自己，因为你已经把你的思想从惯常的思想束缚中解放出来了。但自由联想很快就会变质，就跟自由与幸福一样。首先，它在正统的心理分析程序中变质了。这虽不是绝对的，但常常是这样。自由联想没有导致被禁锢的思想的有意义的表达，而是变成了毫无意义的喋喋不休。有些心理治疗学派更把分析者降低为富于同情心的倾听者，只是用稍微不同的表达重复病人所说的东西，根本不去做任何解释。这种态度出自这样一种考虑：不要干涉病人的自由。弗洛伊德的自由联想原则成了许多自称顾问的心理学家的工具，尽管他们唯一不做的事情就是给出意见。这类顾问正越来越多地扮演着私人医生及企业顾问的角色。①这种程序有什么作用呢？显然不是弗洛伊德当初把自由联想作为理解无意识的基础时所设想的那种治疗。这种“自由联想”更多的是在富于同情心的听者面前把事情说出来，从而使紧张的情绪得到松弛。心事若总是秘而不宣，会使你焦躁不安——不过，这种焦躁不安也可能会产生有意义的结果，因为当你反复玩味、思考、体会之后，你也许会从这种痛苦中得到新的体悟。但是，当你把什么都一股脑说出去，当你不让你的思想和感情在某种程度上形成一种压力，它们就不会结出什么果实。这种情况与毫无障碍地消费完全一样。你成了这样一种系统：事物在里面进进出出，没有任何东西留下，没有压力，没有领悟，没有自我。弗洛伊德揭示自由联想的目的在于：找出你外表下面的东西，**发现真正的你**。而向有同情心的听者倾诉的现代方式则有着——虽然未公开宣布——相反的目的；其作用是使一个人忘记自己是谁(要是他还有一些记忆的话)，消除所有的紧张，与之伴随的是自我感完全消失。就像给机器上润滑油一样，我们也给人，尤其给在人员密集的机构中工作的人们上润滑油。我们用动听的口号、物质以及心理医生的同情理解来抚慰他们。

对于一些请不起专业医生，或者为了某种缘故而找个外行来作为倾诉

---

① 参阅 W.J. 狄克逊所著《新的工业关系》（康奈尔大学出版社，1948 年），G. 弗里德曼在其著作《人类的工作向何处去》中的讨论（伽里玛出版社，巴黎，1950 年，第 142 页及其后），以及 H.W. 哈勒尔的《工业心理学》（莱因哈特出版公司，纽约，1949 年，第 372 页及其后）。

对象的人来说，这种说和听已经成了一种室内运动。“把事情说出来”已经成了一种时髦的、高雅的做法。没有禁忌，没有羞耻感，没有保留，人们诉说自己在生活中遭遇的悲惨的事情，就像在谈论一个自己并不特别关心的人或是自己汽车的各种毛病一样轻松。

的确，心理学及精神病学的功能正在发生深刻的变化。从阿波罗神殿的神谕“知汝自身！”到弗洛伊德的心理分析治疗，心理学的作用一直是发现自我，理解个人，寻求“那使你自由的真理”。今天，精神病学、心理学及心理分析正在成为支配人的工具。这一领域的专家告诉你，什么样的人是“正常的”人，相应地，你有些什么“毛病”。他们设计出帮助你调整、帮助你快乐和正常的方法。在“美丽的新世界”中，这种训练从受孕(通过化学方法)的第一个月起一直持续到青春期以后。对我们来说，这项工作开始得要晚些。报纸、电台、电视的不断重复承担了绝大部分训练工作。不过，在这方面成绩最大的要算现代心理学了。泰勒为工业工作所做的，心理学家为人的整个性格所做的，都是在理解与自由的名义下进行的。当然，关于这点，精神病学家、心理学家，以及精神分析学家之中也有很多例外；但是，有一点越来越清楚，这些行业正在对人的发展构成严重的威胁，这些行业的从业者正在成为宣扬享乐、消费及无自我的新宗教的传教士，成为操纵人的专家，成为异化人格的代言人。

(4) 理性、良心与宗教

在一个异化了的世界里，**理性、良心与宗教**的情况怎样呢？从表面上看，都繁荣昌盛。在西方国家几乎没有文盲；就美国来说，有越来越多的人进入大学；每个人都看报并理性地谈论天下大事。至于良心，大多数人在他们个人的小天地里都举止合仪；考虑到他们对于人生之总体的困惑，这种表现还真令人诧异。就宗教而言，众所周知，教会的凝聚力比以前高了，大多数美国人信奉上帝——或者说，至少民意测验的结果如此。但是，我们用不着深究便可发现不那么令人愉快的东西。

我们若要谈论理性，得首先确定我们指的是人的什么能力。正如我在前面说过的，我们必须区分智力与理性。用“智力”一词，我指的是人们运用概念达到某种实际目的的能力。黑猩猩把两根棍子接起来好够到香蕉，因为一根棍子不够长，它这是在用它的智力。我们在做事时“想办法解决”问题，也是在用我们的智力。在这种意义上，智力就是视事物的现状为理所当然，对事物进行综合排布，以方便控制；因而智力被认为是生物生存的需要。另一方面，理性的目的在于理解，理性致力于找出表面现象下面的东西，认识包围着我们的现实世界的核心和本质。理性并非没有功能，但是其功能不在于延长肉体的生存，而在于推动思想和精神性存在的发展。但是，在个人及社会生活中，理性却常常被要求对某事作出预测（考虑到预测通常取决于对表面现象下面的各种力量的认识），而预测有时对于肉体生存是必需的。

理性需要关联与自我感。如果我仅仅是印象、思想、意见的被动的接受者，虽然我可以将它们加以比较和运用——却无法透过它们看到后面的东西。笛卡尔从我能思维这一事实推论出作为个体的自我的存在。他推论道，我疑故我思，我思故我在。反之亦然。只有当我是我，没有在“它”之中丧失我的个性时，我才能思维，也就是说，我才能运用我的理性。

与此密切相关的是缺乏现实感，这正是异化人格的特征。说现代人“缺乏现实感”，这与广泛流传的看法——与历史上的大多数时代相比，我们的时代更现实——相抵触。但是，谈论我们的现实主义几近于一种偏执的妄想。手中玩弄的武器可能导致整个现代文明——甚至是整个地球——的毁灭，这是什么现实主义者！ 一个人要是被发现在干毁灭地球、灭亡文明的事，立即就会被关起来；如果他还以自己的现实感为荣，精神病医生会认为这是很严重的精神疾病的症状。事实是，现代人在一切重要的事情上都缺乏现实感，且程度令人惊异。这些事情包括：生与死的意义，幸福与痛苦，以及感情与严肃的思想。现代人将人类生存的整个现实掩盖起来，挂上造作的、粉饰过的伪现实的图景，这跟野蛮人用土地和自由来换取亮晶晶的玻璃珠子的做法没有多大差别。他是如此远离人类的现实，以致他会像“美丽的新世界”的居民那样说：“个人一知觉，群体就踉跄。”

前面提到的当代社会的另一个因素对理性有破坏作用。由于没有人自始至终完成整项工作，大家都只负责其中的某一部分，也由于事情包罗万象，机构过于庞杂，人们很难对自己参与的工作有一个通盘的认识，因此对于现象下面的规律也不容易觉察到。要正确地操纵一个较大的整体的一部分，智力就够应付了；无论是对于一部机器还是一个国家，情况都是如此。而只有在适应整体、应对可观察和可把握的实体的过程中，理性才能得到发展。就像我们的耳目只能感知到一定波长范围内的声音和光一样，我们的理性也只能应对可作为一个整体被全方位地观察的事物。换言之，规模超过某个限度，具体感必然丧失，抽象取而代之，现实感也随之消失了。最先注意到这个问题的人是亚里士多德。他认为，一个城市，如果其人口超过我们现在一个小镇的人口数，就不适宜居住。

观察异化了的人的思想品质，我们会惊异地发现，他的智力是何等发达，他的理性是何等衰退。他视现实为理所当然；他想把现实一口吞下，消费掉；他想接触现实，操纵现实。他甚至不问一下现实后面是什么，为什么事情是现在这个样子，它们又将向何处发展。你不可能吃意义，不可能消费感觉，至于说将来——**我们死后，管它洪水滔天！**从十九世纪至今，人类的愚昧——此处针对的是理性的而非智力的对立面——明显增强了。尽管大家天天虔诚地看报，却不懂政治事件的意义。那些事件确实令人惶恐不安，因为我们靠聪明才智造出了武器，而我们的理性却无力对这些武器加以控制。的确，我们知道怎么做，却不知道为什么这么做，这么做的目的是什么。我们有很多高智商的人，不过我们的智力测验衡量的只是记忆和摆布思想的能力而非理性思维能力。所有这些都是事实，尽管我们当中不乏睿智之士，这些人的思想同人类历史上其他伟大人物的思想一样犀利和深刻。不过，他们的思想脱离了普通民众的认识，并遭到怀疑——尽管人们需要他们在自然科学方面所取得的杰出成就。

新发明的电脑可以给我们这里所说的“智力”作一个很好的说明。电脑处理输入的数据资料，通过比较、选择，最后输出结果，其速度比人脑快，并且没有错误；不过，要办到这一切的条件是事先输入基本数据。电脑无法进行创造性思维，不能洞悉观察到的事物的实质，不能超越输入的资料。机器可以复制甚至优化资料，却不能模拟人的理性。

伦理，至少在希腊-犹太-基督教的传统意义上，与理性不可分割。伦理行为以价值判断能力为基础，而价值判断以理性为基础。伦理行为意味着在善与恶之间做出抉择，并按照决定行事。理性的运用是以自我的在场为先决条件的，伦理判断及行为也是如此。此外，不论是一神教的还是世俗人本主义的伦理都基于这样的原则：没有什么机构和事物可以高于任何个人，生命的目的就是展示人的爱和理性，人的其他一切活动均应服务于这一目的。如果人变成了一部自动运行的机器，服务于那个庞大的“它”，伦理道德怎能成为他生命中重要的组成部分呢？此外，如果生活的原则便是求同，如何能发展出良心来呢？ 就其本质来说，良心就是不求同，在大家都说“是”时能够说“不”；而要说“不”，则必须确定判断的正确性，这种正确性是说“不”的基础。一个人如果一味求同，他就听不到自己良心的呼声，更不用说按良心的要求办事了。人只有在体验到自己是人，不是物，也不是商品之时，才会有良心。与可在市场上交易的**物品**有关的是另一种准伦理准则，即**公平**。这里的问题是，这些物品是否按公平价格交易，交易过程中是否存在欺骗和胁迫行为。这种公平，而不是善与恶，是市场的伦理原则，这一原则支配着市场人格的生活。

毫无疑问，这种公平原则有助于促成某种伦理行为。如果按公平原则行事，你不说谎，不欺诈，不使用武力——你甚至给了别人一个机会。但是，爱你的邻居，感到同他休戚相关，一生都致力于发展自己的精神力量，这些却不是公平伦理观的一部分。我们处于矛盾的境地；我们一方面实行公平伦理观，另一方面却又声称奉行基督教伦理。我们在这明显的矛盾面前摔跤了吗？显然没有。原因何在？部分是因为这样一个事实：绵延了四千年的良心传统绝不会完全丧失。恰恰相反，在很多方面，人们从封建国家和教会的控制下挣脱出来这一点使得这种传统得以走向成熟，从十八世纪到现在，这一传统之兴盛前所未有。我们仍然处于这一进程之中——但是，考虑到我们在二十世纪的生活状况，当良心传统这朵花凋谢之时，似乎不会有新的花蕾绽放了。

我们不会被人本主义伦理和公平伦理的矛盾绊倒的另一个原因在于，我们按照公平原则重新对宗教的和人本的伦理作出了解释。金箴言“爱你的邻人就像爱你自己一样”就是一个很好的例子。按照这则箴言最初的犹太-基督教的含义，它是《圣经》箴言的通俗表述。在公平伦理系统中，金箴言就意味着：“交易应当公平。你想得到多少，就给出多少。别搞欺诈！”难怪它会成为当今最受欢迎的宗教箴言。它综合了两种对立的伦理系统，帮助我们忘记了两者之间的矛盾。

一方面，我们仍然从基督教-人本主义的传统中汲取营养，另一方面，年轻一代身上的传统伦理观念愈来愈淡薄，在他们之中存在着一种与社会所达到的经济和教育水平完全对立的道德上的野蛮状态，这种情况并不令人惊讶。今天，就在我修改本书的草稿的时候，我读到了两则消息。其中一则刊载于《纽约时报》，谈到一件凶杀案：四个中产阶级出身的十几岁的少年残酷地将一名男子蹂躏至死。另一则见于《时代》周刊(1954 年 8 月 23 日)，说到危地马拉现任警察总监，此人也是前危地马拉乌比科独裁政权的警察总监，“完善了一种钢制的紧箍帽，用以迫使人讲出秘密，粉碎错误的政治思想”。他的照片旁附有这样的文字说明：“对付错误思想的铁腕人物。”对这种极端的虐待狂，还有什么比这行轻率的文字更加麻木不仁的？一种文化中最受欢迎的新闻杂志竟然会报道几个少年肆无忌惮地打死一个人的事，这难道不令人感到吃惊吗？我们在卡通书和电影中表现野蛮和残暴，因为这些东西可以作为商品卖钱，这一事实还不足以解释年轻人中不断增长的野蛮行径和破坏倾向么？我们的电影检查官只看是否有性爱镜头，因为性爱场景会刺激不正当的性欲。与检查官所允许的那些东西——教会对这些事情的反对也弱于那些传统的罪——使人丧失人性的效果相比，刺激性欲的罪恶要轻得多。是的，我们有伦理传统，但是，除非它不再是传统，而是按照我们的整个生活方式被重新创造，否则，它很快就会被消耗殆尽，代之而起的将是《美丽的新世界》和《一九八四》①中的伦理。目前，合乎伦理的行为仍然可以在很多个人的具体境况中找到，而与此同时，社会正走向野蛮。②

我们就伦理道德所说的，许多也适合于**宗教**的情况。当然，说到宗教

---

① 英国作家乔治 · 奥威尔(1903—1950)所著的政治讽刺小说。——译注

② 参阅 A. 格伦在其富有创见的、深刻的著作《工业社会中的社会心理学问题》中提出的类似的观点。

在异化人群中的作用，一切都取决于我们所说的宗教指什么。如果我们所说的是最广泛意义上的宗教，即作为一种思想倾向体系及奉献对象的宗教，那么，每个人都具有宗教性，因为没有人能在没有这种体系的情况下精神健全地活着。因而，我们的文化也同任何其他文化一样，具有宗教性。我们的神灵便是机器和效率观念；生命的意义就是运动，向前冲，尽量地向上爬。但是，如果我们所说的是一神论宗教，那么，我们的宗教至多相当于我们橱窗里的一件商品。一神教与异化及我们的公平伦理观是势不两立的。它视人的展现和得救为生命的最高目标，没有其他的目标可凌驾于它之上。由于上帝是不可认知的，难以定义的，由于人是依照上帝的形象被造出来的，那么**人**也是难以定义的——这意味着，人不是也绝不能被当做**物**。一神论与偶像崇拜之间的斗争正是创造与异化两种生活方式之间的斗争。我们的文化也许是人类历史上第一个完全世俗化的文化。我们不关心人类生存的基本问题，不关心生命的意义及其解答；我们一开始就认定，除了成功地将生命这项资本投出去，并无灾无难地度过一生之外，生命别无其他目的。我们大多数人信奉上帝，认为上帝的存在是理所当然的事。那些不信上帝的人则认为没有上帝是理所当然的事。两种情况下，人们都将未经深思的看法加诸上帝，两种信仰都不会使人夜不能寐，也不会引起人们的认真思考。实际上，在我们的文化中，无论是从心理学还是从真正宗教的观点来看，一个人信奉上帝与否几乎没有什么差别。在两种情况下，他都既不在乎上帝，也不关心对他自己的生存问题的解答。正像友爱被不带感情的公平取代一样，上帝被改造成了宇宙股份有限公司的遥控总经理；你知道“他”在那儿，“他”在主持公司事务(尽管没有“他”公司也照常运行)，你从来没有见过“他”，但你却承认他的领导，同时，你在“做着你分内的事”。

我们今日所目睹的宗教“复兴”大约是一神教遭受过的最沉重的打击。人们将上帝称为“上头那个人”，祈祷是为了使上帝成为他生意上的搭档，“推销”宗教的方法和手段与推销肥皂别无二致——对神明的亵渎还有什么比这种做法更严重的呢?

鉴于异化了的现代人与一神教不相容的事实，我们可以设想，新教、天主教、犹太教的神职人员会组成批判现代资本主义的排头兵。确实，天主教的高层以及不少地位较低的新教和犹太教神职人员已经开始发难。另一方面，各地的教会基本上从属于现代社会中的保守势力，他们只是利用宗教使人与一种在根本上非宗教的制度和平共处，并对这种制度感到满意。他们之中的大多数人似乎并没有认识到，这种形式的宗教最终会堕落为公开的偶像崇拜，除非他们开始限制现代的偶像崇拜，并对之加以讨伐，而不是对上帝作出各种断言，并因此在不止一种意义上轻慢上帝之名。

(5) 劳动

在一个异化了的社会之中，**劳动**的意义变成了什么?

在关于异化的一般性讨论中，我们已经就这个问题作过简要的评述。但是，因为这个问题对于了解当今社会，对于任何一种意在创造一个更加健全的社会的尝试，都极其重要，所以我想就劳动的性质问题在下文进行单独的、更广泛的讨论。

如果不剥削他人，一个人就必须劳动以求得生存。不管他的劳动方式多么原始和简单，单凭他从事生产这一事实，他就超越了动物王国；人已被正确地定义为“从事生产的动物”。不过，劳动并不仅仅是人的必然需要，它也将人从自然中解放了出来，使之成为独立的、社会的人。**在劳动过程中，即在塑造及改变自身之外的自然界的活动中，人也塑造并改变了自**

己。他掌握了自然，并由此脱离了自然；他的合作能力、理性及美感得到了发展。他使自己从自然中，从原始的与自然的一体状态中，分离出来，与此同时，他又以自然的主人及塑造者的身份重新同自然结合在一起。伴随着他的劳动能力的发展，他的个性也在发展。在改造与重新创造自然的过程中，他学会了支配自己的力量，提高了自己的技能和创造力。法国南部洞穴中美丽的图画，原始人武器上的装饰，希腊的雕像和神庙，中世纪的大教堂，技艺高超的匠人做出的桌椅，农民培植的花、树及谷物——所有这些都是人靠理性和技能对自然所作的创造性改造的表现。

在西方历史上，技艺——尤其是十三、十四世纪的技艺——形成了创造性劳动的演进过程中的顶峰之一。工作不仅是有用的活动，也带给人深度的满足。关于技艺的主要特征，C. W. 米尔斯有过十分清楚的表述："技艺之道，除了创造出来的作品及创造过程本身，别无其他隐秘的动机。日常工作的细节是很有意义的，因为在工匠的心目中，这些细节与产品本身不可分离。工匠可以自由支配自己的行动。因此，工匠可以在工作中学习，在完成作品的过程中使用并发展自己的能力和技能。劳动与娱乐、工作与文化并不分裂。工匠的谋生方式决定并塑造了他的生活方式。"①

随着中世纪社会结构的瓦解和现代生产方式的启动，工作的意义和作用发生了根本的变化，尤其是在信奉新教的国家。人们对他新争取到的自由感到恐惧，感到自己极其需要狂热的行动来克服他的疑虑与惶恐。这种行动的结果，成功或是失败，决定着他的灵魂能否得到拯救。**工作本身不再是一种令人满意、给人以快乐的活动，而是变成了一种义务，一种令人困扰的负担**。人们越是可以通过工作致富，就越是把工作单纯当成他们发财

---

① C. W. 米尔斯的《白领》，牛津大学出版社，纽约，1951 年，第 220 页。

和成功的手段。按照马克斯·韦伯的说法，工作成了“世俗禁欲主义”体系的主要构成因素，是针对人的孤独和孤立感的应对之策。

但是，这种意义上的工作仅存在于社会上层与中层，即那些能够聚集若干资金和雇佣他人劳动的社会阶层。对那些只有劳力可以出卖的大多数人来说，工作只不过是一种强迫劳动而已。十八或十九世纪的工人为了不致挨饿不得不每天工作十六个小时。他这样做不是因为他要以这种方式侍奉上帝，也不是因为他若成功则意味着他在“上帝特选的”子民之列，而是因为他被迫将自己的劳力出卖给那些占有剥削工具的人。在现代的开头几百年中，工作的含义发生了分化，中产阶级认为工作是一种**义务**，而无产阶级则认为工作是一种**强迫劳动**。

将工作看成是一种义务的宗教态度在十九世纪仍然十分盛行，在最近几十年中却发生了相当大的变化。现代人不知道如何对待自己，如何有意义地度过他的一生，他工作是为了摆脱无法承受的无聊。但是，工作已不再像十八、十九世纪的中产阶级所认为的那样，是一种道德的和宗教的义务。出现了某些新的东西。不断增加生产，制造更多、更好的东西，这些本身成了工作的目的，成了一种新的理想。劳动同劳动者已经疏离了。

产业工人的情况又怎样呢？他每天花费精神最好的七八个小时生产“某种东西”。他需要工作以维持生计，但是，他在根本上是一个被动的角色。在复杂而高度组织化的生产过程中，他所做的工作只是孤立的一小部分，他从不应对作为整体的“他的”产品，至少作为生产者，他从未得到这样的机会；他只是作为消费者——如果他有钱买的话——在商店里见到“他的”产品。他既不关心整个产品的物质形态，也不关心它所具有的经济和社会意义。他被安置在某个位置以完成某项任务，却不参与对工作的组织和管理。他不知道为什么要生产这种而不是那种东西，以及这种商品与整个社会的需要是什么关系，同时，他对这一切也不感兴趣。鞋子、汽车、电灯泡等都是“企业”用机器制造出来的。他是机器的一部分，而不是掌握机器的主动的力量。机器不是为人服务，以取代纯粹的体力劳动，而是成了人的主人。也就是说，不是机器取代人力，而是人成了机器的替代品。我们可以给人的工作下这样的定义：**人的工作就是完成目前机器还不能做的事。**

工作是获得金钱的一种手段，就其自身而言，并不是一种有意义的人类活动。P.德鲁克在观察了汽车工厂的工人的情况之后，十分清楚地表达了这种看法：“对绝大多数汽车工人来说，工作的唯一意义就在于拿薪水，而不在于任何与工作本身或产品相关的事情。工作似乎是件不自然的事情，是令人不快的、毫无意义和价值的获得薪水的条件，工作本身并无尊严和重要性可言。毫不奇怪，这种态度会助长偷奸耍滑、少做事却拿同样薪水的风气。这种态度也使工人不愉快、不满意——因为一张薪水单实不足以作为他的自尊的基石。”①

工人同工作的这种关系是他所在的整个社会组织的产物。他“受雇用”，他不是一个主动者，除了做好他那点孤立的工作之外，他别无其他责任，他的兴趣也仅仅在于给家里带回足够的钱，以养活自己和家人。他没有更多的企求。他是资本所雇用的设备的一部分，他胜任这一角色的程度决定着他的地位与功能。最近几十年来，人们愈来愈注意到工人的心理、工人对工作的态度、“工业生产中的人的问题”；不过，这种表述表明了一种基本态度：人将一生中的大多数时间用于工作，应当讨论的是

---

① 参阅P.F.德鲁克的著作《公司的概念》，约翰·戴出版公司，纽约，1946年，第179页。

“人的工业问题”,而不是“工业生产中的人的问题”。

工业心理学领域的大多数研究关注的是如何提高工人的生产力，如何减少工人在工作中的摩擦；心理学已经在从事“人类工程学”的研究，试图把工人和雇员当成机器来对待，即上好润滑油，使其更好地运转。泰勒关心的主要是，从技术使用的角度出发，如何更好地组织工人的体力；而大多数工业心理学家则致力于操纵工人的心理，其基本思想可以归结为：如果工人在高兴时工作得更好，那么，我们就让他感到高兴，安全，满足，或者其他，只要他会因此增加产出，减少摩擦。在“人际关系”的名义之下，他们用一切适合完全异化了的人的策略来对待工人；他们甚至提出幸福与人的价值也应服从于与大家保持较好关系的原则。比如，《时代》杂志曾经登载过一位著名的美国精神病学家的演说，他对一千五百名超级市场经理说道：“如果我们快乐，顾客也会更满意。……如果我们真的把这些价值和人际关系的总原则的一部分付诸实践，就会换回不带感情的金钱。”他所说的“人际关系”指的是最非人的关系，是异化了的、行为如同机械的人们之间的关系；他所说的幸福指的是完全循规蹈矩的生活，排除了人的最后的疑虑和所有的自发性。①

工作的异化特性及其令人在深层次上缺乏满足感的特性导致了两种反应：第一，追求彻底的**懒散**；第二，对工作以及任何与工作有关的人和物怀有一种根深蒂固的尽管常常是不自觉的**敌意**。

渴望完全的懒散和被动状态的想法很普遍，要看到这一点并不难。广告对这方面的宣扬甚至超过了对性的宣扬。当然，有很多有用而且节省人力的新发明。不过，这种有用性常常只是对于完全的被动性和接受性的渴

---

① 关于工作的问题我将在第八章作进一步讨论。

望的合理化表述。一盒早餐麦片的广告语：**“最新的——吃起来更方便。”**一台电烤炉的广告语：“……世界上最特别的电烤炉！ 可以为你做一切事。你甚至用不着动手把面包放下去。大功率、独有的电动机，**轻轻巧巧地就把面包从你手中取走了！”**有多少语言或其他课程被宣传为：“学起来毫不费力，再也用不着那套枯燥乏味的老办法。”人人都知道人寿保险公司的广告里的那对老夫妻，他们六十岁退休，之后就过着什么都不操心、只是到处旅游的幸福生活。

收音机和电视体现了这种对懒散的渴望的另一个要素，即关于“按钮的力量”的观念。揿下按钮或旋一下旋钮，我便能造出音乐、演讲、球赛，在电视上，要求世界大事呈现在我的眼前。驾驶汽车的乐趣当然也部分地基于满足了这种对按钮的力量的期待。轻轻揿下按钮，大机器就会运转；用不着多少技术和力量就能让司机感到他是宇宙的主人。

但是，对于工作的无意义和令人厌倦的特性，还存在着更严重和更深层次的反应。这是一种对工作的敌意，比之对懒散和无所事事的渴望，这种态度更不易为人所觉察。很多商人感到他自己是他所做的生意和所卖的商品的囚犯。他对自己的产品有一种虚假的感情，暗地里看不起。他憎恨顾客，因为他们迫使他夸耀卖弄，好售出产品；他恨与他竞争的同行，因为他们对他构成了威胁；他恨他的雇员及上司，因为他得经常同他们较量。最重要的是，他恨他自己，因为他眼看着自己的生命分秒流逝，除了成功带来的短暂狂喜之外，什么也没留下。当然，这种对他人、对自己、对自己生产的产品的憎恨与轻蔑主要存在于他的无意识之中，只在转瞬即逝的念头中被意识捕捉到；而这种念头之令人不安足以使人只想尽快把它抛到一边去。

(6) 民主

正像劳动已经异化一样，现代民主制度中选民意志的表达也是一种异化的表达。**民主制**的原则是：不是一个统治者或是一小部分人而是全体人民决定他们自己的命运，就大家共同关心的事情作出决定。每个公民选举自己的代表，这些代表在议会中制定本国的法律，通过这种方式，公民被认为是负责地参与到了团体事务中。按照分权原则，人们创造出一套精巧的制度，这种制度一方面保持了司法系统的独立与完整，另一方面也使立法与行政系统的功能相互制衡。理想的情况是，每个公民都平等地为决策的制定负责，并影响决策过程。

实际上，民主政体在形成的过程中一直被一个重要的矛盾所困扰。在机会与收入极不平均的国家实行民主，特权阶级自然不想放弃现状给予他们的特权，因为如果政治制度充分表达出大多数没有财产的人的意志，他们很容易就会失去这些特权。为了避免这种危险，在早期，特权阶级剥夺了许多财产较少的人的选举权；每个公民可以不受限制地拥有选举权的原则是后来才逐渐确立的。

在十九世纪，人们认为普选可以解决民主制的一切问题。宪章运动的领导人之一奥康纳曾于一八三八年说过："普遍参政将立刻改变社会的整体特性，把监视、猜疑变为相亲相爱、互惠和普遍信任。"在一八四二年，他又说道："……宪章通过六个月之后，全国的男女老少就都可以吃得好，住得好，穿得好。"①从那时起，所有主要的民主国家都建立了普选制度（瑞士除外，瑞士妇女迄今仍无选举权）。然而，引用富兰克林·D. 罗斯福的话，即使在世界上最富有的国家中，也还有三分之一的人民仍然"吃得差，住得差，穿得差"。

---

① 转引自 J. R. M. 巴特勒所著《英国历史》，牛津大学出版社，伦敦，1928 年，第 86 页。

普选制的初步实施情况不仅使宪章派失望，而且也使所有那些认为普选制会有助于将公民改造成有责任心的、积极的、独立的人的人士大失所望。十分清楚，**当今的民主问题不再是对选举权的限制问题，而是如何行使选举权的问题**。

如果人们没有任何自己的意志和信念，如果他们只是一些异化了的机器人，其趣味、意见及偏好都受到大控制机器的操纵，他们怎么能表达出"自己的"意志呢？ 在这种情况下，普选制成了一种被盲目崇拜的对象。如果一个政府可以证明人人都有选举权，选票的计算也不存在弄虚作假的情况，那么它是民主的。如果人人都参加选举了，但选票的计算存在弄虚作假的情况，或者，选举者害怕投执政党的反对票，这个政府就是不民主的。自由选举与操纵选举之间的确存在重大差别。但是，即便如此，我们也绝不应该忘记这个事实：即使是自由选举也不一定就表达了"人民的意志"。如果大多数人使用一种大做广告的牙膏是因为生产商在它的广告宣传中作出了某些与事实不符的保证，那么，任何明白事理的人都不会说，人们"决定"喜欢这种牙膏。可以说的只能是，它的广告宣传足够吸引人，诱使数百万人相信了它的保证。

在一个异化的社会中，人们表达意志的方式同他们购买商品的选择方式并没有太大的不同。他们听取宣传的鼓噪，这些萦绕在他们耳边的挑逗的喧嚣声淹没了事实的声音。在最近几年中，我们越来越多地看到，公共关系的顾问们怎样运用他们的智慧指导政治宣传。他们习惯于使公众因为舆论宣传的缘故购买商品，他们也用同样的方式来看待政治观点和政治领袖。他们利用电视来塑造政治人物的形象，其做法就像通过电视广告来宣传某个牌子的肥皂一样；在销售或选举中，重要的是效果，而不是展现出来的东西的合理性和用处。最近的一些关于共和党的前景的讲话十分坦率地表达了这种意思。这些讲话的大意是，由于不能指望大多数选民投共和党的票，因此应当找一位愿意代表党的人物——**他**将得到选票。原则上，这与由一位有名的运动员或电影演员来推荐某种牌子的香烟以达到宣传效果没有什么两样。

实际上，民主国家的政治机器的运转方式与商品市场的运转方式并没有本质上的不同，政党与大的商业企业也没有什么太大的差别，职业政客也是在设法向公众推销他们的货物。这些职业政客所采用的方法愈来愈像强势推销的广告。J.A.舒姆彼特，政治和经济领域的一位敏锐的观察者，十分清晰地阐述了这一过程。他的阐述以经典的十八世纪的民主概念开始："民主的方法就是一套制度安排，其目的在于作出体现民众共同利益的政治决议。按照这种安排，民众选出一些能够代表他们意志的个人，通过这些人来决定公共事务。"①舒姆彼特接着分析了现代人对待公共福利问题的态度，最后得出了与上面我所概括的内容差别不大的结论：

> 但是，当我们把个人对家庭和生意的关心置于一旁，深入到与个人所关心的事并无清楚直接的关系的国家及国际事务领域之时，个人的意志、个人对事实的了解，以及介入的方法，很快便不再符合经典原则的要求了。给我印象最深的，在我看来也是问题的核心的，是这一事实：现实感完全丧失了。通常只有那些有闲工夫（都算不上有癖好）的典型的公民才有心就这些政治上的大问题不负责任地高谈阔论。这些大事显得十分遥远，完全不像生意上的事务那么近迫，根本

---

① J.A.舒姆彼特：《资本主义、社会主义与民主》，哈珀兄弟出版公司，纽约和伦敦，1947年，第250页。

不可能有现实的危险；即使有危险存在，也不可能十分严重。在谈论这些政治大事时，人们感到自己像是处于一个虚构的世界中。

这种弱化了的现实感不仅解释了责任感淡薄的原因，也说明了为何人们缺乏有力的意志。当然，人人都有自己的习惯用语、愿望、白日梦及牢骚，特别是每个人都有自己的好恶。但是，这些东西通常都算不上意志，即与有目的的、有责任心的行动相应的精神因素。实际上，对于那些谈论国家大事的个体公民来说，这种意志没有用武之地，也没有发展的机会。他只是不起作用的委员会——全民族委员会——的成员之一，这便是他花在政治问题上的精力比花在桥牌上的精力要少的原因。

淡薄的责任感和软弱的意志反过来又解释了一般公民在国内政策和外交政策这些问题上的无知和缺乏判断力。要说有什么更令人震惊的事情的话，那就是，受过教育的人和非政界的成功人士要比处境差、未受过教育的人更无知，更缺乏判断力。信息大量有，并随手可得。但是这并不能改变什么。我们也用不着对此感到不可理解。我们只消比较律师的两种态度：一种是他面对辩护状时的态度，另一种是他阅读报纸以了解政治事件时的态度。在前一种情况下，由于多年来在对本职工作的兴趣的有力激励下目标明确地工作，他有资格来评断他手中掌握的事实是否中肯；在同样有力的激励之下，他把自己的学识、智力和意志都投入到他的辩护状的内容之中。而在第二种情况下，他未曾花工夫使自己获得评判资格，他无心了解相关信息并用他娴熟于心的那些批判准则来分析这些信息，他对冗长复杂的辩论感到厌倦。所有这一切表明，没有来自直接责任感的主动性，一个人会对大量信息视而不见，充耳不闻，无论这些信息是多么完善和正确。人们不仅把消息公布出来，还做了大量值得称道的事，通过办讲座、开课、举行集体讨论等方法来教导人们怎样利用这些信息。即使如此，无知的情况仍在持续。这些努力的成果虽不是零，却也少得可怜。人们不可能被扶上梯子。

因此，典型的公民一旦涉足政治领域，他的精神活动立刻就降到了一个较低的水平。如果他把自己争辩和分析政治问题的方法用到他真正感兴趣的领域，他会立刻看出这种方法是多么幼稚。他又成了原始人。①

舒姆彼特也指出，在政治事务中操纵人民意志和在商业广告中操纵顾客意志，两者之间存在相似之处。他说道：

人们加工政治事件，操纵公众对这些事件的意愿，其方法与商业广告所用的方法极其类似。我们发现，在这两类事情上，人们都试图触及人的潜意识，用同样的技巧来挑起有利的和不利的联想，这种联想越缺乏理性越有效。人们都回避问题或保持缄默，都采取重申某一断言的手法来制造舆论，这些断言能成功地回避理性的论证，避免唤醒民众的批判力。这类情况还有很多，只是，这些手段在公共事务领域较之私人生活及职业领域应用得更加广泛。从长远来看，世上最漂亮的美女的照片也无力保证劣等香烟的销售。也没有如此有效的方法来保障政治决定的正确性。很多极其重大的决定都有这样的性质：公

① J. A. 舒姆彼特：《资本主义、社会主义与民主》，哈珀兄弟出版公司，纽约和伦敦，1947 年，第 261、262 页。

众要想验证它们，须付出相当多的时间和相当大的代价。即便不用花那么多的时间和代价，一般说来，要得出判断也不会像香烟广告的情况那样容易，因为要清楚了解这些决议的效果是很难的。①

在分析的基础上，舒姆彼特得出了一个关于民主的定义，这个定义虽不如第一个定义那么崇高，却无疑更现实一些。“民主的方法是一种服务于政治决议之形成的组织安排，**在其中，个人通过竞选的方式来获得决定权。**”②

有关政治舆论和商品市场上的舆论的形成过程的比较，还可以从另一个方面加以补充，这更多地涉及舆论的表达方式，而不是舆论的形成过程。在此，我指的是美国大公司的股东的作用及其意志对公司经营管理的影响。

正如前面所指出的那样，今天，大公司的所有权掌握在成千上万的个人手中，每个人都只占有总股份的一个极小的部分。从法律角度讲，股东才是企业的主人，因而有权决定企业的政策，指定管理人员。而实际上，股东们对企业的所有权并没有什么责任感，对于经营管理的情况总是保持缄默，满足于得到固定的收入。大多数股东不想出席会议，宁愿将代表权送给经营管理人员。正如前面所说，（在一九三〇年）只有6%的大公司是完全或大部分由产权人控制着。

现代民主国家的控制情况与大公司的控制情况并没有太大的差别。的确，50%以上的选民亲自投票，他们在相互竞争选票的两大政党机器间作出选择。其中一部机器一旦当选，它同选民的关系便疏远了。真正的决策

---

① J. A. 舒姆彼特：《资本主义、社会主义与民主》，哈珀兄弟出版公司，纽约和伦敦，1947年，第263页。

② 同上书，第269页。

常常是由政党而不再是由代表各选区利益及愿望的议员来制订。[1]而且，即使在政党内部，也是由少数鲜为人知的有影响力的关键人物作出决定。实际情况是：尽管公民相信他主导着国家的决策，但他所起的作用并不比一般股东对“他的”公司的管理所起的作用大多少。选举行为与最重大的高层政治决策之间存在着一种神秘的关系。我们不能说两者之间根本没有什么关系，但也不能说最后的决定是选民意愿的结果。这正是公民意志的异化表达形式。他确实做了一些事——他投票，然后幻想着自己是决策的制定者，他接受那些决策，仿佛它们是他自己制定的一般。而实际上，这些决策在很大程度上是由他所不知道的和不能控制的力量所左右。难怪这种情形使一般的公民在政治事务中深感无能为力（虽然他并不一定意识到了这一点），他的政治理解力也因此愈来愈弱。一个人在行动**之前**必须思考，当人没有行动的机会时，思维也就变得贫弱了。换言之，如果一个人不能有效地行动，他也就无法进行建设性的思考。

（三）异化与精神健康

异化对精神健康有什么影响呢？ 回答当然取决于健康指的是什么。如果健康指的是，一个人能尽其社会职责，继续生产和延续后代，那么，异化了的人显然是健康的。不管怎样，我们已经制造出迄今为止最强大的生产机器——虽然我们也制造出了可能为战争狂人所掌握的破坏性最大的机器。如果我们仔细考察一下目前流行的精神健康的精神病学定义，我们也会认为我们是健康的。很自然，健康与疾病的概念是由那些系统阐述它们的人创造出来的——因而也是这些人所处的文化的产物。异化的精神病

---

① 参阅 R. H. S. 克罗斯曼的文章《寡头政党》，载《新政治家和国家》杂志，伦敦，1954 年 8 月 21 日。

学家会以异化的人格来给精神健康下定义，因此，他们认为健康的状况，从正常的人本主义的观点来看，有可能是病态。在这方面，H.G.韦尔斯在《盲人之国》中对精神病医生和外科医生所作的精彩描述也适用于我们的文化中的很多精神病医生。在这篇小说中，韦尔斯描写了这么一个年轻人，他在一个与世隔绝的、由先天失明的人组成的部族中找到了住处，并接受了盲医生的检查。

> 这之后，一位长于思考的长者想到了一个主意。他是这些人中最了不起的医生，他们的医学家，有一副哲学家的头脑，善于创新。治好努内的怪病的念头吸引了他。一天，雅各布在场时，这位医生又把话题转到了努内身上。
>
> “我已经检查了博格大，”他说道，“病人的情况更清楚了。我想他很有可能被治好。”
>
> “我一直希望这样。”老雅各布说道。
>
> “他的大脑受到了影响。”盲医生说。
>
> 长者们嘟哝着，表示赞同。
>
> “那么，究竟什么影响了他的脑子？”
>
> “啊！”老雅各布叫了一声。
>
> “这个，”盲医生自己答道，“那对被称作眼睛的怪东西有病，它们在脸上形成两个令人愉悦的软软的坑。而在博格大身上，这对怪东西病得太厉害了，以致影响到了大脑。他的眼睛肿得很大，他有睫毛，他的眼睑会动，因此，他的大脑处于一种持续的激动和烦乱的状态。”
>
> “真的？”老雅各布问道。
>
> “我想我有理由肯定，为了完全治愈他，我们需要做的只是一次

简单容易的外科手术——那就是除去这些引起麻烦的器官。”

“然后他就会恢复理智？”

“他会完全恢复理智，成为受人尊重的公民。”

“幸亏有了科学！”老雅各布说道，然后立刻跑去告诉努内这个好消息。①

我们现行的精神病学对精神健康的定义强调那些属于当代异化了的社会性格的品质：适应、合作、进取、容忍、野心等等。我在前面引用了斯特雷克关于“成熟”的定义，以说明那种把招聘初级管理人员的广告转化成精神病术语的幼稚做法。但是，正像我在本书其他地方简要提到的那样，甚至连当代最深刻、最杰出的心理分析学家之一 H. S. 沙利文的理论也受到了无孔不入的异化概念的影响。正因为沙利文的名望和他对精神病学的重要贡献，就这一点进行讨论会给我们以启迪。异化了的人缺乏自我感，只是从自己对他人的期望的回应中体验到自己的存在。沙利文把这一事实当成人性的一部分，正像弗洛伊德把本世纪初期所特有的竞争性当成自然现象一样。于是，沙利文将有关独一无二的自我的观念称作“关于独一无二的个性的幻想”。②在沙利文对人的基本需要的阐述中，异化思想的影响同样清晰。按照他的观点，人的基本需要有：“对于个人安全的需要，即消除焦虑的需要；与他人保持亲密关系的需要，即至少同一个其他的人合作的需要；与追求性高潮的性行为有关的情欲的满足。”③沙利文

① H. G. 韦尔斯：《在彗星上的日子和十七个短篇故事》，查尔斯·斯克里布纳之子出版社，纽约，1925 年。

② H. S. 沙利文：《精神病学的人际关系理论》，W. W. 诺登出版公司，纽约，1953 年，第 140 页。

③ 同上书，第 264 页。

在此定出的精神健康的三条标准为人们所普遍接受。粗略看来，对于这种认为爱、安全感和性满足是精神健康的完全正常的目标的看法，没有人会表示异议。但是，如果我们对这些概念进行批判性的考察，我们就会看到，在一个异化了的世界中，这些概念的含义已经不同于它们在其他文化中的含义了。

在精神病学的准则宝库中，最受人欢迎的现代概念大概要算**安全**了。近年来，人们越来越强调安全，把它看做生活的最高目的和精神健康的本质。产生这种态度的原因之一大概在于这一事实：多年来，世界一直承受着战争的威胁，这种情况增强了人对安全感的渴望。另外一个也是更重要的原因在于，由于日益增加的自动化程度和过度求同，人们愈来愈感到不安全。

由于人们把**精神上的**安全与**经济上的**安全混为一谈，问题变得复杂起来。过去五十年间的根本变化之一就是，所有西方国家都采纳了这样一条原则：每个公民在物质上都应得到最低限度的安全保障，以应付失业、生病及年老时的需要。但是，尽管这条原则已被采纳，许多商人仍然对它抱有强烈的敌意，尤其反对它的广泛应用。他们以轻蔑的口吻将“福利国家”的观念说成是对个人积极性和冒险精神的谋杀。他们打着为工人争取自由和自主的幌子来反对社会福利措施。可是实际上，同样是这些人，却毫无顾虑地宣扬经济安全是生活的主要目标之一。这证明他们反对社会福利措施的那些言论纯粹是在为自己的行为找借口。人们只需读读保险公司的广告，了解广告所许诺的东西，即将投保人从意外事故、死亡、疾病、年迈等情况导致的不安全处境中解救出来，便可知道经济安全的理想对有钱阶级所起的重要作用。储蓄的目的除了实现经济安全，还能是什么呢？一方面反对为工人阶级争取安全保障，另一方面又支持为高收入人群提供同样的东西，这种做法十分矛盾；这再一次证明了人在自相矛盾地思维方面拥有无限的能力，他甚至不会尝试去意识到这种矛盾。

不过，这种反对“福利国家”及经济安全原则的宣传比相反的宣传更为有效，因为它将**经济**安全与**心理**安全广泛地混淆起来了。

人们愈来愈感到，他们应该没有疑虑，没有问题，用不着冒险，应该总感到“安全”。精神病学和精神分析学的观念为这一目标提供了相当大的支持。在这一领域，不少人假定安全感是心理发展的主要目标，并认为安全感或多或少等于精神健康（沙利文便是其中最深刻和最敏锐的）。因而，做父母的，特别是相信这些学说的那些父母，便担心他们的子女在幼年时会有一种“不安全感”。于是，他们尽量帮助子女避免冲突，使一切事情都很容易，尽他们的最大可能排除障碍，以便使孩子感到“安全”。正像他们给孩子接种疫苗以抵御一切疾病，努力防止孩子同任何病菌接触一样，他们以为也可以用防止接触的办法来阻止不安全感的滋生。其结果常常与过分讲究卫生有时会导致的情况一样不幸：一经感染，人就显得格外脆弱和无力。

一个有感觉的、活生生的人怎样才能感到安全呢？ 由于我们的生存处境，我们不可能感到一切安全。我们的思想和见解至多不过是局部的真理，间杂着不少谬误，更不用说，几乎从生下来那天起，我们就被迫接触到那些关于生活与社会的不必要的错误信息。我们的生命与健康往往为我们无法控制的事件所左右。我们可以作出决定，却无法肯定其后果会怎样。任何决定都包含着失败的风险，没有风险就算不上真正的决定。我们无法完全肯定，我们所尽的最大努力会带来什么样的后果。结果总是取决于那些超乎我们的控制能力的诸多因素。正如一个有感情的、活的人不能避免忧伤一样，他也不能避免不安全感。一个人能够并必须给自己定出的心理任务**不是使自己具有安全感，而是能够不惊慌也不过分恐惧地接纳不**

安全因素。

生命，就其心理与精神方面讲，必然是不安全的和不肯定的。我们只能肯定这一事实：我们出生了，也将死去。只有当我们完全屈从于强大而且持久的权力，从而不再需要作决定、冒风险、负责任之时，我们才感到完全地安全了。**自由的人必然不安全，思维的人必定有疑虑。**

那么，怎样才能忍受这种人生固有的不安全因素呢？方法之一是植根于一个团体中，成为团体的一员，以此来保障自我的身份感。这个团体可以是家庭、氏族、民族或阶级。一个人的个性发展进程只要还没有达到从这些原始束缚中超脱出来的阶段，他就仍然是“我们”；而且，只要团体还在运行，作为该团体的一员，他就可以确定自己的身份。现代社会的发展导致了这种原始束缚的瓦解。现代人在根本上是孤独的，他得自主，独自承受一切。只有当他将“他”这个独一无二的特殊实体发展到他能真正意识到“我是我”时，他才能获得一种身份感。只有当他发展自己的力量，同世界建立联系却又不淹没于其中时，当他能够获得一种创造性倾向时，他才能达到这个地步。而异化了的人却试图采取另外的方法来解决问题，这种方法便是求同。他尽可能地同他的同胞相似，这使他感到安全。他的最高目标就是得到别人的认可，他最担心的是得不到他人的赞同。与众不同，属于少数派，是威胁他的安全感的危险因素，其结果是无止境地追求与他人一致。显然，这种求同的渴望反过来又产生了持续的尽管是隐藏的不安全感。任何离经叛道的行为，任何批评意见，都会导致恐惧与不安全感。人们总是依赖他人的认可，就像吸毒者依赖毒品一样；同样，人们的自我感及自主感也变得越来越弱。几代人之前在人们生活中普遍存在的有罪感已经被唯恐与众不同的不安和无力感所替代。

精神健康的另一个目标——爱，同安全一样，在异化的环境中有了新的含义。弗洛伊德根据当时的时代精神提出，爱在根本上是一种性现象。“人通过自身经验认识到，性（器官的）爱能给予他最大的满足。因此，对他来说，性爱实际上成了他的一切幸福的标准，他必定被驱赶着继续沿着性爱关系的道路去寻求幸福，使肉欲成为他生命的中心……在这个过程中，他对外部世界的一部分，即他所选择的恋爱对象的依赖已经到了十分危险的程度。这使得他在遭到拒绝或者由于死亡或背叛而失去它时感到极度痛苦。”①为了使自己免遭爱所带来的痛苦，人，不过仅仅是“很少数的人”，能够通过“把主要的价值从被爱的事实转移到爱人的行动中去”，以及“不是爱个别的客体而是平等地爱所有的人”，改变爱的性欲功能。这样，“他们偏离爱的性欲目的，将本能改造为**其目的受到抑制**的冲动，以此避免肉欲之爱所带来的不确定性与失望。的确，其目的受到抑制的爱原本完全是肉体之爱，而且在人的潜意识中仍然如此”。②弗洛伊德将与世界融为一体的感觉（“浩淼感”）——这一点是宗教经验，尤其是神秘经验的本质——和与所爱的人合为一体的经验解释为一种向早期的“无限自恋”状态的倒退。③

依照弗洛伊德的基本概念，精神健康就是完全具有爱的能力，当里比多发展到性爱阶段时，人就获得了这种能力。

我们在H. S. 沙利文的精神分析体系中发现，他将性和爱严格区分开来，这与弗洛伊德完全不同。在沙利文的概念中，爱与亲密的意思是什么？“亲密是一种涉及两个人的处境，这种处境使个人价值的所有成分得

---

① S. 弗洛伊德：《文明及其不满》，由J. 里维艾勒译自德语，贺嘉思出版有限公司，伦敦，1953年，第69页。

② 同上书，第69页及其后。

③ 同上书，第21页。

到验证。个人价值的展现要求一种关系，我称之为合作。我的意思是说，在追求愈来愈同一或者说愈来愈共有的满意以及维护愈来愈相似的安全运行模式的过程中，一方明确地调整自己的行为，使之符合另一方所表达出来的需要。”①简言之，沙利文将爱的本质定义为一种相互合作的处境，在这种处境中，两个人都感到：“我们按规则来进行游戏，目的在于保持我们的声誉、优越感与价值。”②

弗洛伊德的爱的概念是从十九世纪的物质主义的角度对父权制下的男子的经验的描述；而沙利文所描述的是二十世纪异化的、交易性人格的经验。他的概念描述了一种两个人的自我中心主义，两个人共享利益，共同抵御不友善的异化世界。实际上，沙利文给亲密所下的定义原则上适用于任何一个合作体的感情，在这些合作体中，每个人“在追求共同目的的过程中使自己的行为符合对方所表达出来的需要”。（值得注意的是，沙利文在这里所说的是**表达出来的**需要，而人们所说的爱至少包含了两人对对方**未表达出来的**需要所作出的反应。）

换一个更通俗的说法，我们在讨论夫妻间的爱和孩子对爱及喜爱的需要时，会发现爱中所包含的交易倾向。在无数文章、咨询及讲演中，夫妻间的爱被描述成一种相互平等、相互左右的状态，或者说，“相互理解”。妻子应当考虑丈夫的需要和感受，丈夫也应同样对待妻子。如果丈夫回家时疲惫不堪，满脸不高兴，妻子就不应该问他什么问题——或者应

---

① S. 弗洛伊德：《文明及其不满》，由 J. 里维艾勒译自德语，贺嘉思出版有限公司，伦敦，1953 年，第 246 页。

② 同上书，第 246 页。沙利文还给爱下了另一种定义：当一个人感到另一个人的需要与自己的需要同等重要时，爱便产生了。与上述定义相比，这个定义的交易色彩要淡些。

当问问他——根据书或演讲中教导的来定，看哪一种方法最能“讨好”他，而丈夫则应该讲些赞扬的话，说她做的饭好吃，她的新衣服好看——所有这些都是为了爱。现在，我们天天都可以听到这样的话：孩子必须“得到爱抚”，这能让他感到安全；或者，别的孩子“没有从父母那里得到足够的爱”，因而成了罪犯或者患了神经分裂症。爱与喜爱所具有的意义如同婴儿的奶制品，或者，一个人应受到的大学教育，或者，应该“吸纳”的最新的电影。你提供爱，就像提供安全、知识及其他一切一样——由此，你得到了一个快乐的人。

快乐是另一个，也是更流行的观念之一，今天，人们根据快乐来给精神健康下定义。正如《美丽的新世界》中奉行的原则：“如今人人都快乐。”

快乐的意义究竟是什么呢？ 今天，大多数人大概会这样来回答这个问题：快乐就是有“乐趣”，或者“玩得痛快”。至于“什么是乐趣？”这个问题，回答就得视个人的经济情况而定，更得看他所受的教育及他的个性结构。不过，经济方面的差异并不像看起来那么重要。社会上层阶级的“欢乐时光”是那些负担不起而又渴望享受这种欢乐的人的乐趣模版——社会下层阶级的“欢乐时光”日益成为对上层阶级趣味的廉价模仿，两者在费用上不同，在性质上却没有太大的差别。

这种乐趣包括些什么内容呢？ 对于那些负担得起的人来说，乐趣就是看电影、参加舞会、打球、听收音机、看电视、星期天乘车兜风、做爱、星期天早晨睡懒觉及旅游。如果要用一个更讲究的词来代替“乐趣”或“玩得痛快”，我们也许可以说，快乐的概念最多相当于愉悦的概念。如果将我们关于消费问题的讨论考虑进去，我们可以更精确地给这一概念下定义：快乐就是无节制地消费、按电钮的权力以及懒散所带来的愉悦感。

从这个立场出发，我们可以把快乐定义为忧伤与悲哀的反面。一般人也确实将快乐定义为没有忧伤与悲哀的精神状态。但这一定义却表明，快乐概念中有某种极成问题的东西。一个活生生的、有感觉的人在他的一生中必定会经历很多次忧伤。其所以如此，不仅是因为我们不完善的社会安排造成了那么多不必要的苦难，而且是由于人类生存的本质，它使人不可能不以许多痛苦和悲哀来回应生活。因为我们是活生生的存在，我们不得不遗憾地意识到，在我们短暂而多难的一生中，在志向与实际成就之间必然存在差距。我们必然要面对死亡，不是我们死在心爱者之前，就是他们死在我们前面——我们看到苦难，不可避免的，以及不必要的和无意义的，它们日日在我们周围发生，我们怎么能避免经历痛苦与悲哀呢？ 只有当我们的感觉变迟钝、反应变慢、爱不那么深时，只有当我们麻木不仁、对人对己漠不关心的时候，我们才有可能回避痛苦与悲哀。

如果我们想以快乐的反面来定义快乐，那么，我们应将它定义为**抑郁**而非**忧伤**的反面。

什么是抑郁？ 它指人感觉迟钝，虽然肉体还活着，却像死了一般。抑郁的人无法体验欢乐，也无法体验忧伤。一个抑郁的人如果能感到忧伤，他的症状就大大减轻了。抑郁状态令人如此难以忍受，因为此时人对任何事都没有什么感受，既感受不到快乐，也感受不到忧伤。如果我们以抑郁作为快乐的反面来给快乐下定义，我们便同斯宾诺莎对快乐与幸福下的定义接近了。斯宾诺莎认为，快乐与幸福是一种活力洋溢的状态，这种状态融合了我们为理解我们的同胞以及同他们合为一体所作的努力。快乐来自建设性的生活经验以及将我们同世界联系起来的爱和理性的力量。快乐在于触及现实坚硬的实质，发现自我，以及我同他人的一致与差异。快乐是一种激烈的内心活动状态，是对愈来愈充沛的活力的体验，这种体验发生在我们同世界、同我们自己所保持的建设性的关系中。

由此可见，我们不可能在内在的消极状态中，或者在那种弥漫在异化了的人的生活中的消费者态度中找到快乐。快乐是感受到充实，而非需要充实的空虚。今天，一般人的生活可能也有许多乐趣；尽管如此，他在根本上却是抑郁的。如果不用“抑郁”而用“厌倦”这个词，也许我们可以说清楚这件事。实际上，除了程度上有差别，“抑郁”和“厌倦”之间并没有太大的区别，因为厌倦不是别的，而是体会到创造力瘫痪、活力匮乏的感觉。在生活的众多灾难中，很少有像厌倦那样令人痛苦的了，因而我们都尽力避免和它遭遇。

我们可以通过两种途径来回避厌倦。一种是根本性的，即保持创造力并以这种方式来体验快乐；另一种就是设法回避厌倦的症状。后一种努力似乎是当今一般人追求欢乐的特点。当他独自一人或只同最亲近的人单独在一起时，他就会感到他的抑郁和厌倦都冒了出来。一切娱乐活动都意在帮助人借着我们的文化提供给他的多条逃跑途径逃离他自己和威胁着他的厌倦状态。不过，掩盖症状并不能根除产生症状的条件。现代人除了害怕生病或者失掉地位和名誉所带来的耻辱，最畏惧的莫过于厌倦了。在一个娱乐的世界中，人害怕厌倦。一天打发过去而没有不顺心的事，一小时消磨掉而没有意识到潜在的厌倦，他就会感到高兴。

从标准的人本主义立场出发，我们必定会得出关于精神健康的一种不同的概念。在异化世界的范畴中被视为健康的人，从人本主义的观点看，正是病入膏肓的人——这里所说的不是个人的疾病，而是社会造成的缺陷。按照人本主义的观点，精神健康具有这样一些特性：能够爱，能够创造，从家庭和自然的乱伦束缚中解脱了出来，将自己体验为自身力量的主体，他的身份感就建立在这种体验之上，他能够掌握内在和外在于自己的现实，也就是说，他的客观性与理性得到了发展。生命的目的就是认真地度过人生，完全地脱离母体，充分觉醒。脱离孩子气的宏大空洞的幻想，坚信自己有真正的力量，尽管这种力量十分有限；能够接受这样一个矛盾的事实：人是宇宙中最重要的东西，但同时又不比一只苍蝇或一片草叶更重要。能热爱生命，但同时能无畏地接受死亡；能承受那些生活要求我们面对的最重要的问题的不确定性，但同时又坚信自己的思想、感情，只要这些思想、感情确实是我们自己的。能够独立自处，同时又能同心爱的人、普天下的兄弟、所有有生命的东西融为一体；听从良心的召唤，这种召唤令我们回到自身，但同时，在听不清良心的声音因而无法遵从之时，不沉溺于个人的仇恨之中。精神健全的人是凭借爱、理性、信仰生活的人，他们尊重生命，不论是自己的还是他人的。

异化的人，如前所述，不可能是健全的。因为他将自己体验为受自己和他人所支配的一件东西、一项投资，所以他缺乏自我感。自我感的缺乏导致了深刻的焦虑。这种因面临虚无的深渊所产生的焦虑比地狱的熬煎更可怕。在地狱里，**我**受到惩罚与熬煎——在虚无中，我却被逼得快要发疯了，因为我已经不再能说“我”了。如果把现代称为焦虑的时代是恰当的，那主要是因为这种由于缺乏自我感而产生的焦虑。因为“我是你所希望的样子”——我**不存在**了，我感到不安，我依赖他人的认可，总是努力取悦他人。异化的人一旦怀疑自己没有与他人协调一致，就会感到自卑，因为他的价值感的基础是因求同而获得的奖赏，即他人的认可。自然地，在他的自我感和自负感之中，他会感到来自一切有离经叛道之嫌的感情、思想与行动的威胁。但是，他是人而不是一部机器，因此他不可能永不偏离常轨，于是，他必定随时害怕别人不赞成他。这样一来，他不得不更尽心尽力地去求同，争取别人的赞同，为成功而奋斗。不是他的良心的召唤，而是未丧失与群体的紧密联系的感觉，给了他力量与安全感。

异化的另一个后果是普遍存在的有罪感。从根本上讲，我们的文化不是宗教文化，但是有罪感的存在却如此广泛和根深蒂固，确实令人惊讶。我们说，这种有罪感与加尔文教团的有罪感的主要区别在于这样一个事实：这种有罪感既不为人们所清楚地意识到，又不与宗教的罪孽观念有关。不过，只要剥去表皮，我们就可发现，人们为千百桩事感到内疚：工作得不够努力，将子女保护得太好——或保护得不够，给母亲做的事不够多，对借债人太心软，等等。人们为做了好事感到内疚，也为做了坏事感到有罪；情况似乎是，他们必须找些事出来，好让自己的内疚感有的放矢。

产生这么多有罪感的原因可能是什么呢？似乎有两大根源，两者就其自身而言虽然完全不同，却导致了同样的结果。其中之一也是产生自卑感的根源。没有同其他人一样，没有完全适应，这种想法使他感到自己没有达到那个大写的“它”的要求，因而是有罪的。有罪感的另一个根源便是人自己的良心。他意识到自己的天赋——有能力去爱，去思考，去笑，去哭，去怀疑，去创造；他感到他的生命是他得到的唯一的机会，如果他失去了这个机会，他就失去了一切。他生活在他的祖先想象不到的舒适安逸的世界中——但是，他意识到，在追求更多的舒适的过程中，他的生命正像流沙一样从他的指间溜走。他无法不为这种浪费、这种机会的丧失感到有罪。两者相比，人们更少意识到后一种有罪感，但两者相互促进，相互提供支持。于是，异化了的人感到有罪——既为他是他自己，又为他不是他自己；既为他是一个活生生的人，又为他是一部机器；既为他是一个人，又为他是一件物。

异化的人是不快乐的。花钱游乐能让他不去想自己的不快乐。他一方面设法节省时间，一方面却又急于打发掉这节余下来的光阴。看到又一天结束了，没有失败，没有令人羞耻的事，他感到高兴，而不是满怀热情地去迎接新的一天，因为这种热情只有在体验到“我就是我”时才能产生。他缺乏那种源于与世界的创造性联系的不间断的活力流。

他没有信仰，听不见良心的呼声；有操纵的智力，却没有多少理性。他感到困惑，不安，不管谁，只要能给他一个完整的解决方案，他就心甘情愿尊这个人为领袖。

我们是否可以将这幅异化的图景同任何一幅已有的精神疾病的图景联系起来？ 要回答这个问题，我们必须记住，人有两种方式将自己同世界联系在一起。一种方式是，他看世界是因为他需要看它，以便支配或利用它。从根本上讲，这是感官经验和常识经验。为了生存，我们的眼睛看见我们必须看见的，耳朵听到必须听到的；我们的常识对于事物的理解指导着我们的行动。感官与常识都服务于生存。就感官与常识以及建立在它们之上的逻辑来看，事物对所有人都是一样的，因为人们运用事物的法则相同。

人的另一种能力可以说是从内部去看事物。这是一种主观的审视，由**我的**内心体验、感情及情绪所构成。①十位画家画一棵树，在一种意义上，他们画的是同一棵树；在另一种意义上，他们画的是十棵树。每一棵树既是同一棵树又表达出每一位画家的个性。在梦中，我们完全是从我们自身之中看世界；世界失去了它的客观意义，变成了我们自己的纯粹个人的经验的象征。一个醒着做梦的人，也就是说，只能接触到自己的内心世界、无法客观地感知外部世界的人，是神经错乱的人。而如果一个人只能

① 关于这一点的更详尽的讨论请参阅 E. 弗洛姆的《被遗忘的语言》一书，莱因哈特出版公司，纽约，1952 年。

像照相一样体验外部世界，同自己的内心世界、同自己没有什么联系，那么他就是异化了的人。精神分裂与异化是相互补充的。两种形式的疾病的患者都缺失了人类经验的一个方面。如果一个人有这两方面的经验，我们就可以说这个人是具有创造力的人，他的这种创造力来自于他的内在和外在的认知形式之间的对立与统一。

我们对当代人的异化特征所作的描述多少有些片面，因为我们还没有提及许多积极的因素。首先，人本主义的传统仍然有生命力，非人的异化过程并没有摧毁这一传统。除此之外，有迹象表明，人们愈来愈对他们的生活方式感到不满和失望，他们力图唤回一些他们失去的自我感与创造力。成千上万的人走进音乐厅或收听电台的音乐节目，越来越多的人画画，栽花种菜，建造自己的小船或房子，热衷于各种“自己动手”的活动。成人教育越来越普及，甚至商业领域的人也日益意识到，一个经理不仅要有智力，更应具备理性。①

尽管所有这些趋势是有前途的和真实的，却并不足以证明很多非常老练的作者所持的态度是正确的；他们声称，对我们的社会所作的批评，比如我在此处所提出的，都是过时的老生常谈，我们已经越过了异化的顶峰，正朝着一个更好的世界前进。这种乐观主义尽管十分吸引人，却只是一种更精致的为现状辩护的形式，把对美国生活方式的赞颂转变成了一种文化人类学的概念，这种人类学原先由马克思和弗洛伊德所丰富，现在已经“超越”了他们，它要人放心，没有必要真正着急。

---

① 这种新趋势的一个令人印象深刻的例子是宾夕法尼亚大学的莫尔斯·佩卡姆和雷克斯·克劳福德教授为贝尔电话公司的初级管理人员举办的文学和哲学讲座。

第六章　其他各种诊断

十九世纪

我们在前一章中对当今西方文化的病症所下的诊断并不是什么新东西。为了对问题作进一步的了解，这份诊断唯一的主张是尝试把异化概念实际地应用到各种可观察到的现象中，并且将异化的病症与人本主义的人性及精神健康概念联系起来。事实上，最引人注目的是，早在十九世纪，那些今天看起来十分明显的症候还未完全显露出来之时，就有许多思想家对二十世纪的社会提出了批评性的看法。同样引人注目的是，他们作出的批评性论断和预测相互之间有许多共同之处，与二十世纪的批评家的见解也有如此多的相通之处。

持迥然不同的哲学和政治观点的人都预言，二十世纪将会陷入堕落、野蛮的状态。瑞士的保守派人士伯克哈特、俄国的宗教激进派人士托尔斯泰、法国的无政府主义者蒲鲁东及其保守的同胞波德莱尔、美国的无政府主义者梭罗及其稍后的更具有政治头脑的同胞杰克·伦敦，以及德国革命家卡尔·马克思——他们在严厉批判现代文化这一点上是一致的。他们之中的大多数人预见到一个野蛮的时代有可能来临。马克思的预言较为温和。他假设，社会主义有可能，甚至有很大可能会代替野蛮。伯克哈特从他的保守观点出发，带着瑞士人坚决不为华丽言辞和虚饰魅力所惑的固执，在一八七六年的一封信中写道，欧洲也许还能享受几十年的太平日子，然后会在一系列可怕的战争与革命的推动下变成一个新的罗马帝国，形成一种军事与经济的专制主义：“二十世纪可能什么都有，就是没有真正的民主制度。”一八七二年，他在给一位朋友的信中写道：

我有一种预感，尽管听起来有些愚蠢，但它却时时萦绕在我的心间：军事国家必定会成为大工业家。人们聚集在大工厂里不会永远是因为他们的贪婪和需求；必然的结果将是：规定的工作量，相应的提升，统一的制服，日复一日，伴随着鼓声上班下班……可以预见，人们会长期自愿服从独裁的领袖和篡权者。人民不再相信原则，但有可能会周期性地相信救世主。由于这个原因，权威将在欢乐的二十世纪抬头，这将是一次恐怖的抬头。①

伯克哈特对于类似法西斯主义和斯大林主义的制度的预言与革命家蒲鲁东的预言并没有太大的差别。关于未来将面临的威胁，蒲鲁东写道：

……集中民主看起来似乎是建立在群众专政的基础上，但是，在这种制度下，群众所拥有的权力并不比依据下述出自古代专制主义的格言与原则维持一种总体上的奴隶制度所需要的权力大多少。这些格言和原则包括：公众权力不可分割，所有消费集中化，有系统地摧毁所有个人的、团体的、地方的思想（这些思想被看做是分裂性质的），以及审判官似的警察……

---

① J. 伯克哈特：《书信集》，F. 卡普兰编辑，莱比锡，1935 年，参见 1872 年 4 月 26 日、1882 年 4 月 13 日、1899 年 7 月 24 日信件。

他写道：

我们不应当再继续欺骗自己了。欧洲厌倦思想和秩序；欧洲正在进入一个推崇强力、蔑视原则的时代。

他接着写道：

然后，六个大国的大战即将开始。……杀戮将降临，大屠杀之后的衰败将是可怕的。有生之年我们将看不到新时代的杰作，我们将在黑暗中奋斗；我们必须尽到自己的职责，做好准备忍受这样的生活而不满怀忧伤。让我们互相帮助，在黑暗中互相呼唤，随时随地，一有机会就伸张正义。

最后，他写道：

今天，文明正面临危机，这种情况在历史上只出现过一次——就是导致基督教产生的那一次危机。一切传统都已破败，所有信条也已废弃，而新的纲领尚未形成，我的意思是说，新的纲领还未进入群众的意识。我称之为“解体”。这是社会生活中最严峻的时刻……我不存有幻想，也不企望某天早晨醒来，就看到自由奇迹般地在我们国家复活……不，不，是衰败，衰败将会持续多长时间，我无法确定，至少会持续一代或两代人——这是我们的命运……我将只能看到邪恶，我将在这黑暗之中死去。①

① 转引自 E. 多朗：《蒲鲁东》，伽里玛出版社，巴黎，1948 年，第 96 页及其后。

伯克哈特和蒲鲁东预言十九世纪的文化将会导致法西斯主义和斯大林主义（杰克·伦敦于一九〇七年在他的《铁蹄》一书中更明确地重申了这一预言），而其他人则集中分析了当代社会的精神贫困和异化现象。他们认为，精神贫困和异化现象必定会导致日益增强的非人性化及文化的堕落。

像波德莱尔和托尔斯泰这样截然不同的两位作家竟然也有十分相似的论述。一八五一年，波德莱尔在题为《引信》的一些片段文字中写道：

世界日渐接近末日。它能持续更久只有一个原因：它的存在是个偶然。但是，同所有那些预示相反结局的因素相比，这个理由是多么软弱无力，尤其当我们面对“现在会给将来的人类世界留下什么？”这个问题时，情况更是这样。假定世界将在物质上继续存在下去，这种存在称得上存在么？堪配在史书上占一页么？我不是说世界将会倒回到充满鬼怪的状况及类似南美诸共和国的混乱状态；我也没有说，我们应当回复到原始野蛮状态，手持长枪，穿过野草覆盖的文明废墟去猎取食物。不，这样的冒险活动也需要某种活力，需要仿效原始时期的精神。我们将举出另一个例子来说明精神和道德法则的不可抗拒性，我们将成为这些法则的新的牺牲品！**我们所认为的我们赖以生存的东西将使我们毁灭**。技术统治将会使我们美国化，进步将会使我们精神贫乏，以至于空想主义者那些嗜血的、轻浮的或者不自然的梦想中没有什么东西能和那些明确的事实相比。我诚恳地希望哪一位思想家能向我表明，生活还有什么内容。宗教！谈论宗教或者寻找它的残迹都徒劳无益；人们甚至有闲心否定上帝的存在，这真是耻辱。私人财产！严格说来，随着长子继承权的中止，私人财产也被废除了。然而，会有那么一天，人类将像复仇的食人生番一样，从那些自诩为革命继承者的人身上撕下最后一块皮肉。而且，这甚至还不是最坏的情况……总的崩溃不仅仅或特别表现在政治机构或总体的进程中，或者还有其他什么合适的名字；它首先表现为人心的堕落。我可否再加一点？那剩下的一点点社会性将很难抵抗横扫一切的残暴行为。为了维持自身的地位，以及制造出一种虚假的秩序，统治者将毫不留情地采取那些会使我们这些已经麻木不仁的人不寒而栗的措施。①

几年之后，托尔斯泰写道：

中世纪的神学或罗马人对道德的败坏仅仅毒害了他们自己的人民，人类的一小部分；而在今天，电力、铁路、电报却宠坏了整个世界。人人都把这些东西变成他们自己的，他们忍不住要这么做。人人都以相同的方式受罪，在相同的程度上被迫改变自己的生活方式。大家都必须背叛那对他们的生命来说最重要的东西——对生命本身的理解，即宗教。机器——用来生产什么？电报——发送什么？书籍、报纸——传播什么样的消息？铁路——到什么人那里去？到哪里去？数百万人如牲畜一样聚集在一起，屈从于最高的权力——为了达到什么目的？医院、医生、药店，尽力延长人的寿命——为了什么？个人和整个民族多么易于把他们所谓的文明当成真正的文明！完成学业、保持指甲清洁、穿衣服、理发、去国外旅行，这样一来，人就成了最文明的人。至于民族，则需要尽量多的铁路、学院、工

① 转引自 K. 勒弗特：《历史的意义》，芝加哥大学出版社，1949 年，第 97、98 页。

厂、战舰、堡垒、报纸、书籍、政党、议会。如此，民族也就成了最文明的民族。因此，相当多的个人和民族对文明感兴趣，但却对真正的启蒙不屑一顾。前者易行，人人赞同，而后者则需要下真工夫。后者总是受到多数人的蔑视和憎恨，因为启蒙揭露了文明的谎言。①

梭罗对现代文化的批评没有上述作者那样激烈，但同样十分清楚。他在《无原则的生活》（1861 年）②中写道：

我们来考虑一下我们度过一生的方式。这个世界就是一个商业经营场所。永无休止的喧闹！几乎每天晚上我都被火车机车的喷气声吵醒。火车打断了我的梦。没有安息日。偶然看到有人悠闲自在，那真令人愉快。整天除了工作还是工作。我很难买到一本可以记录我的思想的空白簿子，因为簿子上大多画了表格用来记录元、角、分。一个爱尔兰人看见我在田间记笔记，就以为我在算我的工资。如果一个人在儿时被人抛出窗户，因而成了跛子，或者被印第安人吓到，成了傻子，人们为他感到遗憾，主要是因为他丧失了“工作”能力！我想，世上没有什么事，甚至包括犯罪行为，会比永无休止的工作更加敌视诗、哲学，以及生活本身的了。……

如果一个人因为喜爱森林而每天有一半时间在林子里晃荡的话，他就要冒被人认为游手好闲的危险；而如果他是一个投机商，砍去这

---

① 转引自 K. 勒弗特：《历史的意义》，芝加哥大学出版社，1949 年，第 99 页；以及《托尔斯泰的逃亡及死亡》，R. 非勒普-缪勒与 F. 埃克斯坦编，柏林，1925 年，第 103 页。

② 《袖珍梭罗文集》，卡尔 · 博德编，海盗出版社，纽约，1947 年，第 631-655 页。

些树林，搞得这片土地过早地一毛不长，他就会被尊为勤奋、有事业心的公民。这就像一个城镇对它周围的森林的兴趣只在砍伐取材而已！……

赚钱的方法几乎无一例外会导致堕落。**只是**为了赚钱而做事是十足的虚度光阴或者更糟，如果劳动者除了工资之外一无所获，他就是受人欺骗或自我欺骗。如果你想靠写作或讲课赚钱，你就必须讨众人的喜欢，而这样一来，你就是在垂直下坠……

劳动者的目的不该是谋生，找个好工作，而应当是干好一件工作。即便就金钱而论，对一个城镇来说，实惠的做法也应是付给劳动者优厚的工资，使他们不至于感到自己是为了卑下的目的而工作，比如，仅仅是为了活命，而是为科学的甚至道德的目的而出力。不要雇用只是为了钱而做事的人，而应当选用那些热爱这项工作的人……大多数人谋生或者说生活的方式都仅仅是权宜之计，一种对生活的真正职责的逃避——主要是因为他们不知道还有什么更好的方式，但部分原因是他们不想追求更好的方式……

梭罗总结道：

美国被视做一个为自由而战的战场，当然，这里所说的自由不仅仅是政治意义上的。即使我们承认美国人已经把自己从政治暴君的统治下解放了出来，他仍然是经济、精神暴君的奴隶。既然公共事务（res-publica）已经安顿好了，现在该来看顾私人生活（res-privata）了，正像古罗马元老院向它的执政官指示的那样：应当确保私人生活不受损害（ne quid res-privata detrimenti caperet）。

我们不是把这个国家称作自由之邦么？脱离乔治王的统治却又继续做偏见的奴隶，这又算什么呢？生来自由，却又活得不自由，这又算什么呢？如果不能作为实现精神自由的一种手段，政治自由的价值何在？我们夸耀的是什么：是做奴隶的自由，还是当自由人的自由？我们是政客之国，关心的只是保卫自由最表层的含义。也许我们的孩子的孩子会真正自由。我们课税不公平。我们中间有一部分人无人代表。我们对这部分人课税。我们供养军队，供养形形色色的傻瓜及下流之辈。我们以我们贫乏的灵魂来供养我们肥硕的身躯，直到后者将前者吞噬干净……

现在人们最关注的事，诸如政治、日常事务，确实是人类社会的重要机能，但是，这些应当像我们的身体机能一样，在不为人所觉察的情况下进行。它们是低于人类的，如同植物。我有时会朦朦胧胧地意识到这些机能与我的关系，就像人在生病时会觉察到一部分消化过程一样，这就是所谓的消化不良。这就仿佛一个思考者顺从地让造物的巨大砂囊搓磨自己。政治就好像社会的砂囊，充满了砂粒、小石子，而两个政党则是砂囊中相对立的两半——有时可能会分裂成四块，互相碾磨。因此，不仅是个人，国家也患有难治的消化不良症，你可以想象得到，这种病症表现得多么充分。因此，我们的生活不完全是一个遗忘的过程，而是，唉！在很大程度上也是一个存储的过程，存入那些我们本不该意识到，当然在醒着时也应无所察觉的事情。在朝霞灿烂的早晨，我们为什么不可以有时像消化良好的人那样互致早安，而总是要像积食难化的人那样互诉噩梦呢？这应当算不上苛求吧。

对十九世纪的资本主义文化做出最透彻诊断的人之一是社会学家 E.迪

尔凯姆。他既不是政治激进分子，也不是宗教革命家。他认为，在现代工业社会，个人和团体都不再能令人满意地发挥其功能，而是处于一种反常的状态，缺乏有意义、有组织的社会生活；个人越来越追求“一种无休止的运动，一种无计划的自我发展，一种没有价值标准的生活，在其中，幸福永远存在于未来，而不存在于任何当下的成就之中”。以全世界为其兜售目标的人类野心变得没有边际，人的内心充满了憎恶和“无止境的追求带来的徒劳感”。迪尔凯姆指出，经历了法国大革命的洗礼，只有**政治国家**这种集体组织存活了下来。其结果是，真正的社会秩序消失了，国家成了具有社会特征的唯一的集体组织形式。而个人，在摆脱了一切真正的社会束缚之后，却发现自己被遗弃，被孤立，从而消沉了下去。①社会也成了**一盘散沙**。②

二十世纪

现在再来看二十世纪。在二十世纪，人们对当代社会的精神健康状况的批评和诊断也存在显著的相似性，就像十九世纪的情况，尤其值得注意的是，这些批评和诊断来自持不同哲学和政治观点的人。由于我在下一章要分别叙述十九世纪和二十世纪的社会主义者的批评，这里的概述我便略去了他们之中的大多数。我在此要先谈谈英国社会主义者 R. H. 托尼的观点，因为这些观点在很多方面都与本书所表达的看法有关联。托尼在其经典著作《贪得无厌的社会》（最初以《一个贪得无厌的社会的病况》为名

---

① 埃米尔·迪尔凯姆：《自杀论》，费利克斯·艾尔坎出版社，巴黎，1897 年，第 449 页。

② 同上书，第 448 页。

出版）①中指出了这一事实：资本主义社会所依据的原则是人受物的支配。他说，在我们的社会中，

> ……即使是最审慎的人都承认是资本“雇用了”劳动力，这正像我们不信基督教的祖先所想象的那样，被他们尊奉为神的木头和铁块给他们带来了好收成，使他们打了胜仗。当人们开始谈论他们的偶像如同谈论有生命之物时，就会有人出来打碎这些偶像了。劳动力是由人构成的，资本是由物构成的；而物的唯一用途便是为人服务。②

他指出，现代工业工人不肯尽他的全力是因为，他没有参与到管理中，因而对工作缺乏兴趣。③他认为，改变道德价值观念是使现代社会摆脱危机的唯一出路：

> ［有必要］……给经济活动本身以恰当的位置，使之成为社会的奴仆，而不是主人。我们的文明所背负的沉重包袱，并不像很多人设想的那样，仅仅是工业产品分配不均，或者管理上的专制，或者分歧导致的怨恨情绪阻碍了社会的正常运转。工业生产本身已经取得了对人类兴趣的绝对控制权，这不是任何单一的兴趣，尤其不是生存所需的物质资料合适占据的地位。正如疑病症患者全神贯注于自己的消化活动，在开始生活之前就迈入了坟墓一样，工业化社会中的人们狂热地寻求致富手段以获得财富，却忽略了使追求财富的行为具有价值的那

---

① R. H. 托尼：《贪得无厌的社会》，哈考特-布雷斯出版公司，纽约，1920年。
② 同上书，第99页。
③ 同上书，第106、107页。

些目标。

经济问题所造成的烦扰既是区域性、过渡性的，又是令人反感、使人心烦的。这种烦扰在将来的人眼中会显得十分可悲，就像我们用今天的观点来看待十七世纪的宗教纷争一样；确实，经济问题给人带来的烦扰没有多少道理，因为这种烦扰所关注的事并不重要。它是一种病毒，使伤口发炎，使微不足道的擦伤转化成致命的溃烂。社会将无法解决工业所带来的折磨着它的特殊问题，除非它将病毒排除，并以正确的观察角度来看待工业本身。而要做到这一点，就必须重新调整社会的价值天平。应当把经济利益当成生活的一个部分，而不是生活的全部。社会应当促使其成员放弃不劳而获的机会，因为拼命追求这种机会会使整个社会患上狂热病。社会必须这样组织工业：强调经济活动只是手段，使经济活动从属于它的社会目的。①

埃尔顿·梅奥，当代美国最杰出的研究工业文明的学者之一，与迪尔凯姆持同一观点，虽然相比之下梅奥的观点要稍稍谨慎一些。梅奥说道：

确实，社会的无组织问题及其造成的**社会反常状态**在芝加哥可能比在美国的其他地方更为突出。可能这个问题对美国来说又比对欧洲更迫切。不过，这只是一个社会发展的顺序问题，最终会波及到全世界。②

---

① R.H.托尼：《贪得无厌的社会》，哈考特-布雷斯出版公司，纽约，1920年，第183、184页。

② E.梅奥：《工业文明中的人的问题》，麦克米兰出版公司，纽约，1933年，第125页。

梅奥在讨论现代人对经济活动的关注时说道：

> 两百年来，我们在政治、经济研究方面倾向于只考虑与生计有关的经济功能，因而在实际生活中，我们也不知不觉地由着追求经济发展的力量牵着我们走，将我们带入一种社会全面解体的境地……一个人所做的工作可能代表着他最重要的社会功能，但是，除非他所生活的社会是一个整体，否则他根本无法评估他的工作。迪尔凯姆对十九世纪的法国所作的研究的结论看来也适用于二十世纪的美国。①

梅奥对霍桑笔下的工人对待工作的态度作过全面的研究，在提到这一研究时，他给出了这样的结论：

> 工人和管理者不理解他们的工作的意义，不了解他们的工作环境，人们普遍感到自己无用，这不仅是芝加哥的特征，而且是文明世界的通病。个人对他自己的社会功能以及他与集体休戚相关——他在工作中与人合作的能力——的信念消失了，被毁掉了，这部分地是由于飞速发展的科学和技术所致。随着这些信念的消失，人们的安全感及幸福感也消失了，人们开始表现出迪尔凯姆所描述的那种对生活的过分要求。②

梅奥不仅同意迪尔凯姆所下的诊断的根本论点，而且还得出了这样的

---

① E. 梅奥：《工业文明中的人的问题》，麦克米兰出版公司，纽约，1933 年，第 131 页。

② 同上书，第 159 页。

批评性结论：在迪尔凯姆之后的半个世纪，人们致力于科学探索，对这个问题的理解进展甚微。他写道：

在物质和科学领域，我们一直认真地发展知识和技术，可是，在人及社会政治领域，我们却满足于随意的猜测和投机式的摸索。①

他接着说道：

……我们面对着这样的事实：在人类的理解力和控制力这一重要领域，我们不了解事实及其性质；我们在管理和社会调查中所采取的机会主义态度使得我们什么也干不了，只是眼睁睁地看着灾难越来越多……因此，我们被迫坐等社会有机体自行恢复其功能或自己灭亡，而拿不出有效的药方。②

他还专门谈到我们的政治理论落后的问题：

政治理论在很大程度上倾向于将理论同其历史来源相联系，而没有对不断变化的社会结构进行持续、有力的探寻。与此同时，社会环境、文明人的实际处境都经历了各种各样的变化，因而仅仅宣扬古代的规则听起来就会空洞无物，不能使任何人确信。③

---

① E.梅奥：《工业文明中的人的问题》，麦克米兰出版公司，纽约，1933年，第132页。
② 同上书，第169、170页。
③ 同上书，第138页。

F. 坦南鲍姆是另一个对当代社会情况作过深刻研究的学者。尽管坦南鲍姆强调工会的中心作用，而托尼所坚持的社会主义主张工人直接参与管理，但他得出的结论与托尼的结论并不冲突。在总结他的“劳动的哲学”时，坦南鲍姆写道：

> 上一个世纪的主要错误是认为一个社会整体可以在经济动力和利润的基础上建立起来，工会证明了这是一个错误的观点。工会再次表明，人不是单靠面包就可以活下去。因为大公司只能提供面包和糕饼，所以它无法完全满足美好生活的需要。工会将公司纳入它的自然“社会”，即工会所团结的劳工大军中，工会赋予公司任何真正的社会都具有的意义，这些意义使人在走过人生旅途时揣着些理想主义的种子。如此一来，尽管工会有种种缺点，却有可能拯救公司，使其保持高效率。靠扩展经济动力的办法绝不会使公司具有这些意义。公司要想生存，就必须在世界上扮演起一个道德角色，而不仅仅是一个经济角色。由此看来，工会对公司经营管理机构的挑战是有益健康、很有前途的。这是拯救我们的民主社会以及当代工业制度的价值观念的一条——也可能是唯一一条——可行的出路。从某种意义上讲，公司和它的劳工应当成为一个团结的整体，而不再是一个分裂的、老是争斗的家庭。①

刘易斯·芒福德的著作中有许多观点与我的观点相同，他在谈论当代

---

① 弗兰克·坦南鲍姆：《一种劳动的哲学》，阿尔弗雷德·A. 克诺夫出版公司，纽约，1952 年，第 168 页。

文明时说道：

我们对当代文明可以提出的最极端的批评是：除了人为的危机和灾祸之外，它根本就引不起人们的**兴趣**……

这样的文明最终只能造出群体的人：不会选择，不会自发、自主地活动；至多只能可悲地对单调的工作表现出耐心，显得温驯、守纪律；而随着选择愈来愈少，他们变得愈来愈不负责任；最终，他们会成为主要由条件反射支配的生物，对现代商业的广告代理及销售组织或者极权或半极权政府的宣传和计划机构而言——纵使不完全是那样——这是最理想的类型。对这类人最好的赞词是："你们从不添麻烦。"他们最大的德性是："他们从不惹祸冒险。"这样的社会最终只会产生两种人：制约者和受制者，主动的和被动的野蛮人。《推销员之死》①揭露了这张由虚假、自欺和虚无编就的网，这大概便是该剧深深打动美国都市观众的原因。

这种机械性的混乱状态显然不能自行长久维持，因为它公开冒犯和侮辱了人的灵魂；这种机械性系统愈是控制得紧，愈是有效，人的反抗就愈顽强。最终，它将导致现代人盲目地反叛、自取灭亡或重生；到目前为止，人们还是以头两种方式行事。根据这种分析，尽管我们目前所面临的危机由于某种不可思议的原因还没有造成近代史上出现过的那种更直接的崩溃，但这种危机却是我们的文化所固有的东西。②

① 《推销员之死》是当代美国著名戏剧家阿瑟·米勒的名剧。——译注。

② 刘易斯·芒福德：《生活行为》，哈考特-布雷斯出版公司，纽约，1951 年，第 14、16 页。

A. R. 赫伦是资本主义制度的坚定支持者，他的写作倾向比上述那些作家的要保守得多，尽管如此，他也得出了在根本上与迪尔凯姆和梅奥极其相近的结论。他的书《人为什么要工作》曾入选纽约管理人员读书俱乐部一九四八年推荐书目。在这本书中，他写道：

> 如果我们描绘出一幅大批工人由于感到厌倦、无用，以及受到挫折而集体自杀的场景，那将是十分荒诞的。但是，如果我拓展自杀的概念，使之不仅指结束肉体的生命，那么，这种景象就不会显得荒诞了。人如果心甘情愿过一种没有思想、没有雄心、没有自尊、没有个人成就感的生活，那么，他就已经接受了人类生活所特有的那些属性的死亡。用躯体占有办公室或工厂的一方空间，按照他人制定的方案行动，使用自己的体力，或者运用蒸汽动力或电力，凡此种种，就其本身，都不是人类的根本能力的体现。
>
> 现代技术对工人的处置最为有力地体现了对人的能力的这种片面的要求。经验证明，有些工作——这类工作数量惊人——不可能为一般人或聪明过人的人所乐意接受。大量智力水平较低的人需要工作的说法并不是一个好的回答。经理同政治家、牧师、教育家都有责任来提高我们大家的智力。我们将一直在民主政体的支配下生活，这种民主政体是人作为人参加选举所产生的，这里所说的人包括那些天生智力水平较低的人或者那些潜在的思想和精神发展受到阻碍的人。
>
> 我们绝不应抛弃我们通过技术、大规模生产以及专业化分工所获得的物质利益。但是，如果我们的工人阶层不能通过干有意义的工作获得满足感，我们将永远实现不了美国的理想。如果我们不利用政府、教育和工业的一切手段来提高我们的统治者——即千百万普通男人和妇女——的能力，我们也不可能保持住这些理想。企业管理机构

应承担的任务是给工人提供工作环境，使每个工人能发挥其创造本能，充分运用他那天赋的思考能力。①

听了这么多不同的社会学家的议论之后，在结束本章之前，让我们来听听三位不是社会学家的人的看法，他们是 A. 赫胥黎、A. 施韦策和 A. 爱因斯坦。赫胥黎对二十世纪的资本主义的控诉包含在他的著作《美丽的新世界》之中。在这部小说（1931 年）里，他描绘了一个自动化的世界。这个世界显然是精神不健全的，不过它同一九五四年的现实只是在细节和程度上有所不同而已。他认为，唯一的选择是像野蛮人那样，在生育崇拜和残酷祭祀参半的宗教信仰中生活。

在该书新版（1946 年）的前言中，他写道：

假定我们可以从广岛事件中学到的东西同我们的祖先从马格德堡②得到的启示一样多，那么，我们可以期望等到一个虽然没有真正的和平，但最多只有有限战争及局部破坏的时期。我们可以设想，在此期间，原子能被用在工业生产之中。很明显，结果将是一系列空前迅速和全面的经济与社会变化。人类生活的一切现存模式都将瓦解，人们将不得不杂凑出新的模式去适应原子能的非人的事实。核子科学家就像披着现代外衣的普罗克拉斯提斯③，将为人类准备一张非睡不

---

① A. R. 赫伦：《人为什么要工作》，斯坦福大学出版社，1948 年，第 121、122 页。

② 这里赫胥黎指的是新教教会于十六世纪后半叶在德国马格德堡编写出版的一部基督教史，这部巨著因地得名，叫做《马格德堡的世纪》，也叫《基督教史》，重新叙述了直到十三世纪末的教会史。——译注

③ 普罗克拉斯提斯，希腊神话中开黑店的强盗。传说中，他劫人之后会将人放在铁床上，如果此人睡在床上超过了床的长度，他就砍去过长的部分；如果是矮人，他就强行将人拉长，使其与床长相齐。——译注

可的床；如果这张床有些不合适，那么，对人类来说就太糟了，少不了有些人要被拉长，有些将被削短。自从应用科学真正走上轨道以来，人们就一直在干这种拉长、削短的事，只是这一次比过去更剧烈罢了。这些远远说不上无痛的手术将在高度集中化的极权政府的指导下进行。情况必然会是这样；因为最近的将来很可能与最近的过去相似，而在最近的过去，在大规模生产的经济中，在人们普遍没有财产的情况下，急剧的技术变化总是会造成经济和社会混乱。为了对付这种混乱，权力便集中起来，政府的控制也加强了。世界各国的政府甚至在控制原子能之前就完全或部分地极权化了，这种情况看来是极可能的，而在控制原子能之时或之后，则是毫无疑问的了。**只有大规模且深得人心的抵制极权的运动及自助可以阻止现在这种集权的经济统治的倾向**。但现在还没有迹象表明这种运动会发生。

当然，新的专制主义没有理由应该同旧的一样。靠棍棒、行刑队、人为的饥荒、大规模囚禁以及集体流放的方式来统治，不但算不上人道（如今已经没有人关心这一点了），而且也明显效率太低——而在技术高度发展的时代，缺乏效率就是犯了违背神灵的罪。真正效率高的专制主义国家会是这样：掌握全权的政治大老板以及他手下众多的经理控制着一群奴隶，对这群奴隶用不着施加什么压力，因为他们喜欢奴隶的地位。让奴隶们喜欢这种地位就是现今的政府分配给宣传机构、报纸编辑以及学校教师的任务。不过，他们的方式却仍然十分拙劣而且不科学。耶稣会教士夸口，即使只有孩童的教育程度，他们也能应对成人的宗教问题，那是妄想的产物。现代学究在训练学生的反射习惯方面大概比神父们教育伏尔泰更缺乏效率。宣传的最大成功不是靠做什么，而是靠抑制做什么来取得的。真理伟大，然而从实用的观点出发，对真理保持沉默更伟大些。干脆不提某些事情，在群众与地方行政官员认为不好的事实或争论之间拉下丘吉尔所说的“铁幕”，专制主义的宣传家靠这些方法影响舆论比靠长篇大论的公开谴责、咄咄逼人的逻辑辩驳要有效得多。但是仅仅沉默还不够。如果要避免迫害、清算以及其他社会摩擦的症状，宣传的积极方面就必须同消极方面一样有力。未来最重要的“曼哈顿计划”将会是一项由政府资助的庞大研究，探讨政治家和参与此项研究的科学家所说的“幸福问题”——也就是说，探讨如何使人们喜爱其奴隶地位。没有经济上的保证，就不会有对奴隶地位的喜爱。为简明起见，我先假定掌握全权的老板以及他的经理们能成功地解决经济持久稳定这个问题。但是，这种保障很快就会变得有名无实。它的成就不过是一种表面的、外在的革命。要确立对被奴役的地位的爱，非得经过一场深入个人精神和肉体的革命。要发动这场革命，除其他条件外，我们还必须有下述这些发现和发明。首先是大大改进了的暗示技巧——由婴儿期开始训练，以后则借助于药物，如镇静剂。第二，一套完备的研究人类差异的科学，以使政府管理人员能在社会及经济等级体系中为任何既定的个人安排恰当的位置（干不合适的工作的人容易产生危害社会制度的想法，他们的不满情绪也会感染其他人）。第三（因为现实，无论多么不切实际，是这样一种东西，它使人感到需要更多的节假日），一种代替酒和其他麻醉品的东西，比杜松子酒或海洛因危害小而又能给人更多欢乐。第四（这可能需要连续几代的专制统治才能成功），一种简单易行的优生系统，目的在于使人类产品标准化，方便管理人员。在《美丽的新世界》中，这种人类标准化的做法被推向了荒诞——虽然并非不可能——的极端。虽然从技术上和思想上讲，我们距离试管婴儿和博卡诺夫斯基设想的半低能人团体还很遥远，但是六百年后，谁知道会发生什么事？与此同时，那个更快活、更稳定的世界的其他特征——人体细胞的替代物、睡眠教学法、科学的种姓制度——的实现大概不会超过三四代了。《美丽的新世界》中描述的性混乱状态似乎也不会太遥远了。在美国某些城市，离婚人数已经同结婚人数一样了。毫无疑问，不出几年工夫，结婚证书就会像养狗的牌照一样出售，有效期为十二个月，法律也不会禁止交换狗或同时养几只狗。随着政治、经济方面的自由逐渐减少，性自由会作为补偿而相应增加，而独裁者会大力鼓励这类自由（除非他需要炮灰，或者需要家庭去占据无人的或已被征服的土地，使之殖民化）。结合人们在药物、电影、广播的影响下做白日梦的自由，性自由的普及将有助于人们顺从自己的奴隶地位，这也是他们的命运。

考虑到所有这些因素，情况看起来似乎是乌托邦比人们在十五年前所设想的离我们近得多。我在前面是把乌托邦的实现推迟到六百年之后去了。今天看来，在一个世纪之内，令我们恐惧的事很有可能降临，如果在这期间我们没把自己炸成碎片的话。的确，除非我们选择消解中央集权，不是将应用科学当成目的，把人当成手段，而是将它当成造就自由族群的手段，否则我们将只有两种选择：第一种，许多民族的、军事的集权国家出现，这些国家的根基是原子弹恐怖，随之而来的是其文明的毁灭（或者，如果战争被抑制，结果会是持续的军国化）；另外一种选择是，社会混乱带来的超国家的集权主义。普遍的技术的快速进步，特别是原子能革命，造成了这种社会混乱状态，出于效率及稳定的需要，这种状态会发展成乌托邦式的福利暴政。你付钱，然后任你选择。①

阿尔伯特·斯韦策②和阿尔伯特·爱因斯坦大概是最能代表西方文化的知识和道德传统的最高发展成就的人了，关于当今的文化，他们是这样说的。

斯韦策写道：

> 必须悄悄地、不引人注目地创造一种新的公众舆论。现在的公众意识是靠报纸、宣传、组织、经济影响以及其他可用的影响手段来维持的。应当用自然的方式来反对这种不自然的思想传播方式，所谓自然的方式是指以人为载体进行传播，完全依赖于我们的思想中的真理以及听者对新的真理的接受情况。这种新的舆论没有什么披挂，遵循人类精神的原始、自然的斗争方式，必定会击败披着沉重的时代甲胄的现代舆论，就像大卫杀死哥利亚一样。③
>
> 这场必定到来的斗争是史无前例的。毫无疑问，过去也曾经有过自由思想的个人同整个社会的被束缚的精神作斗争的事，但是斗争的规模绝没有今天这样大，因为像如今这样集体精神被现代的组织、现代的缺乏反思以及现代的普遍狂热所束缚的情况是前所未有的。
>
> 今天的人有力量去完成那精神给予他的而时代意欲阻拦的使命吗？

---

① A·赫胥黎：《美丽的新世界》，先驱文丛，伦敦，1952年，第11-15页。

② 阿尔伯特·斯韦策（1875—1965），法国哲学家、医生及音乐家，曾获1952年诺贝尔和平奖。——译注

③ 据希腊神话，巨人哥利亚是被大卫用小石子射死的。——译注

过分组织化的社会千方百计将人控制住，他必须再次成为独立的人，反过来影响社会。社会必定会用各种方法使人处于一种适合社会要求的没有人格的境地。社会害怕人格，因为精神和真理在人格中找到了表达自身的方式，而精神和真理正是社会想封锁的东西。不幸的是，社会的力量与社会的恐惧感一样强大。

可悲的是，社会作为一个整体同它的经济条件结成了联合战线。残酷无情的经济条件使现代人很容易成为没有自由、缺乏镇定、没有独立性的存在，一句话，成为充满缺陷以至缺乏人的品质的人。这些条件是我们最难以改变的东西。即使我们假定精神会起作用，我们也只能十分缓慢地、逐渐地获得力量来克服这些因素。事实上，这是在向意志要求我们的生活条件不允许的东西。

精神所承担的责任是多么沉重啊！它得创造出一种能力来理解真正的真理，而现在流行的真理不过是宣传家口中的真理罢了。它得抛弃低级的爱国主义，而推崇以适合全人类的目标为其目标的高尚的爱国主义；在某些地区，过去和现在的政治活动中那些令人失望的事件使得那些在内心深处很愿意挣脱民族主义情绪的人心中充满了这种情绪，正是在这些地方应推崇高尚的爱国主义。精神必须使人们重新认识到这样一个事实，文明是全人类的利益之所在，而不是像今日某些地方的情况那样，民族的文明被当成偶像来崇拜，人类共同的文明的观念变得支离破碎。精神必须使我们保持对文明国家的信念，虽然我们的现代国家在精神和经济上遭到战争的蹂躏，没有工夫来考虑文明的任务，不敢注意其他任何事情，只是一味钻研如何用尽一切办法——甚至包括那些危害正义概念的手段——来攒钱，以延长国家的寿命。精神必须用一个文明人的理念来团结我们大家；因为现代世界是这样一个世界：一个国家剥夺了其邻居所有关于人道、理想、正义、理智以及真理的信念，使得这些信念都为权力所控制，这些权力正在把我们愈来愈深地拖入野蛮的泥淖。精神必须将注意力集中于文明，因为谋生的艰难使得群众愈来愈关心物质利益，愈来愈把其他事情当成虚无缥缈的东西。精神必须使我们相信人类有进步的可能，因为经济因素对精神的反作用正一天天变得更有害，也使道德越来越败坏。当世俗的和宗教的组织机构以及被我们尊为领袖的那些人不断地使我们失望之时，当艺术家和学者用自己的言行表明他们支持野蛮行为之时，当那些被人当成思想家——自己也表现得像思想家——的显要人物在关键时刻显露出其本来面目不过是作家及学究之时，精神应当给我们还有希望的理由。

所有这些都是阻碍追求文明的意志前进的绊脚石。绝望的阴云笼罩着我们。对于希腊-罗马衰亡时代的人的处境，我们现在多么能够理解。他们在世事面前无力抗争，只得任世界自生自灭，缩回到了自己的内心世界。像他们那样，我们在生活的经验面前感到惶惑，像他们那样，我们听到了诱惑人的声音在说：唯一使生活尚可忍受的是活一天算一天。人们告诉我们，我们应当丢掉一切命运之外的非分之想，在顺从之中找个安身之地。

文明是建立在某种普世理论的基础之上的，只有在大部分人精神觉醒、愿意追求道德上的善时，才能得以恢复。这种认识迫使我们认清文明再生道路上为普通人所忽略的困难。与此同时，这种认识使我们超越了有关可能性的考虑。如果道德精神为文明成为现实提供了足够坚实的基础，如果我们重新回到一种合适的普世理论以及这种理论可能产生的信念，我们就会返回文明的状态。①

爱因斯坦在一篇短文《为什么要实行社会主义》中写道：

现在我已经找到了一个立足点来简要说明我们这个时代的危机的本质。这涉及到个人与社会的关系。个人已经比以往更多地意识到他对社会的依赖。但是，个人并不把这种依赖体会为一种积极的财产、一种有机的联系、一种保护性的力量，而是将其理解为对他的天生权力甚或他的经济生命的一种威胁。此外，他的社会地位使他性格中的自私本能日益加强，而他那就其本性而言较弱的社会本能则不断退化。每个人，不论其社会地位如何，都经历着这种退化过程。作为自我中心主义的尚不自知的俘虏，他们感到不安、孤独，不能再天真、单纯、质朴地享受生活了。人只有通过把自己奉献给社会才能找到那短暂而充满危险的人生的意义。②

① 引自阿尔伯特 · 斯韦策：《文明的哲学》，麦克米兰出版公司，纽约，以及 A & C 布兰克出版有限公司，伦敦。

② A. 爱因斯坦：《为什么要实行社会主义》，载于《每月评论》，1949 年第 1 期，第 9-15 页。

第七章　各种解答

在十九世纪，有洞察力的人看到，在繁华、富裕及政治权力的后面，西方社会正在经历一个衰败及去人性化的过程。其中一部分人认为这一朝向野蛮的转折是必然的，另一些人则认为还有选择的余地。不过，不管他们采取什么立场，他们的批评都是以宗教-人本主义关于人和历史的概念为基础的。他们不是相对论者——相对论者认为，只要社会正常运转，这个社会就是好的、健全的社会，只要个人适应他所在的社会，他就是精神健康的人。就伯克哈特、蒲鲁东、托尔斯泰、波德莱尔、马克思或克鲁鲍特金而论，他们关于人的概念从本质上讲是一种宗教的和道德的思想。人是目的，绝不能被当做手段；物质生产为人服务，而不是人为物质生产效力；生活的目的是施展人的创造力；历史的目标是把社会改造成受正义与真理所支配的社会——这些便是一切批判现代资本主义制度的人所依据的公开的或暗含的原则。

这些宗教-人本主义的原则也是建设较好的社会的基础。事实上，在过去两百年中，宗教热情主要体现在那些与传统宗教决裂的运动中。在教会中，宗教被当做一种推行教义的组织和行业；而怀有炽热的宗教情感、视宗教为活生生的信仰的崇奉者大多是反教人士。

为了使上述论断更充实，有必要研究西方基督教文化发展过程中所表现出来的某些突出特征。古希腊人认为，历史没有目标、目的或终结，而犹太-基督教的历史观念中特有的思想是：历史内在的意义是人的拯救。弥赛亚（救世主）象征着这最后的拯救；而救世主的时间乃是时间本身。但是，关于末日的本质为何，历史的目的何在，存在着两种不同的观念。一种将《圣经》中的亚当和夏娃的神话与灵魂拯救的观念联系起来。简言之，这种思想的核心就是，人在原初之时是与自然融为一体的。人与自然、男人与女人之间并不存在冲突。但是，人也缺乏最重要的人的特性，即没有分辨善与恶的能力。因此，人不能自由地做出决定和承担责任。人的第一次不顺从的行为也成了人的第一次自由行为，人类历史便由此开始，人被逐出了天堂，失掉了与自然的和谐统一，他被迫自主。但是，他还十分脆弱，理性还未充分发展，他抵制诱惑的能力还很弱。他不得不开拓他的理性，充分发展他的人性，以便重新与自然、与自身、与同胞和谐地结合在一起。历史的目标就是人之完全诞生及人性之充分发展。到那时，“世界将充满对上帝的认识，就像水充满海洋一样”。全世界将成为一个大家庭，刀剑将变成锄犁。按照这种观念，上帝并不给人什么恩赐，人必须经历许多错误和挫折，他犯罪并自食恶果。上帝并不给人解决任何问题，而只是向他揭示出生活的目的。人必须自我拯救，使自己成为人。人在历史的进程中自我发展。在历史终结之时，新的和谐和安宁①将被建立起来，对亚当和夏娃的诅咒也将被解除。

另一种关于拯救的观念主宰着基督教会，这种观念可表述如下：亚当违背了上帝的旨意，其结果就是人根本不能从堕落中自拔，只有上帝能通过赐福来拯救人，他以耶稣的形象显现，后者奉献出自身来拯救人类。人通过参与教会的圣事而成了这场拯救行动的参与者——

---

① 希伯来语中的 Schalom 一词兼有和谐和安宁两层意思。

从而得到上帝的恩惠。历史以基督的复活而告终——复活是超自然的而不是历史的事件。

这一传统在天主教会占支配地位的那一部分西方世界继续存在，但是在十八及十九世纪的欧洲其他部分和美国，神学却愈来愈失去其活力。同教会、教权主义的斗争构成了启蒙时期的特征，启蒙运动的进一步发展的特征即对所有宗教观念日益增长的怀疑以及最终的否定。不过，这种对宗教的否定只不过是表达旧的宗教热情的一种新的思想形式，就历史的意义和目的而言，尤其是这样。救世的思想在理性和幸福、人类的尊严和自由的名义下找到了一种新的表达形式。

在法国，孔多塞在《人类进步及人类精神历史纲要》（1793年）一书中为那种认为人类最终能实现自我完善的信仰奠定了基础。这种自我完善会开创一个理性和幸福的新纪元，并且这种自我完善将永无止境。孔多塞所要传达的要旨就是救世主的王国的到来，这一思想后来影响到了圣西门、孔德和普鲁东。法国大革命的热情实际上就是以世俗语言表达出来的救世的热情。

在德国的启蒙哲学中也出现了将神学的救世观念以世俗语言表达出来的情况。莱辛的《论人类的教育》一书对德国思想界的影响更深些，但也影响到了法国思想界。莱辛认为，将来会是理性和自我实现的时代，人类的教育会开创这一时代，从而实现《圣经》启示中所许诺的。费希特坚信精神上的太平盛世会到来；而黑格尔则相信在人类历史上能实现上帝的王国，从而把基督教神学转化成了今世哲学。马克思继承了黑格尔的哲学，这种继承具有十分深远的历史意义。同启蒙时代很多其他哲学家相比，也许可以说，马克思在用世俗语言表达宗教的救世思想这一点上表现得更为明显。过去的一切历史都只是“史前历史”，只是自我异化的历史；社会主义预告了**人类**历史、人类自由的开始。新世界的开端将表现为具有正义、友爱和理性的无阶级社会，过去的一切历史都在朝着这样一个世界行进。①

社会主义可说是人们在寻找消除资本主义罪恶的方法方面所作的最重要的尝试，本章的主要目的便是介绍社会主义思想。在这之前，我将首先简要地讨论一下极权主义的方法，以及另外一种可被称为超级资本主义的方法。

专制主义的偶像崇拜

法西斯主义、纳粹主义以及斯大林主义有一个共同点，就是给原子似的个人提供一个新的庇护所，一种新的安全感，这类制度是异化的极端形式。这类制度使每个人感到没有力量，微不足道，并且培养个人将自身全部力量投射到领导人物、国家、“祖国”身上，个人对这些投射对象必须服从，必须崇拜。人逃离自由进入了新的偶像崇拜的境地。个性和理性从中世纪晚期到十九世纪所取得的一切成就都成了新偶像祭坛上的牺牲。就其纲领和领导者而言，这类新制度的基础是公开的谎言。在纲领中，这类制度宣称要实现某种社会主义，而实际所做的却是否定社会主义这个词在社会主义的传统中所意味着的一切。这类制度的领导者的形象所强调的只不过是巨大的谎言和欺骗。墨索里尼，一个吹牛皮的懦夫，却成了男子气概与勇气的象征；希特勒，一个毁灭狂，反倒被吹捧为新德意志的缔造者；斯大林，一个冷血而野心勃勃的玩弄权术的人，被描绘成爱护人民的慈父。

不过，尽管这三种独裁形式有着共同之处，我们仍然不应该忽视它们

---

① 参照 K. 勒弗特：《历史的意义》，芝加哥大学出版社，1949 年，第 191 页及其后。

之间某些重要的差别。意大利是西欧强国中工业方面最弱的国家，虽然在第一次世界大战中是战胜国，但相对来说，仍旧是虚弱和无力的。意大利的上层阶级极不愿意进行任何必要的改革，尤其在农业方面，而意大利人民则对现状深感不满。法西斯作为一种医治受挫的民族虚荣心的药方应运而生。法西斯主义提出一些夸大的口号，将群众的不满情绪从原来的发泄对象上引开。与此同时，法西斯主义还试图把意大利转变成为一个更先进的工业强国。在所有的实际目标上，法西斯主义都以失败告终，因为法西斯主义从来没有认真尝试过解决意大利经济、社会的迫切问题。

与此相反，德国则是欧洲最发达、最先进的工业国家。法西斯主义至少还有经济功能，纳粹主义则连这一点功能也没有。军事上的失败、经济上的通货膨胀，尤其是一九二九年的经济大萧条引起的大量失业问题，使德国社会意志消沉。纳粹主义正是在这种情况下产生的，它是中下阶级、失业官员和学生的造反运动。不过，要是没有金融和工业资本的重要势力的积极支持，纳粹主义是不会成功的。这些力量之所以支持纳粹主义是因为广大群众对资本主义制度日益增长的不满情绪使他们感受到了威胁。在三十年代初期，德国国会中那些半真半假提出某种反资本主义制度的纲领的人占据了大多数席位。这一威胁导致德国资本主义的重要势力转而支持希特勒。

俄国则是德国的真正对立面。在工业上，俄国是欧洲列强中最落后的，刚从半封建的国家脱胎而来，尽管它的工业部门高度发达，高度集中。沙皇制度的突然崩溃留下了一方真空，于是列宁解散了除他所领导的力量之外唯一可以填充这一真空的力量——国民代表大会，希望能够直接从半封建的阶段跳到工业化的社会主义阶段。然而，列宁的政策也不是忽然产生的想法，而是他的政治思想的必然结果，这一思想在俄国革命爆发之前许多年就在孕育之中。同马克思一样，列宁相信工人阶级负有解放社会的历史使命，但他却不大相信工人阶级有足够的意志和能力自发地达到这一目标。他认为，工人阶级只有在一个由少数纪律严明的职业革命家组成的团体的领导下，只有如他所说的那样由这个团体推动着去实施历史的法则，革命才会成功，才可避免最终出现新的阶级社会。列宁所持的立场的关键点在于这样一个事实：他不相信工人和农民的自发行动——他之所以不相信他们是**因为他不相信人**。正是在这一点上，那些反自由的思想以及宗教观点与列宁的观念相一致；而另一方面，信赖人是历史上所有真正进步的运动的基础；这也是民主和社会主义的最根本的条件。相信**人类**却对**人**缺乏信心是不真诚的说法；若是真诚的，将导致我们在历史上所看到的那些悲剧：宗教裁判所、罗伯斯庇尔的恐怖政策，以及列宁的独断。许多民主社会主义者及社会主义革命家都看到了这种危险，而尤以罗莎·卢森堡看得最清楚。她警告说，人们将不得不在**民主主义**和**官僚主义**之间作出选择，俄国的发展证明了这种预见的正确性。卢森堡对资本主义进行了激烈的、毫不妥协的批评，同时，她又对人怀着深刻的、不可动摇的信念。她和古斯塔夫·兰道尔被德国反革命的士兵杀害之时，信赖人的人本主义传统也随之被扼杀了。正是这种不信赖人的思想使得独裁制度有可能征服人，并引导人去信仰偶像而不是相信自己。

就剥削而言，斯大林主义与早期资本主义完全一样。早期资本主义的残酷剥削虽然有国家机器的政治权力的支持，却未能阻止进步的新思想的产生。实际上，所有伟大的社会主义思想都诞生在这一时期。在这一时期，欧文主义得以兴盛，宪章运动也是在持续了十年之后才被镇压下去的。沙皇政府，欧洲当时最反动的政府，所采取的镇压手段也无法与斯大林时期相提并论。自从喀琅施塔得的叛乱遭到血腥镇压以来，俄国就再也没有任何进步。这种情况甚至只在资本主义早期最黑暗的阶段才出现过。在斯大林的统治下，苏维埃制度中所包含的社会主义因素丧失殆尽。二十世纪三十年代杀害布尔什维克老战士的做法不过是以戏剧化的方式最终表现了这一事实。从很多方面讲，斯大林的制度与欧洲资本主义的早期阶段相似，其特征是，急剧积累资本，残酷剥削工人；不同之处在于，政治恐怖取代了那些迫使十九世纪工人接受自己处境的经济法则。

超级资本主义

美国(以及法国)的一些工业家提出了另一套完全不同的思想来解决工业问题。这些工业家形成了一套可归纳为“利润共享工业委员会”的哲学，这套哲学在曾经当了三十八年林肯电气公司总经理的詹姆斯·F.林肯的《激励性管理》一书中得到了清楚明白的阐述。这些人的思想前提在某些方面使人想到上述那些对资本主义的批判。林肯写道：

> 工业家**只关注机器而忽视了人**，这些人是机器的创造者和研制者，并且显然还有更大的潜力。他无视这一事实：在他的工厂里，才能未得到发展的天才正干着体力活，他们既无机会也没有受到鼓励去发展自己，使自己成为天才，**甚或只是成为具有普通才智和技能的人。**①

林肯感到，工人对工作缺乏兴趣的情况造成了不满情绪，这种情绪不是导致工人生产率降低，就是导致冲突或阶级斗争。他认为，他提出的解

---

① J.F.林肯：《激励性管理》，林肯电气公司出版，克利夫兰，1951年，第113、114页。

决办法不是给我们的工业制度装潢门面，而是关乎资本主义存亡的大事。他写道：

> 在这件事上，美国走到了一个十字路口。美国必须作出决定，而且要快。大部分人对此不理解，但是他们必须作出选择。他们的选择决定着美国的前途及个体民众的命运。①

他采取了完全不同于资本主义制度的大多数卫道士的立场，批判了贯穿工业制度的利润动机。他写道：

> 在工业领域，公司制定了一系列细则，明确说出公司的经营目标是赚取“利润”，除此别无其他。不是股东就得不到利润分红，而且一般说来，为公司工作的人很少占有股份。只要这种情况存在一天，赚取利润的目标就不会激起工人的热情。这一目标将无法实现；实际上，工人感到，股东得到的利润已经够多的了。②
>
> 工人对那些关于偿付生产工具的经济理论感到怨愤，认为受到了愚弄，他们常常看到的是，高高在上的那些人无能又自私，从而浪费了生产成本。③

这些批评意见与很多批判资本主义的社会主义者的见解完全一样，是对经济事实和人的实际状况所作的一种冷静而又切合实际的评价。不过，这种态度所含的哲学却与社会主义思想完全相反。林肯确信，

---

① J. F. 林肯：《激励性管理》，林肯电气公司出版，克利夫兰，1951 年，第 117 页。
② 同上书，第 106、107 页。
③ 同上书，第 108 页。

> 只有在激烈的生存竞争中，个人才能得到发展。①
>
> 不论好歹，**自私是使人类成为现在这个样子的动力**。因而，要使人类进步，就得依赖并正确地引导这种力量。②

他进而区分了“愚蠢的”自私和“聪明的”自私，前者让人去偷，后者使人为了自我完善而奋斗，从而更加成功。③在谈到激励人工作的因素时，林肯表示，正像激励业余运动员的因素不是金钱一样，我们可以推论，金钱也不一定是激励产业工人的因素，其他诸如工时缩减、安全保障、资历、福利保险以及协商谈判等措施也一样。④他认为，唯一有力的刺激是“我们同时代的人及我们自己对我们的能力的认可”。⑤林肯把这些思想运用到实际中，提出了一种组织工业生产的方法，根据这种组织方法，

> 工人凡是做了有益的工作都应受到奖励，如果他做得没有其他工人那样好，就应受到惩罚。他就像一个球队队员，是得到奖励还是得到惩罚就看他在面对所有赢得这场球的机会时能做什么和做了什么。⑥

在应用这种组织系统时，

> ……评判一个人的表现的任务由所有熟悉这人所干工作的情况的专家来完成。他是得奖还是受罚依据的就是这种评判。这一做法类似

① J. F. 林肯：《激励性管理》，林肯电气公司出版，克利夫兰，1951 年，第 72 页。
② 同上书，第 89 页。
③ 同上书，第 91 页。
④ 同上书，第 99 页。
⑤ 同上书，第 101 页。
⑥ 同上书，第 109 页。

于球赛之后的详细总结或挑选全美球队的工作计划。最好的队员受到表扬，得到他当之无愧、梦寐以求的地位。根据这种奖励计划，一个人所得到的奖励与他对公司的成功所作的贡献成正比。这种对应关系十分明显。每个人根据他的现实表现得到提升或降级。对每一个人的评判一年搞三次。评判的结果决定他奖金的多少以及是否升职。被评判的人可以就评判依据及如何提高评判成绩提出任何问题，有关的执行人员须对这些问题作出详细解答。①

奖金的多少这样来决定：利润的6%作为红利分给股东；

分红之后，我们把发展公司的"种子基金"除开，"种子基金"的多少由公司经理依据公司的经营现状来定。②

"种子基金"用于扩大生产，更新设备。从利润中扣除这些开销之后，余下的部分就作为工人和管理人员分享的奖金。在过去十六年中，奖金总额与工资的比率为20%到28%，每个雇员的平均奖金为四万美元左右，即每年二千五百美元。除去奖金，所有工人得到一样的与工种相应的基本工资。林肯公司一九五〇年雇用员工的平均开销为七千七百零一美元，而通用电气公司的开销则为三千七百五十美元。③在这种制度下，拥有大约一千名工人的林肯公司一直非常昌盛，每一雇员的产品平均销售额约为电气机械行业的其他公司的两倍。一九三四年至一九四五年

---

① J. F. 林肯：《激励性管理》，林肯电气公司出版，克利夫兰，1951年，第109、110页。

② 同上书，第111页。

③ 由于奖金由工人和管理人员分享，我们很想知道，在这些平均数字中有多少是工资，其中付给高级管理人员及经理的又是多少，以及，通用电气公司的数字仅仅是指付给工人的，还是也包括公司管理机构的上层。

间，林肯公司的停工次数为零，而其他电气机械公司的停工次数则为十一次到九十六次不等。至于人员更替率，林肯公司仅为其他制造企业的25%左右。①

一方面，激励性管理所包含的原则与传统的资本主义经营原则迥然不同。工人的工资不再是与他的努力和工作成就不挂钩，而是密切相关。工人分享利润的增长，而股东得到的定期收入则与公司所赚的钱并无十分直接的关系。②公司的记载清楚地表明，这种制度使得工人的生产率得以提高，人员更替率降低，罢工不再出现。不过，虽然这种制度在一个重要方面不同于传统的资本主义观念和实践，却同时表现了传统的资本主义的某些最重要的原则，尤其是在有关人的方面。这一制度是以自私和竞争原则为基础，用金钱奖励来表示社会的承认，而且就工作对工人的含义而言，这一制度并未根本改变工人在工作过程中的地位。正如林肯反复指出的那样，这种制度的模式就是足球队，一群人与所有不属于本团体的人激烈竞争，本团体内的人相互之间激烈竞争，以这种竞争性合作的精神获得最终结果。实际上，激励性管理制度是资本主义制度最符合逻辑的结果。这种制度使每个人——工人、雇员乃至经理——都成为一个小小的资本家，助长每个人的自私和竞争精神，把资本主义改造成包罗全民族的制度。③

---

① J. F. 林肯：《激励性管理》，林肯电气公司出版，克利夫兰，1951年，第254页及其后。

② 不过，股东的收入也不是与企业盈利没有关系，因为从一九三三年到一九四一年间，每一股的红利从二美元增长至八美元，即平均增长了六美元。

③ 有相当数量的企业按照"利润共享工业委员会"的思想组织起来，这些企业在其经营管理中实行了或是更加激进或是较为保守的利润共享计划。下面这几段文字表达了这些企业所实行的原则：

"1. 委员会将利润共享计划定义为一种程序，在这一程序中，雇主根据个人和小组的工作情况以及公司整个业务的开展情况，除了付给雇员较高的固定工资外，还特别付给一定数量的现金或延期兑现的奖金。（转下页）

这种利润共享制度并不像它表面看上去那样，与传统的资本主义实践迥然不同，它不过是一种贴了金的计件工资制，对股东分红的份额考虑较少而已。尽管这种制度大肆谈论“把人看做人”，一切事情——工作定额、工人的奖金以及红利金额——仍旧都是由经理们独断决定的。根本原则是“分享利润”而不是“分担工作”。虽然这些原则不是什么新东西，但共享利润的概念却令人感兴趣，因为对于超级资本主义来说，这是最符合逻辑的目标。超级资本主义使工人感到他自己也是一个资本家，也是这种制度的积极参加者，从而克服了工人的不满情绪。

社会主义

除了法西斯主义或斯大林式的独裁主义以及“激励性管理”型的超级

(接上页)“2. 委员会把人视为经济生活中最根本的因素。自由公司的基础是人人都有机会最大限度地发挥个人的潜力。

“3. 委员会认为利润共享计划是一种重要的手段，使工人有机会同资本提供者及经营层合作，并分享由此而来的回报。

“4. 委员会一方面觉得利润共享本身是一种完全合理的原则，另一方面认为安排得当的利润共享计划也是发展集体合作、提高效率的最好办法。

“5. 委员会认为广泛推行的利润共享计划应当有助于稳定经济。灵活的补偿以及价格利润最好地保证了公司能随时适应情况变化，无论是有利的变化还是不利的变化。

“6. 委员会认为，只有当价格、工资及利润形成一种合理的关系时，稳定的繁荣才有保障。委员会相信，要使自由经济具有生命力，经营管理部门就必须承担起责任，监督这种关系是否在整个公司占据优势。

“7. 委员会所主张的最重要的一点是，切实可行的利润共享计划应当产生一种真正的伙伴精神。解决工业中的劳资对抗问题的唯一办法就是推广这种精神。根据其成员的经验，委员会确信，这种办法会得到众多工人的响应。

“8. 委员会致力于以各种实用的方式推广利润共享计划，与此同时，也不把这种计划当成一种万应良药。任何涉及工业关系的政策或计划只有在很好地适应了具体情况，只有在真心想公平管理，相信个人的重要性、尊严以及反应之时，才能成功。”

资本主义外，对资本主义的第三种重要反应和批评是社会主义理论。与成为政治和社会现实的法西斯主义和斯大林主义相比照，社会主义在根本上只是一种理论立场，尽管社会主义的政府在英国及斯堪的纳维亚半岛的一些国家的确统治了或长或短的时间。因为这些政府所主要依赖的力量太弱小，除了刚开始时做了些在很大程度上属于尝试的实现其纲领的工作，它们没有能力改造整个社会。

不幸的是，在笔者写作本书之时，“社会主义”及“马克思主义”这些词语已经遭到了人们如此带感情偏见的指控，以致于我们很难心平气和地来讨论这些问题。如今，一提起“社会主义”和“马克思主义”，西方很多人就会联想到“唯物论”、“无神论”、“流血事件”，或类似的东西——总之是坏的、邪恶的东西。只要意识到词语的含义在多大程度上会变换，并且考虑到在我们这个时代，合乎理性地思维也即客观地看待问题的态度日趋贫乏这一特点，我们就能理解这一反应了。

那些一听到“社会主义”和“马克思主义”这些词语就歇斯底里的人大多对社会主义和马克思主义无知到了令人吃惊的地步。这种情况助长了上述那种荒谬的反应。尽管事实上人人都可以读到马克思和其他社会主义者的著作，大多数对马克思主义和社会主义最感到愤慨的人却从未读过马克思写的一个字，而另外很多人只有一些极肤浅的了解。如果情况不是这样，那么，有点远见和理性的人似乎都不可能会将社会主义和马克思主义歪曲到如今这种地步。甚至许多自由派人士以及那些相对来说不那么歇斯底里的人也相信“马克思主义”的体系是建立在这样的思想基础之上的：对物质利益的兴趣是推动人的最积极的力量，马克思主义的目标旨在促进人对物质的贪欲并努力满足这种贪欲。只要我们提醒自己，记住为资本主义辩护的主要论点——对物质利益的兴趣是激励工作的主要因素，我们很容易就能看到，套在社会主义头上的那顶唯物主义帽子正是资本主义最典型的特征。任何人只要有心较为客观地研究一下社会主义的著作就会发现，社会主义著作家的态度恰恰与此相反。他们批判资本主义的物质主义，批判资本主义损害了人身上真正的人道力量。的确，我们只能把各种流派的社会主义理解为我们时代最有意义、最富理想和道德感的运动。

把其他一切事情除开，我们不由得对西方民主派歪曲社会主义这一举动所表现出来的政治上的愚蠢感到可悲可叹。借助社会主义思想对全世界众多人口的吸引力，斯大林主义在俄国和亚洲获得了胜利。社会主义的吸引力在于社会主义观念中的理想主义成分，以及社会主义对人们在精神和道德上的鼓舞。正如希特勒盗用“社会主义”这个词来增加种族主义和民族主义思想的吸引力一样，斯大林盗用了社会主义和马克思主义的概念来达到他的宣传目的。在一些基本观点上，斯大林所声称的都是虚假的东西。他把社会主义概念中的纯经济因素，即生产手段的社会化这一条，从社会主义的整个概念中分离出来，将社会主义的人本的和社会的目的曲解成了这些目的的对立面。当今的斯大林主义的制度尽管采取了生产手段国有化的形式，却与西方资本主义早期的纯剥削形式更为接近，而不是任何一种可以设想的社会主义社会。这一制度的主要动力是对工业进步的疯狂追求，对个人的无情的漠视，以及对个人权势的贪婪。如果我们接受这样的观点——社会主义和马克思主义或多或少等于斯大林主义，那么，我们就在宣传领域帮了斯大林主义的大忙，而这正是他们所希望的。我们这样做不是指出他们宣传的虚假性，而是证实了这样的宣传。对于美国来说，这不成其为一个大问题，因为在人们心目中，社会主义的概念并不占重要的地位；但是对于欧洲，并且尤其对于亚洲来说，这是一个严重的问题，因为在这些地方，社会主义的概念在人们心目中占据了十分重要的位置。为了同斯大林主义在这些地区的吸引力作斗争，我们应当揭露其欺骗性，而不是去证实它。

从十八世纪末期以来，各种社会主义思想流派之间发展出了一些具有重要意义的差别。但是，正如人类思想史上常常发生的那样，不同流派的代表之间的争论掩盖了这样的事实：各式各样的社会主义思想家之间的共同点比他们之间的差异要多得多，而且更具有决定意义。

可以说，社会主义作为一项政治运动及一种探讨社会规律、诊治社会病症的理论兴起于法国大革命时期，其创始人为巴伯夫。巴伯夫提倡废除土地私有制，大家共享土地的出产物，取消贫富之间、统治者与被统治者之间的差别，他认为，建立一个“平等者共和国”的时机到了，“共济大院的门向所有人敞开”。

与巴伯夫那种相对简单、原始的理论形成对照的是查尔斯·傅立叶的理论。傅立叶在他于一八〇八年首次发表的《论四种运动》一文中提出了一套非常复杂、阐述详尽的社会理论和诊断。他把人及其感情作为理解社会的基础，认为一个健康的社会应当较少关注物质财富的增加，较多关注我们的基本感情——友爱——的实现。在人类的众多感情中，他特别强调“蝴蝶式的感情”——人对于变化的需要，这一需要与人人身上都存在的众多不同的潜力相适应。工作应当是一种享受，每天工作两小时就足够了。针对在工业的所有分支普遍存在的大垄断组织，傅立叶提出在生产和消费领域建立自由和自愿的公社制的协会组织，在这样的组织中，个性与集体性自发地结合在一起。只有通过这种方式，第三个历史阶段——和谐的阶段——才能取代前两个历史阶段，即以奴隶和奴隶主的关系为基础的社会，以及以靠工资为生的人与企业家之间的关系为基础的社会。①

傅立叶是一位有点沉溺于思想的理论家，而罗伯特·欧文则是一个实干家，他是苏格兰经营得最好的纺织厂之一的经理和厂主。欧文也认为，新社会的目的主要不是增加生产，而是改善当今最宝贵的事物——人。同傅立叶一样，欧文的思想基础是对人的性格所作的心理学考量。人生下来便带有某些性格特征，而人的性格肯定由他生活的环境所决定。如果生活的社会条件令人满意，人就会展示出其内在的美德。他认为，在先前所有历史中，人只是被训练成保卫自己和毁灭他人的工具。应当创造出一种新的社会秩序，在其中，人接受一种训练，其原则允许个体联合行动，允许个体之间产生真正的纽带。从三百到二千人的团体将在世界范围内联合起来，这一联合体的组织原则是集体内部及集体之间的相互帮助。在每一个社区，地方政府将与每一个人最和谐地一道工作。

在蒲鲁东的著作中，我们可以找到对权威和等级制度的原则的更严厉的谴责。蒲鲁东认为，中心问题不是以一个政权代替另一个政权，而是建立一种表达社会本身的政治秩序。他把结构单一、等级森严的权力组织看成是社会上一切不安定和邪恶的主要原因。他认为："限制国家行为对集体的和个人的自由来说是生死攸关的大事。"

他说道："通过垄断，人类掌握了全球，通过联合，人类将成为自己的主人。"他关于新的社会秩序的设想的思想基础是"……互惠关系，所有的工人不再为付他们工资、占有产品的企业家工作，而是为了彼此工作，他们合作生产产品，共享其利润。"对他来说最根本的是，这些联盟

---

① 参照查尔斯·傅立叶：《人类灵魂的感情》，H. 多尔蒂作简介，J. R. 莫雷利译，H. 贝雷尔出版，伦敦，1851 年。

是自由、自发组合起来的，而不是国家强加的，不是路易·布朗所要求的由国家资助的社会作坊。他说道，这种由国家控制的制度意味着许多大的联盟，“在这些联盟中，劳动者会被严密地组织起来，最终被资本主义的国家政策所奴役。自由、全民幸福、文明可能会得到什么呢？什么也不会得到。我们只不过挣脱了一种锁链又套上了另一种锁链，社会思想也没有向前迈进一步；我们将仍旧处在同样独断的权力的统治之下，虽不能说是同样的经济宿命论”。在十九世纪中期，对于斯大林主义下开始出现的危险，没有人比蒲鲁东看得更明白，上述引语已经清楚地表明了这一点。蒲鲁东也意识到了教条主义的危险，教条主义将给马克思主义的理论发展带来巨大的灾难。他在给马克思的信中明确地表达了这个意思。他写道：

> 要是你愿意的话，让我们一起来探索社会规律、揭示这些规律的方式，以及发现这些规律所依靠的方法。看在上帝份上，在破了一切教条之后，我们自己不要再给人民加一些条条框框。让我们不要像你的同胞路德那样陷入矛盾的境地，在推翻了天主教神学之后，又冒着被逐出教门、革除教籍的危险开始建立新教神学。①

蒲鲁东的思想基础是以自尊为第一伦理信条的伦理观念。由自尊引申出第二伦理信条：尊重邻人。这是以人的内在变化作为新的社会秩序的基础。蒲鲁东在一封信中表达了这种想法：“旧世界处于解体的过程之中……人们只有通过**思想和心灵的整体革命**才能改变它……”②

---

① 引自 E.多朗：《蒲鲁东》，伽里玛出版社，巴黎，1948 年，第 96 页。

② 见蒲鲁东给于连·米谢尔的信（1860 年 1 月），转引自上条注释提到的 E.多朗的书，第 7 页。

我们从迈克尔·巴枯宁的著作中找到了对中央集权的危险性的同样的认识，以及对人的创造力的同样的信仰，尽管其中混合着对毁灭的罗曼蒂克式的赞颂。巴枯宁在一八六八年的一封信中写道：

> 我们大家的伟大导师蒲鲁东先生说过，可能发生的最令人不快的联合会是社会主义同极权主义的联合，人们通过独裁以及将国家的所有政治、社会权力集中的方式来争取经济自由、物质福利。愿我们将来能免受专制主义的危害，愿我们将来不要吃教条社会主义或国家社会主义的苦头，受到愚弄……没有自由，任何活生生的、有人性的东西都不会繁荣昌盛，那种抹掉自由或不承认自由是唯一的创造性原则和基础的社会主义只会引导我们堕入被奴役的、充满兽性的境地。

在蒲鲁东给马克思写那封信之后五十年，彼特·克鲁鲍特金将自己的社会主义思想概括为：个性的充分发展“将在各个方面、各种程度，出于一切可能的目的，同自愿联合的高度发展结合在一起；这种联合不断变化，其持续存在的基础在自身之中，并在任何特定时期以最适合所有人的各种追求的形式出现”。克鲁鲍特金同他先前的许多社会主义者一样，强调人类和动物王国中都有的合作与相互帮助的内在倾向。

继承了克鲁鲍特金的人本主义和伦理思想的是无政府主义思潮最后的伟大代表之一——古斯塔夫·兰道尔。在提到蒲鲁东时，他说道，社会革命完全不同于政治革命。“虽然若无一系列政治革命，社会革命不可能发生和继续下去，不过，社会革命却是一种和平的结构，为了新的精神的发展而建立的一种新的精神的组织，而不是别的什么东西。”他给社会主义者和社会主义运动的任务下了一个定义：“使麻木的心复活，以便让被埋没的有可能重见天日，让事实上仍有生命的但此刻却似乎已死的东西有可能重现，发出光辉。”①②

同对上述社会主义思想家的讨论相比，我们得用更多的篇幅来讨论马克思和恩格斯的理论，原因部分在于，他们的理论更复杂，涉及的范围更广，且并非没有矛盾；部分在于，社会主义的马克思主义学派已经成了世界社会主义思想的最重要的形式。

同其他所有社会主义者一样，马克思根本关注的也是人。他曾经写道：“所谓彻底，就是抓住事物的根本。但是，人的根本就是人本身。”③世界的历史不是别的什么，而是人的创造、人的诞生的历史。而整个历史也是人与自身、与自己所具有的力量相疏离的历史，“我们本身的产物聚合为一种统治我们、不受我们控制、使我们的愿望不能实现并使我们的打算落空的物质力量，这是迄今为止历史发展的主要因素之一”。人一直是环境的**客体**，他必须成为**主体**，这样“人才能成为对人而言最高的存在”。马克思认为，自由不仅指不受政治压迫，而且也指不受物及环境的控制。自由的人是富有者，但不是经济意义上的富有，而是作为人这重意义上的富有。在马克思看来，富人是**本身富有**的人，而不是**拥有财富**的人。④

对社会和历史进程的分析不应当从一个抽象概念开始，而应当从人，

---

① 引自 M. 布伯：《乌托邦的道路》，麦克米兰出版公司，纽约，1950 年，第 48 页。

② 俄国的社会主义革命党所坚持的社会主义观念包含着许多上述社会主义学派的而非马克思主义的思想因素。参阅 I. N. 斯坦伯格：《革命的实验场》，莱因哈特出版有限公司，纽约，1953 年。

③ 《国民经济学与哲学》，见《卡尔 · 马克思的早期著作》，S. 兰德舒特出版，阿弗雷德 · 克罗纳出版社，斯图加特，1953 年，第 247 页。

④ 同上书，第 243 页及其后。

从研究具有生理和心理特质的、实在的、具体的人开始。这项分析应当从人的本质这一概念开始，对经济和社会的研究只是为了理解环境怎样损伤了人，人是如何与自己、与自身的力量疏离开来的。我们不能从人性的特殊现象，比如资本主义制度所造成的那些表象，推导出人的本性。我们的目标应该是了解什么对人有好处。马克思说道：

> 假如我们想知道什么东西对狗有用，我们就必须探究狗的本性。这种本性本身是不能从"效用原则"中虚构出来的。如果我们想把这一原则运用到人身上来，想根据效用原则来评价人的一切行为、运动和关系等等，就首先要研究人的一般本性，然后要研究在每个时代历史地发生了变化的人的本性。但是边沁不管这些。他幼稚而乏味地把现代的市侩，特别是英国的市侩说成是标准的人。①

马克思认为，人类发展的目标应当是建立一种人与人之间、人与自然之间的新的和谐，一种使人与其同胞的相关性同人的最重要的需要协调一致的发展。对马克思来说，社会主义是“这样一个联合体，在那里，每个人的自由全面发展是一切人的自由全面发展的条件”；社会主义是这样一种社会形态，它“以每一个个人的全面而自由的发展为基本原则”。马克思将这一目标称作自然主义和人本主义的实现，并且指出，这一目标既不同于“唯心主义，也不同于唯物主义，同时又是把这二者结合的真理”。②

马克思是怎样考虑“人的解放”这个问题的呢？他的解决办法是基于

---

① 卡尔·马克思：《资本论》，由 S. 摩尔和 E. 埃弗林译自德语第三版，现代文库，兰登书屋，纽约，第 1 卷，第 688 页，脚注。

② 同上书，第 273 页。

这样一种看法：在资本主义的生产方式中，人的自我异化进程已经达到了顶峰，因为人的体力成了一种商品，人由此而成了物。他说道，工人阶级是人类中异化最彻底的阶级，正因为如此，这一阶级将是领导人类解放斗争的阶级。在生产手段社会化的过程中，马克思看到了把人改造成社会经济活动的积极而负责的参与者的条件，也看到了克服人的个性与社会性分裂这一情况的条件。“只有当人认识到自身‘固有的力量’是社会力量，并把这种力量组织起来(因此，用不着像卢梭认为的那样，改变人的天性，剥夺他自身‘固有的力量’，重新赋予他社会性的力量)，因而不再把社会力量以政治力量的形式同自身分离的时候(这就是说，不再建立国家作为有组织的统治的地盘)，只有到了那个时候，人的解放才能完成。”①

马克思认为，如果人不再“被雇用”，那么他的工作过程的性质和特征就将改变。工作将成为人类力量的有意义的表现形式，而不是毫无意义的苦差事。从马克思针对德国社会党的哥达纲领中提出的完全取缔童工一条所作的批评中，我们可以清楚地看到，这种新的“工作”概念对马克思来说是多么重要。②当然，马克思是反对剥削儿童的，但同时他也反对儿童一点不劳动的原则，并提出，教育应当与体力劳动相结合。他写道：“正如我们在罗伯特·欧文那里可以详细看到的那样，从工厂制度中萌发出了未来教育的幼芽，未来教育对所有已满一定年龄的儿童来说，就是生产劳动同智育和体育相结合，它不仅是提高社会生产的一种方法，而且是造就全面发展的人的唯一方法。”③马克思同傅立叶都认为，工作应当成

---

① 卡尔·马克思：《论犹太人问题》。

② 关于这一点，我十分感激 G. 富克斯的评论和建议。

③ 卡尔·马克思：《资本论》，由 S. 摩尔和 E. 埃弗林译自德语第三版，现代文库，兰登书屋，纽约，第 1 卷，第 489 页。

为吸引人的事，而且与人的需要及愿望相一致。正因为如此，马克思同傅立叶以及其他人都提出，任何人都不应当只从事某一特定的工作，而应当做不同领域的工作，以呼应他的不同兴趣和潜力。

马克思在从资本主义到社会主义的社会经济变化中看到了实现人类自由与解放的、实现“真正民主”的决定性途径。虽然在他的后期著作中，对经济学的讨论较之对人和人性需要的讨论占了更大的比重，但是对他来说，经济领域本身从来也没有成为目的，而一直是满足人类需要的**手段**，在马克思对他所说的“粗陋的共产主义”的讨论中，这一观点尤其明确。所谓“粗陋的共产主义”，马克思指的是那种一味强调废除生产手段中的私有财产的共产主义。“在它(即粗陋的共产主义)看来，物质的直接的占有是生活和存在的唯一目的；工人这个规定并没有被取消，而是被推广到一切人身上；……这种共产主义——由于到处否定人的个性——只不过是私有财产的彻底表现，私有财产就是这种否定。……粗陋的共产主义不过是这种忌妒心和这种从想象的最低限度出发的平均主义的完成。……对整个文化和文明的世界的抽象否定，向贫穷的、需求不高的人——他不仅没有**超越**私有财产的水平，甚至从来没有达到私有财产的水平——的非自然的简单状态的倒退，恰恰证明私有财产的这种扬弃决不是真正的占有。”①

马克思和恩格斯关于国家问题的观点更复杂并且在许多问题上存在矛盾。毫无疑问，马克思和恩格斯都持这样的意见：社会主义的目标不仅是建立无阶级的社会，而且是建立一个没有国家的社会。如恩格斯所说，没有国家至少是在这种意义上：国家只有“管理事物”的职能，而没有“统

---

① 卡尔·马克思：《资本论》，由 S. 摩尔和 E. 埃弗林译自德语第三版，现代文库，兰登书屋，纽约，第 1 卷，第 233、234 页。

治人民”的功能。一八七二年，马克思在巴枯宁分子活动调查委员会的报告中提出了一个观点，与这一观点一致，恩格斯在一八七四年说道：“全体社会主义者一致同意：随着社会主义的胜利，国家将趋于消亡。”马克思和恩格斯这些反国家的观点，以及他们反对政治权力的中央集权形式的态度，在马克思关于巴黎公社的声明中表述得特别清楚。在共产国际举行的大会上，马克思就法国内战发表了演讲，在演讲中，他强调有必要用地方分权制代替中央集权制的国家权力，因为这种中央集权制根源于绝对君主制的原则。代替的结果将会是基本上由地方分权的社会。“中央政府剩下的少数重要职能将转移给公社的即严格对人民负责的官员……公社的章程将把迄今为止被‘国家’这个寄生赘瘤所吞噬的一切权力归于社会整体，社会养肥了‘国家’，而‘国家’却抑制了社会的自由活动。”马克思从公社中看到了“最后被发现的政治形式，在其中，劳动者的经济自由将大踏步向前推进”。公社想“通过把生产手段——土地和资本——转变成自由和联合劳动的纯粹工具，并且把联合起来的劳动者转变成生产商的合作者，使个人财产成为一个事实”。①

埃德华·伯恩斯坦指出，马克思的这些观念与蒲鲁东的反国家主义、反中央集权主义的观点类似；但列宁却声称，马克思的评论一点也没有表明马克思赞成地方分权主义。情况似乎是，在解释马克思、恩格斯的立场这个问题上，伯恩斯坦和列宁都正确，解决这一矛盾的关键在于这样一个事实：马克思赞成把地方分权及国家消亡看成是社会主义应当为之奋斗而且终究会达到的目标，不过他认为，这种情况只是在工人阶级夺取政权、

---

① 引自 M. 布伯所著《乌托邦的道路》，麦克米兰出版公司，纽约，1950 年，第 86、87 页。

改造国家**之后**才会发生，而不是在此**之前**，马克思认为，夺取国家政权是达到目的——废除国家——的必要手段。

不过，如果考虑一下马克思在第一国际的活动——对于任何与他意见不一的人，哪怕这种不一致极细微，他也表现得教条和不宽容——我们就会相信列宁对马克思的观点所作的倾向中央集权的解释并非有意曲解，尽管马克思的地方分权思想(在这一点上，他与蒲鲁东一致)也是他的观点和主张的真实内容之一。正是马克思的这种中央集权思想为社会主义思想在俄国的悲剧性发展提供了基础。列宁也许至少希望最终实现地方分权，这一希望事实上清楚地表现在苏维埃的概念中，在这一机构中，决策的制定扎根于最小、最基层的权力组织；而斯大林则发展了矛盾的一面，即中央集权原则，建立了现代世界最冷酷的国家组织，其集权程度甚至超越了法西斯和纳粹政府。

在马克思的思想体系中，集权和分权原则之间的矛盾还只是表面现象。一方面，同其他所有社会主义者一样，马克思确信，人类的解放首先不是一个政治问题，而是一个经济和社会问题，自由的答案不应从国家政体的变化中寻找，而应从社会的经济和社会转型中寻找。另一方面，尽管马克思、恩格斯提出了自己的理论，但他们在很多方面受到传统观念——政治领域支配社会-经济领域——的影响。他们无法摆脱关于国家和政治权力的重要性的传统观点，无法摆脱那种认为政治变化具有首要意义的思想，这种思想曾经是十七、十八世纪中产阶级大革命的指导原则。就这点而言，马克思和恩格斯比蒲鲁东、巴枯宁、克鲁鲍特金、兰道尔等人资产阶级得多。荒谬的是，列宁主义对社会主义的发展代表了一种向资产阶级的国家和政治权力概念的倒退，而非对欧文、蒲鲁东以及其他人表述得清楚得多的新的社会主义概念的呼应。对于马克思思想中的这种矛盾，布伯有清楚的表述。“马克思，”他说，“接受了公社概念的本质要素，但没有将其与他的中央集权思想进行权衡并最终作出选择。马克思显然没有认识到这一矛盾所揭示的深刻问题。这得归因于他的政治观点的统治权。就革命、革命的准备工作及其结果而言，这种统治权支配着他的思想。公共事务领域的三种思想模式——经济的、社会的和政治的——第一种是马克思熟练运用的方法，而他带着热情投入的则是第三种——这在不合格的马克思主义者听来，想必很荒谬——他只在极少数情况下更热心第二种，并且第二种在他那里从未成为决定性因素。”①

与马克思的中央集权思想密切相关的是他对革命行为的态度。确实，马克思和恩格斯承认，社会主义者不一定要通过暴力和革命来实现对国家的控制(例如在英国和美国)，但同时，总的来说，他们认为，工人阶级为了达到自己的目的，必须通过革命来夺取政权。事实上，他们赞成借助广泛的军事支持，有时是国际战争，来实现夺取政权的目标。我们这代人已经见证了暴力和独裁在俄国造成的可悲结果，我们认识到，将暴力运用于社会将造成巨大的破坏，将其运用于国家之间的关系也是如此。当今人们对马克思的指控主要是说他鼓吹暴力和革命，这种指控歪曲了事实。政治革命的思想并不是马克思主义和社会主义特有的思想，而是中产阶级以及过去三百年来资本主义社会的传统思想。由于中产阶级相信，废除君主制政权以及通过人民夺取政权是解决社会问题的途径，因而政治革命就被看成是获得自由的手段。我们的现代民主就是暴力和革命的结果，一九一七年的克伦斯基革命，一九一八年的德国革命，在西方民主国家都受到了热

① 引自 M. 布伯所著《乌托邦的道路》，麦克米兰出版公司，纽约，1950 年，第 95、96 页。

烈的欢迎。没有能摆脱那种过高估计政治权力和暴力的作用的传统思想是马克思的悲剧性错误。这一错误为斯大林主义的发展贡献了力量。但是这些思想只是先前遗产的一个部分，并不属于新的社会主义概念。

讨论马克思而不涉及他的历史唯物主义理论是不全面的，即使是简短的讨论。在人类思想史中，对于了解支配社会的规律而言，马克思的这一理论大概是最持久、最重要的贡献了。马克思的前提是，人在从事任何文化活动之前，得先生产维持自己的肉体生存的物质资料。人的生产和消费方式取决于许多客观条件：人自己的生理结构，他能支配的生产力，而这些生产力又受到土地的肥沃程度、自然资源，以及他发展出来的人际关系和技术的制约。马克思指出，人所面临的物质条件决定着他的生产和消费模式，而生产和消费模式又决定着人的社会-政治组织形式、生活实践，最终决定着人的思维和感觉的方式。对这一理论的广为流传的误解是对其作这样的解释：似乎马克思的意思是说，**追求物质利益**是人的主要动力。实际上，这是资本主义思想中占统治地位的观点，这种观点反复强调，人对金钱奖励的兴趣是刺激他工作的主要动力。马克思关于经济因素的重要意义的观念不是一种**心理学**观念，即**主观**意义上的经济动机，而是一种**社会学**观念；这种观念认为，经济发展是文化发展的**客观**条件。①准确地说，马克思对资本主义的主要批判是，资本主义过分强调了经济利益，从而损伤了人的完整性。马克思认为，社会主义是这样一种社会形态，通过一种更加符合理性因而更具有创造性的经济组织形式，人摆脱了经济利益的羁绊。马克思的唯物主义与十九世纪流行的唯物主义完全不同。从后一种唯

① 参阅我在《分析社会心理学的任务》一文中对这一点的讨论，《社会研究》杂志，莱比锡，1932 年；以及 J. A. 舒姆彼得在《资本主义、社会主义和民主》一书中关于马克思主义的讨论，哈珀兄弟出版公司，纽约，1947 年，第 11、12 页。

物主义出发，人们认为物质现象**造成了**精神现象。举例来说，这类唯物主义最极端的代表人物相信，思想是大脑活动的产物，正像“尿是肾脏活动的产物一样”。而马克思则认为，思想和精神现象应当被理解为整个生活实践的产物，是个人与他人及自然的关系的结果。马克思运用辩证法克服了十九世纪唯物主义的缺点，以人的**活动**而不是人的**生理**为基础，发展出了一种真正有活力的、具有内在的整体性的理论。

历史唯物主义理论为理解历史规律提供了重要的科学概念。要是马克思的追随者能进一步发展历史唯物主义的理论，而不是使之停顿下来，成为枯燥无味的教条，历史唯物主义将结出更丰硕的果实，发展的关键是，要承认马克思和恩格斯只是迈出了第一步，看到了经济和文化发展的相互关系。马克思低估了人类感情的复杂性。他没有充分认识到人性自身有其需要和规律，这些规律同影响历史进程的经济状况不断地相互作用。①由于缺乏对人的心理的令人满意的洞察力，马克思对人的性格没有足够的认识，没有意识到这样的事实：一方面，社会和经济组织的形式塑造了人，而反过来，人也铸造了社会和经济组织的形式。他没有充分认识到根植于人性和人的生存状况的感情和奋斗精神，而这些感情和奋斗精神本身正是推动人类发展的最有力的力量。不过，这些缺陷是由于片面而造成的局限性，这种情况我们可以在任何有创见性的科学观念中找到，而马克思和恩格斯自己也意识到了这些局限性。恩格斯在一封著名的信中表达了这种认识。恩格斯说道，由于他们的发现是一个新东西，马克思和他都没有完全注意到这样的事实：历史不仅取决于经济状况，文化因素反过来也影响着

---

① 参阅我在《逃避自由》一书中对这种相互作用的分析，莱因哈特出版公司，纽约，1941 年。

社会的经济基础。

马克思对纯粹的资本主义经济分析投入的精力越来越多。他那些基本假设和预测只是部分正确，并且在相当大的程度上被误解了——尤其是他有关工人阶级的相对堕落的必然性的假设；但这一事实不会改变他的经济理论的重要性。对工人阶级进行浪漫的理想化也是他的错误之一，这更多地是纯粹的理论结论，而不是出于对工人阶级的人性之实情的观察。但是，无论有何种瑕疵，从科学的观点看，马克思的经济理论和他对资本主义的经济结构所作的透彻分析确实超过了其他所有社会主义理论，是一种进步。

不过，这种力量同时也是它的弱点。马克思想要揭示人的异化的条件，他以此为出发点开始了他的经济分析工作。他认为这项工作只需要相对较短的时间，而实际上，他把更大一部分科学工作精力几乎完全放在了经济分析上。虽然马克思从来也没有忘记他的目标——解放全人类，但他对经济问题的考虑越来越多，从而削弱了他对资本主义的批判，以及他对于从**人的角度**出发的社会主义的目标的思考。他没有认识到人身上的非理性力量，这些力量使人害怕自由，也使人产生了对于权力的贪欲和破坏欲。与此相反，马克思关于人的概念清楚地寓含着这样的假设：人生来善良，一旦人从桎梏他的经济枷锁中解脱出来，这种善良品质就会自行表现出来。《共产党宣言》的著名结尾——工人“失掉的只是自己身上的枷锁”——包含着心理学意义上的一个深刻的错误。工人失掉枷锁的同时，也会失掉带着枷锁时形成的一切非理性的需要和满足。在这一方面，马克思和恩格斯没有超越十八世纪那种天真的乐观主义。

这种对人类感情的复杂性的低估导致了马克思思想中三个最为危险的错误。首先，他忽略了人身上的**道德**因素。正由于他认为，经济改变实现之时，人的善就会自动地表现出来，他没有看到，一个较好的社会不可能由那自身没有经历道德观念的转变的人创造出来。他没有注意到，至少没有明显地注意到，新的道德方向的必要性，而没有这种新的道德观，一切政治的和经济的变化都是徒劳无益的。

第二个错误是，马克思对于实现社会主义的时机作了极不恰当的错误判断。这项错误与第一个错误有相同的根源。 蒲鲁东、巴枯宁(以及稍后杰克 · 伦敦在《铁蹄》一书中)预见到，在新曙光绽开之前，黑暗将笼罩西方世界；与此相对照，马克思和恩格斯相信“好的社会”将很快来临，他们只是朦胧地意识到一种新的野蛮状态有可能降临，这种状态将以共产主义、法西斯极权主义，以及具有前所未闻的破坏性的战争的形式出现。这一不切实际的错误看法导致了马克思和恩格斯思想中的许多理论的和政策性的错误。这是自列宁开始的社会主义的没落的根源所在。

第三个错误是，马克思认为生产手段的社会化不仅是使资本主义社会转变为相互合作的社会主义社会的**必要**条件，而且也是**充分**条件。这个错误的根源也在于马克思对人作了过于简单、过于乐观、过于理性的判断。正如弗洛伊德相信，把人从不自然的、过于严格的性禁忌中解放出来，人就会达到心理健康一样，马克思认为，把人从被剥削的状态中解放出来，就会自动产生自由的、互相合作的人。马克思同十八世纪的百科全书派一样，对环境因素的变化的直接影响持乐观态度，对人的非理性的、带破坏性的感情的力量很少重视，而这类感情往往不会随着经济变化，在一天之内变成另外的东西。弗洛伊德在经历了第一次世界大战之后，开始认识到这种破坏性的力量，接受了破坏性同爱一样强烈和根深蒂固的观点，从而根本改变了他的整个理论体系；而马克思则没有意识到这一点，也从来没有改变过他提出的简单公式：生产手段的社会化是通向社会主义目的的康庄大道。

这个错误的另一个根源如同我在前面指出的那样，是他对政治、经济安排作了过高的估价。他没有看到，无论企业是“人民”——国家——政府官僚机构所有，还是股东雇用的私人官僚机构所有，对工人的人格来说，没有什么差别。马克思的这种无视态度是如此不切实际，令人感到惊讶。马克思没有看到，与他自己的理论思想完全相反，对工人来说，唯一重要的东西是工作的实际的和现实的条件，工人同他的工作、他的同事，以及同管理企业的人的关系。

马克思在晚年似乎准备对他的理论做某些修改。最重要的一个变更大概受到了巴可芬和摩根的影响。他认为，以合作生产及土地公有为基础的原始农业社区是一种有力的社会组织形式，这种社会组织形式可以直接导向社会化的较高级的形式，而无须经过资本主义生产阶段。他在给维拉·扎朱利奇的回信中表达了这种信念，后者曾询问他对沙俄时代农村的一种村社组织“米尔”的态度。G. 富克斯指出了①马克思理论中的这一变化的重大意义，以及，在生命的最后八年中，由于意识到自己的革命希望的破灭，他感到失望和沮丧。正如我在前面提到的那样，恩格斯承认，他和马克思在他们的历史唯物主义理论中对思想的力量没有给予足够的重视，但是，马克思和恩格斯都未来得及对他们的体系做必要的重大修改。

对于生活在二十世纪中叶的我们来说，马克思理论中的错误显而易见。我们已经见证了这一错误在俄国造成的可悲局面。斯大林主义证明，从经济学的观点看，社会主义经济能够成功运行，但它同时也证明，社会主义经济自身决不是必然会创造出一种平等和合作的精神。它表明，生产

---

① 在私人信件中指出。

资料的“人民”所有制可以变成依靠工业、军事和政治领域的官僚机构来剥削人民的行为的意识形态伪装。在英国，工党政府所推行的某些行业的社会化倾向于表明，对英国的矿工或者钢铁或化学工业的工人们而言，谁来任命他们所在企业的管理者无关紧要，因为他们的实际工作条件不会因此有所改变。

总之，我们可以说，马克思主义的社会主义的最终目标同其他流派的社会主义的目标基本一致：解放全人类，使人不受他人统治和剥削，不受经济王国的支配，使人重新成为社会生活的最高目的，在人与人、人与自然之间创造出一种新的和谐。马克思和恩格斯的错误之处——他们对于政治和法律因素的过分重视，他们天真的乐观主义，他们的集权倾向，这些都可归因于这一事实：在心理和理智两方面，他们更多地继承了十八、十九世纪的中产阶级传统，而非早期的社会主义者，如傅立叶、欧文、蒲鲁东等人。

从历史的观点看，马克思的错误之处十分值得我们重视，因为马克思关于社会主义的观念在欧洲大陆的劳工运动中取得了胜利。在欧洲劳工运动中，马克思的权威影响十分深远，以至于马克思和恩格斯的接班人没有进一步发展马克思的理论，只是越来越僵化地重复旧有的公式。

第一次世界大战之后，马克思主义的劳工运动完全分裂成两大敌对的阵营。社会民主派经历了第一次世界大战期间的道德崩溃之后日益成为一派政党，它依赖工会并同工会一道代表工人阶级的纯粹经济利益。社会民主党执行马克思的公式——“使生产手段社会化”，就像一套仪式，由党的说教者在合适的场合宣读。另一派则选择了令人失望的跳跃，努力建立一个除了据有政权和生产手段社会化别无其他基础的社会主义社会。社会民主党令人失去信心，而后者那种跳跃的结果则更使人感到恐惧。

尽管这两大马克思主义的社会主义派别的发展相互抵触，他们仍有某些共同之处。首先是对于马克思主义早期阶段那种过分乐观的态度感到幻灭和沮丧。就右翼运动而言，幻灭感常常导致他们接受民族主义，放弃一种真正的社会远见，对资本主义社会不作任何激烈的批判。同样的幻灭感导致左翼，在列宁的指引下，走上了一条绝望的道路，把全部力量集中在政治和纯粹经济的领域，这种忽略社会领域的做法与社会主义理论的本质是全然抵触的。

马克思主义运动的左翼和右翼所共有的另一点是：他们(比如俄国)完全忽视了人。对资本主义的批判完全成了从经济观点出发的批判。在十九世纪，工人阶级受到残酷的剥削，无法维持有尊严的生存，在当时，这种批判是正确的，而在二十世纪，随着资本主义的发展，这种批判越来越过时。在俄国，斯大林的官僚组织仍在向人民灌输毫无意义的话语，说资本主义国家的工人十分贫穷，缺乏像样的生存基础。批判的过时正是这种态度的符合逻辑的结果。社会主义观念越来越堕落，在俄国，它成了这样一条公式：社会主义就是生产资料国有化。在西方国家，社会主义这一概念的含义愈来愈倾向于指发给工人较高的工资，而失去了它那救世的慈悲，也不再能唤起人们最深切的渴望与需要。我有意使用了“倾向于”这个词，因为社会主义绝没有彻底失去其人道主义的和宗教的慈悲。甚至在一九一四年之后，社会主义也一直是团结成千上万的欧洲工人和知识分子的道德思想，是表达他们的希望——解放人类、建立新的道德价值、实现全人类的团结——的形式。前面几页所作的尖锐批评主要是为了突出这样一种必要性：民主社会主义必须重新关注并专注于社会问题的**人**的方面，必须从资本主义对人的人性特征、对人的灵魂和精神的作用这一角度来批判资本主义，必须从人出发来考虑任何社会主义观点，必须探讨社会主义社会在哪些方面有助于结束人的异化状态，以及人对经济和国家的偶像崇拜情况。

第八章　通向健全之路

概论

我们发现，对资本主义的各式各样的批判性分析有着明显的相似之处。虽然人们确实批判了十九世纪的资本主义对工人的物质福利的忽视，但这绝不是主要的批评意见。欧文和蒲鲁东、托尔斯泰和巴枯宁、迪尔凯姆和马克思、爱因斯坦和斯韦策所论及的是人，是在我们的工业制度下的人的处境。尽管他们使用了不同的概念来表达这一点，但他们都发现，人失去了他的中心地位，变成了达到经济目标的工具，人已经同他人、同自然相疏离，失去了同他们的具体的联系，人的生命已不再有什么意义。我详尽阐述了异化的概念，从心理学的角度说明了异化在心理上造成的结果。我这样做旨在说明同样的意思：人退到了接受性的、交易性的方向上，不再具有建设性；人丧失了他的自我感，变得依赖他人的认可，因而倾向于求同一致，却又感到不安全；人感到不满足、厌倦、焦虑，并且用他的大部分精力尝试补偿或掩盖这种焦虑感。他的智力卓越，他的理性却堕落了，就他的技术力量而论，他正严重地危胁着文明甚至整个人类的生存。

如果我们转而探究促成这种发展的**原因**，我们会发现，比起诊断疾病本身，在这一点上更难取得一致意见。在十九世纪初期，人们仍然倾向于把万恶之源归于缺乏**政治**自由，特别是没有实施普选；而社会主义者，尤其是马克思主义者则强调经济因素的重要意义。他们认为，人的异化状态是他成了被剥削、被使用的客体的结果。另一方面，像托尔斯泰、伯克哈特之类的思想家却强调说，精神和道德贫困是西方人堕落的原因；弗洛伊德则认为，现代人的问题是对自己的本能的过分压抑以及由此而来的神经症的各种表现。但是，只分析一个部分而排除其他部分的解释是不可靠的，因而是错误的。这些社会-经济的、精神的和心理的解释从不同角度看待同一种现象，而理论分析的任务就是要了解这些不同角度的解释是怎样相互联系、相互作用的。

适用于解释起因的看法当然也适用于说明可以治疗现代人缺陷的药方。如果我认为病症的起因是经济的**或**精神的**或**心理的，我必定相信，若纠正了这些病因，社会就会变得精神健全。而如果我了解到这些不同的方面是如何相互关联的，我必定会得出这样的结论：只有在工业和政治的组织、精神和哲学的方向、性格结构及文化活动这些领域同时发生变革时，才能达到精神健全和健康。只注意某一个方面的变化而忽视其他各个方面，对**整体的**变化来说是有害的。实际上，人类进步的最大障碍之一似乎就在这里。基督教宣扬精神更新，却忽视了社会秩序的变革；而没有社会秩序的变革，对大多数人来说，精神更新势必不会有什么成效。启蒙时代宣称独立的判断和理性是最高的准则，鼓吹政治平等，却没有看到，如果没有伴随着社会-经济组织内部的根本变化，政治平等并不会导致实现人与人之间的友爱。社会主义，尤其是马克思主义，强调必须实现社会和经济变革，却忽视了人的内心变化的必要性；而没有这种内心变化，经济变革决不能导致“美好的社会”。过去两千年来的这些伟大的改革运动都强调了生活的一个方面而忽略了其他方面；它们的改革计划都是激进的，结果却都几乎完全失败了。福音的宣传导致了天主教的建立，十八世纪理性主义的宣传产生了罗伯斯庇尔和拿破仑，马克思的学说导致了斯大林主义。结果几乎没有什么不同。人是一个整体，他的思想、感情和生活实践不可分割地联结在一起。如果他在感情上不自由，思想也不可能自由；而如果他在生活实践中、在经济和社会关系方面有依赖性，不自由，在感情上也不可能自由。在一个方面激进而忽视其他方面，必定会导致它实际上已导致的结果，即，只有少数人达到了这个方面的激进的要求，而对大多数人来说，这些要求成了掩盖在其他方面毫无变化这一事实的公式和仪式。毫无疑问，对人类进步来说，在生活的全部领域整体迈进的一步要比宣称的在一个孤立的领域迈进的一百步——即使这种进步可持续一小段时间——具有更深远的意义，效果也更持久。几千年来“孤立的进步”所遭受的失败应当是一个相当令人信服的教训。

与这一问题密切相关的是**激进主义**和**改革**的问题，这个问题似乎成了各种政治解决方式的分界线。不过，只要作进一步的分析，我们就可看到，这种人们经常想到的区分是靠不住的。改革与改革不同。它可以是**激进**的，即根本的改革，也可以是表面的，即暂时修补一些表面症状而不去触动病根。在这层意义上，非激进的改革决不能达到其目的，最终还会走到其反面。另一方面，所谓的“激进主义”认为，在需要观察、耐心、不停努力的时候，可用武力来解决问题，这样的激进主义如同改革一样，是不切实际的、虚幻的东西。历史地看，两者常常导致同样的结果。布尔什维克革命导致了斯大林主义，德国右翼社会民主党的改革导致了希特勒的上台。改革的真正标准不是改革的速度，而是改革是否切合实际；究竟是彻底治本，还是停留在表面，仅仅治标，这是我们要面对的问题。

如果我们想在本章讨论通往健全社会之路，即治病的方法，我们最好先暂时停一下，问问自己，关于个人的精神疾病的治疗的性质，我们知道些什么？因为社会疾病是这么多人的疾病，而不是超越或脱离个体的疾病，因此，治疗社会疾病也应遵循相同的原则。

治疗个人疾病的条件主要有以下几个方面：

1. 与精神的正常机能相反的情况必定已经开始发展。根据弗洛伊德的理论，这意味着，里比多没有能够正常地发展，症状因此产生。按照人本主义精神分析学的观点，病理的根源在于没有能够发展出一种富于创造性的倾向，这种失败导致了非理性的感情，特别是乱伦的、破坏性的以及掠夺性的追求的发展。人的心理如不能正常发展，就会造成痛苦的事实（无论人是否意识到了这一点）。这一事实会促使人为**克服痛苦而努力奋斗**，也就是说，**力图改变健康的方向**。人追求身体及精神健康的努力是治愈任何疾病的基础，这种基础只在面对最严重的病症时才没有。

2. 使这种寻求健康的努力开始起作用的必不可少的第一步是**意识到**痛苦，知道什么东西被关在有意识的人格之外，与之分离了。按照弗洛伊德的理论，抑制主要针对**性**欲。在我们的框架中，抑制主要指向被抑制的非理性的感情、被抑制的孤独感和无用感，以及被抑制的对爱和创造性的渴求。

3. 只有当人迈出了第二步之时，不断增长的自我意识才会完全起作用。这第二步便是改变生活实践，即改变那种以神经症结构为基础并不断复制这一结构的生活实践。举例来说，如果一个病人的神经症特征使他总想顺从于父亲的权威，他往往会营造这样一种生活：选择具有统治欲和施虐倾向的父亲形象的人作为他的上司、教师等等。只有当他改变自己现实的生活处境，使之不再重复产生那种他想丢弃的顺从倾向之时，他才能痊愈。此外，他必须改变自己的价值、规范和观念系统，使这些系统促进而不是阻止他追求健康和成熟。

与人性的要求的**冲突**以及随之而来的痛苦、对被抑制的内容的**察觉**、现实处境以及价值观和规范的**改变**，这些也是治愈**社会**疾病的必要条件。

本书先前章节的目的是展示人类需要与社会结构之间的冲突，促使我们进一步意识到这种冲突，了解什么东西被阻隔了。本章的意图则是讨论在经济、政治和文化组织中进行实际变革的各种可能性。

不过，在讨论实际问题之前，让我们先依据本书开头提出的前提再次考虑一下这两个问题：什么是精神健康，什么类型的文化可被认为有助于精神健康。

精神健康的人是富于建设精神、没有异化的人；他与世界友好地联系在一起，用理性客观地把握现实；他体验到自己是一个独一无二的个体存在，与此同时，又感到同他人联系在一起；他不屈从于非理性的权威，而乐于接受良心和理性的合理的权威；只要活着，他就在不停地自我完善，并且把生命这一赠礼当成他最宝贵的机会。

同时，让我们记住，这些精神健康的目标不是必须强加给人的理念，也不是某种必须先克服"天性"、消灭"固有的自私"才能达到的目标。恰恰相反，追求精神健康、幸福、和谐、爱、创造性，这些都是每个人生来就有的本性，只要他不是天生的精神上或道德上的白痴。只要有机会，这些倾向就会有力地显现出来，这可以在无数的情况下看到。要扼杀或歪曲这种人所固有的追求精神健全的倾向，需要强有力的人物和环境条件。的确，综观人类已知的大部分历史我们可知，人利用人的状况导致了人的精神反常。相信这种反常情况是人所固有的东西就像把种子播在沙漠里并宣称它本就没有可能长大一样。

什么样的社会符合精神健康这一目标呢？一个精神健全的社会的结构会是什么样呢？首先，在这个社会里，没有人是别人用来达到其目的的工具，每一个人总是毫无例外地自为目的，因此，每个人都仅只为了展示自己作为人的力量这一目的而利用他人或自己，人是中心，一切经济的和政治的活动都服从于人的成长这个目标。在一个精神健全的社会里，人们没有机会将贪婪、剥削、占有、自恋这类品质用于获取更大的物质利益或提高个人的威望；按照良心行事被当成基本的、必要的品质，而机会主义和无原则则被看做是自私的行为；个人参与社会事务，社会的事因而也成了个人的事，个人同他人的关系与他同自己的关系不再是分离的。此外，一个健全的社会使人在可把握的和可观察的领域内积极而又负责地参与社会生活，并且成为自己生活的主人。精神健全的社会促进了人与人之间的团结，不仅允许而且鼓励成员友爱相处；精神健全的社会促使每个人在其工作中进行创造性活动，激励人们充分运用其理性，使人能够通过集体的艺术和仪式表达出自己内心深处的需要。

经济改革

一、作为一个问题的社会主义

我们在前面的章节讨论了应对当今世界精神不健全这一问题的三种方式：极权主义、超级资本主义和社会主义。十分明显，极权主义的方法只会使精神不健全和非人性化的程度愈来愈严重。超级资本主义的解决办法只会加深资本主义固有的病症，使人的异化和机械化程度加深，完成把人变成生产这具偶像的奴仆的全过程。唯一有建设性的解决办法是社会主义的办法，其目的在于从根本上重整我们的经济和社会制度，使之朝向这一方向：将人从被视做达成自身之外的目的的工具的状态中解放出来，创造出一种社会秩序，在其中，人类的团结、理性、创造性得到巩固而不是削弱。毫无疑问，迄今为止的社会主义实践令人感到失望。失败的原因何在？ 要以什么为目的和目标，社会、经济的再建设才能避免类似的失败，产生一个精神健全的社会呢？

马克思主义的社会主义认为，一个社会主义社会是建立在两个前提之上的：生产资料和产品分配的社会化，以及中央集权的计划经济。马克思和早期的社会主义者都坚信，如果这些目标能够达到，那么，全人类将从异化状态中解放出来，一个无阶级的友爱而公正的社会将会几乎是自动地诞生。他们认为，要使人类实现这样的转变，必须具备以下条件：工人阶级或通过暴力或通过选举夺取政权，将工业社会化，实行计划经济。他们的设想是否正确已经不是一个学术问题了；俄国已经在经济领域做了马克思主义的社会主义者认为必须做的事。俄国的制度表明，实行社会化的、计划的经济是切实可行的，但另一方面也证明了，这种制度绝不是创造一个自由、友爱和非异化的社会的充分条件。相反，它表明，集权的计划经济甚至会产生比在资本主义和纳粹主义制度下更深的专制。俄国实现了社会化的、计划的经济这一事实并不意味着俄国的制度实现了马克思和恩格斯所理解的社会主义。它意味着，马克思和恩格斯关于所有权的合法改变及计划经济的实施必然会导致他们所期望的社会的和人的变化的思想是错误的。

虽然生产资料社会化以及计划经济是马克思主义的中心要求，但马克思主义的社会主义还有一些要求，而这些要求在俄国都完全没有实现。马克思并不主张收入完全平等，但认为应当大力克服资本主义制度下的收入不平等的现象。事实却是，收入不平等的情况在俄国比在美国和英国严重。马克思主义的另一个思想是，社会主义将导致国家的消亡及社会阶级的逐渐消失。事实却是，在俄国，国家的权力以及社会阶级的差别在俄国比在其他任何一个资本主义国家都大。最后，马克思的社会主义观念的中心是这样一种思想：人，包括他的感情和智力的力量，是文化的目的和目标，而物(资本)应当为生命(劳动力)服务，生命不应当从属于任何死的东西。就这点而论，俄国无视个人及个人品质的程度也比任何一个资本主义国家严重。

但是，俄国并不是唯一应用马克思主义的社会主义经济观念的国家。另一个国家是英国。令人惊奇的是，英国工党虽然不是建立在马克思主义的理论基础之上的，在实际措施上却完全遵循马克思主义的理论原则：社会主义实现的基础是工业社会化。很清楚，英国与俄国的情况截然不同。英国工党总是依赖和平手段来达到自己的目的；工党的政策并不是基于“要么全改，要么全不改”的原则，而是将医药、银行、钢铁、矿业、铁路和化学工业社会化，其他工业则没有国有化。虽然工党采用了一种在资本主义经济中掺和一些社会主义成分的经济方针，其实现社会主义的主要思想仍然是将生产资料社会化。

但是，尽管英国的实验的失败不如俄国那么严重，却也是令人气馁的。一方面，英国工党采取了许多集中管理和官僚化的举措，但这些安排并没有使任何关心人类自由及独立性的人产生好感。另一方面，工党也没有达到社会主义的任何基本期望。事情已经十分清楚，对英国矿工或钢铁工人来说，企业由几千人，甚至像在公共企业中那样，由几十万人所有，或是由国家所有，情况都差不多。他的工资、权力，尤其是他的工作条件、他在生产过程中所起的作用，仍然同先前基本一样。国有化给工人带来的利益中几乎没有什么是不可能在一个纯粹的资本主义经济中通过工会得到的。不过，虽然工党政府所采取的措施没有达到社会主义的主要目标，但英国的社会主义给英国人民的生活带来了有利的重大变化，忽视这一事实是目光短浅的表现。重大变化之一便是把健康保险纳入了社会保险体系。按照健康保险制度，在英国，人人都不用担心生病会成为彻底打乱生活安排的灾难(更不用说由于没有恰当的医疗救护而丧命的可能性)。这种制度对美国的中产阶级来说，可能没有什么意义，因为他们有钱付医疗和住院费用。但是，这确实是一项根本的改善措施，可以同全民教育所取得的进步相比。此外，尽管工业国有化在英国推行的程度有限(约占整个工业的五分之一)，却使国家能够在一定程度上调节整个经济，整个英国经济由此得益不少。

尽管我们尊重并欣赏工党政府的这些成就，但是，如果我们从人的而不是从纯经济的角度来看，可以说，工党的措施无助于实现社会主义。虽然人们会争辩道，工党这是刚开始实施自己的纲领，要是工党执政的时间再长一些，完成了自己的任务，它就能够引入社会主义——但这种论点却不那么令人信服。人们甚至想象，待英国的全部重工业社会化之后，生活会更保险，社会也会更加繁荣，用不着担心新的官僚机构会比通用电气或通用汽车的官僚机构对自由威胁更大。但是，如果我们所说的社会主义是指一种新的生活方式，一个团结的、人与人彼此信赖的社会，在这样的社会中，个人发现了自我并从资本主义制度所固有的人的异化状态中脱身而出，那么，尽管我们在上面说了那么多关于工党的纲领的优点的话，这样的社会化和计划经济也不是社会主义。

苏联式的共产主义的后果令人恐惧，而英国工党的社会主义的成效也令人失望，两者都使很多民主社会主义者产生了消极、绝望的情绪。一些人仍旧相信社会主义，但这更多地是出于自尊或固执，而不是出自真正的信念。另一些人则忙于在一个社会党中做一些或大或小的工作，满足于日常的实际事务，不作更多的反思。还有一些人则对社会的更新失去了信心，将征讨俄国式的共产主义作为他们的主要任务，他们对这种共产主义的控诉为非斯大林分子所熟知和接受；另一方面，他们不再对资本主义作任何激烈的批评，不再对民主社会主义的运转提出新的建议。他们给人的印象是：只要解除了共产主义这项威胁，就没什么需要全世界警惕的事情了；他们的举动就像失望的恋人一样，对爱情完全灰心丧气了。

为了说明民主社会主义者中普遍的沮丧症状，我援引了 R. H. S. 克罗斯曼文章中的一段话，他是最善于思考问题、最积极的工党左翼领导人之一。克罗斯曼写道：

> 我们生活的时代不是稳步迈向世界性的福利资本主义的时代，而是世界革命的时代，因此，那种认为社会主义者的任务是帮助逐渐改善人类的物质状况、逐渐扩大人类自由的范围的看法是十分愚蠢的。历史的力量从各个方向迫使人们朝极权主义前进：在苏俄集团中，克里姆林宫的政策有意识地造成了这种局面；在自由世界，管理型社会的成长、全面重整军备的后果，以及对殖民地人民独立愿望的压制，也导致了这种倾向。社会主义的任务既不是加速，也不是反对这场政治革命（因为这就像一百年前反对工业革命的努力一样，是徒劳无益的），而是使之文明化。①

在我看来，克罗斯曼的悲观主义看法有两点错误。其一，认为管理型的或斯大林式的极权主义可以“文明化”。如果说克罗斯曼所说的文明化是指一种不像斯大林式的独裁制度那样残酷的制度，他可能是正确的。

---

① 《新费边文集》，R. H. S. 克罗斯曼编，特恩斯泰出版社，伦敦，1953 年，第 31 页。

《美丽的新世界》中那种完全依据暗示和条件反射的模式与奥威尔的《一九八四》中的模式同样地非人道和疯狂。一个完全异化的社会，无论采取这两种模式中的哪一种，都是无法被人性化的。另一点错误在于克罗斯曼的悲观主义本身。社会主义，就其真正人性的和道德的理想而言，仍然是世界上亿万人极力追求的目标。同十九世纪相比，实现人本主义的民主社会主义的客观条件现在要成熟得多。提出这种假设的理由可以从下面对有关经济、政治和文化领域内的社会主义改革的建议的概述中清楚地找到。不过，在作出概述之前，我得先声明(尽管这种声明大可不必)，我提出的建议既不是什么新东西，也不是什么包罗一切或是细节处也必然正确的主张。这些建议只是基于这样一种信念：我们有必要从对原则的一般性讨论转入对实际问题(即这些原则如何实现)的探讨。在政治民主实现之前很久，十八世纪的思想家们便讨论了制宪原则的蓝图，以表明国家的民主政体是可能实现的以及怎样去实现。二十世纪的问题是讨论实施政治民主以及把政治民主转变为真正的人的社会的方式和方法。反对的意见主要出于悲观主义及深层的缺乏信心。人们声称，我们无法阻止管理型社会的进展，阻止这种形式的社会所包含的对人的操纵，除非我们倒退到手工纺车的时代，因为现代工业需要管理人员及自动机器。另外的异议则是由于缺乏想象力。还有一些人提出反对意见，因为他们心中有一种深深的恐惧感，唯恐不再受人支配，获得完全的生活自由。但是，毫无疑义，社会改革的问题，无论从理论上还是从实际上讲，都不像化学家及物理学家解决过的技术问题那样难以解决。我们还应坚信，我们更需要的是人本主义的复兴，而不是飞机或电视。只消把用于自然科学的理性和实事求是精神拿出来一小部分用以解决人的问题，我们就能将十八世纪的先辈们引以为傲的任务继续下去。

二、公有制社会主义的原则

马克思主义强调生产资料社会化，这种看法本身受到了十九世纪资本主义的影响。所有制和财产权是资本主义经济的核心范畴。马克思通过颠倒资本主义的财产制来定义社会主义，要求“剥夺剥夺者的所有权”，此时，他仍然停留于这个参照系之中。如同他们将政治与社会因素置于对立的位置一样，在这里，马克思和恩格斯更多地受到了资产阶级精神而不是其他社会主义思想流派的影响。这些社会主义思想流派关注的是工人在工作过程中所起的作用、他在工厂中同其他人的社会联系，以及工作方法对工人性格的影响。

马克思主义的社会主义的失败之处——可能也是它的受欢迎之处——正在于对财产权和纯经济因素的这种资产阶级式的过高评估。而其他社会主义思想流派则对内在于马克思主义的这种陷阱要警觉得多，他们更为充分地表达了社会主义的目标。欧文主义者、工团主义者、无政府主义者以及行会社会主义者重点关心的问题是一致的：工人在工作中的社会的及人的处境，以及他与其他工人的关系(我在这里及后面所说的“工人”是指任何靠自己的工作为生、不靠雇佣他人获得额外经济收入的人)。所有这些不同形式的社会主义都可称为“提倡公有制的社会主义”，其目的都在于建立一种工业生产组织，在这一组织中，**每一个工作者都会是积极而负责的参与者，而工作也将是吸引人的、有意义的，资本将不雇佣劳动，劳动会雇佣资本**。这些形式的社会主义强调工作的组织问题以及人的社会关系，并不主要看重所有权问题。全世界的社会主义者表现出明显的向这种态度回复的趋势，而在数十年前，他们曾经认为马克思主义思想的纯粹形式是解决一切问题的办法。关于这一点，我在后面将要加以说明。尽管彼此间存在着相当的差别，但这种提倡公有制的社会主义思想是工团主义者、无政府主义者、行会主义者，尤其是马克思主义的社会主义者所共有的。为了使读者对这类社会主义思想的原则有一个总的概念，笔者在此摘录了一段科尔的系统阐述。

科尔写道：

从根本上讲，过去坚持自由的想法是对的；这种想法后来被一扫而光是因为它只从政治上自治的角度来考虑自由。新的自由概念必须有更广阔的视角，它必须包含这样一种人的概念：人不仅是自由国家的公民，而且是工业国家中的合作者。官僚主义的改革家只强调生活的纯物质的一面，他们要建立这样一种社会，它由吃得好、住得好、穿得好的机器组成，这些机器为更大的机器——国家——工作；个人主义者给人们提供的选择是行动自由掩饰下的饥饿和奴役。新的社会主义的目的是真正的自由，这种自由把人当成人而不是问题或神明看待，以此确保人的行动自由，使人免受经济压迫。

政治自由本身实际上是虚幻的东西。如果一个人每周六天(如果不是七天)在经济上处于屈从的地位，那么，仅仅靠五年一次的投票，他并不会变得自由。要使自由对一般人有点意义，自由就必须包括工业自由。从事劳动的工人在知道他自己是工人自治团体中的一员之前，从本质上讲，将一直处于被奴役的状态，无论他生活在什么样的政治制度下。仅仅破除工资奴隶与个体雇主之间那种有辱人格的关系是不够的。国家社会主义也使工人受到一种专制主义的束缚，这种专制主义同样令人感到屈辱，因为它是非人格的。工业领域的自治不仅仅是政治自由的补充，还是政治自由的开路先锋。

人无处不受束缚，并且，除非他感到受束缚(无论是受个人还是受国家的束缚)是一种耻辱，否则这些枷锁将无法打碎。文明的疾病更多地不在于许多人的物质贫困，而在于自由及自信精神的没落。改变世界的反抗不是起于催生“改革”的苛捐，而是发自争取自由的意志。人们将完全意识到他们是相互依赖的，因而一起行动起来；不过，他们是为自己而行动。自由不会从天而降，他们将为自己去争取自由。

因此，社会主义者应当做的不是向工人提出这样的问题：“贫穷难道不是令人不快的事吗？难道你不愿帮助穷人吗?”而是应当这样向他们呼吁：“贫穷正是人被奴役的标志；要救治贫穷，**你**应当不再为他人下苦力，你必须相信你自己。”只要世上有充当主子的人或机构，工资奴隶就会存在；而当工人学会将自由置于舒适享乐之上的时候，这种状态就会结束。一般人成为社会主义者，不是为了得到“最低限度的文明生活”，而是因为那种使他和他的同胞失去判断力的被奴役状态令他感到羞愧，因为他决意结束那种使他们变成奴隶的工业制度。①

那么，首先，劳动者必须实现的理想的实质是什么呢？工人所要求的“管理工业”的权力意味着什么呢？这可以用两个词来概括——**直接管理**。实际管理企业的任务应当交给在企业中辛勤工作的工人。他们必须有权指挥生产、分配和交易；他们必须赢得工业自治，有权选举自己的负责人；他们必须理解、管理工业和贸易的一切复杂的机制；在经济领域中，他们必须成为其团体的得到普遍认可的代理人。②

---

① G. D. H. 科尔和 W. 梅勒：《工业自由的含义》，杰·艾伦暨昂温有限公司，伦敦，1918 年，第 3、4 页。

② 同上书，第 22 页。

三、社会-心理学的反对意见

讨论在工业社会中实现公有制社会主义的实际建议之前，我们最好停顿一下，先讨论反对这种可能性的主要观点：第一类反对意见基于对工业工作的性质的考虑，另一类的出发点是有关人性及工作的心理动机的看法。

正是出自对工作环境本身的变化的考虑，很多有思想且本意良好的观察家对提倡公有制的社会主义的想法提出了最激烈的批评。他们争论道：现代工业工作的性质决定了这类工作是机械的，无趣的，异化的。它的基础是极端的劳动分工，因此不可能引起作为整体的人的兴趣和注意。一切使工作重新变得有趣、有意义的想法都是真正浪漫主义的梦想，这种梦想加上它带来的更多的后果和现实主义，必然会导致人们要求放弃我们现在的工业制度，倒回到工业革命之前的手工业生产方式。他们继续争辩道，与梦想相反的是，提倡公有制的社会主义的目的必定会使工作**更加**无意义，**更加**机械。我们看到，在过去一百年中，工作时间大大缩短了，希望在将来每天工作四小时，甚至两小时，似乎也不是异想天开。我们也看到，现在，工作方法正在发生急剧的变化。工作过程被分割成这么多细小的组成部分，以致每个工人的工作变得无需经过大脑，工人用不着主动关注他干的活，于是他便可以整日做他的白日梦了。此外，我们正在使用越来越多的自动机器，这些机器有自己的“大脑”，在干净、明亮、健康的工厂工作；而“工人”则除了看着某些仪表，不时拨动一下操纵杆，什么也不做。那些持这种观点的人说：**全自动化的工作确实是我们所希望的**；人将一天只干几小时；工作将不是不舒服的事，也不要求过多的注意力；工作将成为几乎是无意识的例行公事，就像刷牙一样，在每个人的生活中，重心将是他的闲暇时光。

这种论点听起来令人信服，有谁能说，我们的工业不是正朝着实现全自动化的工厂、没有脏活、没有令人心烦的工作这一目标前进？但是，几种考虑阻止我们把全自动化当成达到精神健全的社会的主要希望。

首先，至少值得怀疑的是，工作机械化是否会产生上述论证所称的后果。很多证据恰好表明了相反的情况。例如，最近有人对汽车工人作了一番细致的研究，这项研究表明，他们不喜欢这项工作的程度与它体现大规模生产特征的程度成正比，这些特征包括重复、机械速度及与之相关的其他特征。而另一方面，大多数人出于经济原因喜欢这类工作，更多的人不喜欢这类工作是出于对它所能直接带给人的满足程度的考虑。①工人的行为也表现出同样的反应。“如果工人所从事的工作‘规模化生产的程度很高’，也就是说，这些工作以极端的方式表现出大规模生产的特征，那么，同那些从事规模化生产的程度较低的工作的工人相比，他们更经常旷工，辞职的工人的比例更高。”②大多数工业心理学家认为，机械式工作所给予的做白日梦的自由是一种积极、健康的因素，这种看法也令人怀疑。实际上，白日梦是缺乏与现实的关联的一种表现。做白日梦并不能使人精神振奋或感到放松，从根本上讲，这是一种逃避，伴随着与逃避相关联的所有消极后果。工业心理学家如此乐观地描述的东西，从本质上讲，同样是专注的缺乏，这是现代人的总体特征。你同时干三件事，因为你并不集中精力干任何事。那种认为做事心不在焉令人精神振奋的

---

① 参阅 R. 沃克和 R. H. 格斯特所著《装配线上的人》，哈佛大学出版社，1952 年，第 142、143 页。

② 同上书，第 144 页。I. B. M.（国际商用机器公司）扩大工作范围的经验也说明了类似的想法。当原先分给几个工人的工作由一个工人来完成之时，这个工人就会有一种成就感，将自己同产品联系起来。结果是生产上去，疲劳减少。

认识是十分错误的。事实是，任何精力集中的活动，无论是工作、娱乐还是休息(休息也是一种活动)，都会使人精神焕发，而任何精力分散的活动则会令人厌倦。人人都可以通过简单的自我观察发现这种说法所包含的真理。

除此之外，要达到这样的自动化程度，使每天工作时间减少到三四个小时，尚需很多代人的努力，尤其是当我们不只考虑到欧洲和美洲，还想到非洲和亚洲之时，情况更是如此。非洲和亚洲几乎还没有开始其工业革命。在今后几百年间，人将继续把大部分精力耗费在无意义的工作上，直到工作几乎不再花费精力的时候到来？在此期间，他会变成怎样？ 他难道不会愈来愈被异化吗？他的闲暇时段和工作时段的异化力量是一样大的。那种希望不费力地工作的想法难道不是一种以关于懒惰和神通按钮的幻想为基础的白日梦吗(这种幻想本身就是一种十足的病态)？工作难道不是人类生存的一个重要的部分，不能也绝不该被贬低到几乎毫无意义的地位吗？工作方式本身难道不也是塑造一个人的性格的基本要素吗？完全自动化的工作难道不会导致完全自动化的生活吗？

所有这些看法都质疑将全自动化工作理想化的观点，而现在，我们得对付那些否认工作可以成为吸引人的、有意义的活动，因而完全可以真正人性化的观点。这类观点的论据是：现代工厂中的工作就其本性而言不会自动导致工人的兴趣和满足感，此外，还有一些确实令人不快、使人厌恶的工作必须去干。工人主动参与管理与现代工业的要求格格不入，这种参与将导致混乱。为了在这种制度中恰当地发挥自己的作用，人必须服从，适应程序化的组织。人生来就懒惰，不愿承担责任；因此，人必须学会中规中矩，不要过于主动，过于自发。

为了恰当地看待这些论点，我们必须对**懒惰**以及**工作的各种动力**这些问题作一番认真的考虑。

令人感到吃惊的是，尽管许多可观察到的事实与人天生就懒惰的说法相矛盾，心理学家以及门外汉们却仍然坚持这种观点。**懒惰根本不是常态，而是心理疾病的一种症状**。实际上，心理疾病最严重的形式之一便是厌烦——不知道如何对待自己和自己的生活。即使得不到金钱上的或是其他形式的奖赏，他也会乐于以某种有意义的方式花费自己的精力，因为他不能忍受无所事事带来的厌烦情绪。

让我们来看看儿童：他们从来不懒；只消稍加激励，甚至在没有人鼓励的情况下，他们也忙于玩耍、提问、编故事，除了事情本身的乐趣之外，没有什么其他的刺激因素。在心理学领域，我们发现，对一切事情都失去兴趣的人是病入膏肓的人，他根本无法表现出人性的正常状态。很多材料谈到了失业工人的情况，在失业期间，工人会感到这种“强迫的”休息同挨饿一样难受，或者比挨饿更难以忍受。还有很多材料表明，许多年满六十五岁的人不得不停止工作，这种情况常常会引起深深的愁苦，很多人会因此健康状况恶化或生病。

但是，这种广为流传的关于人天生懒惰的信念有着充分的理由。主要理由在于这样一个事实：异化了的工作令人厌烦，使人不满；它使人精神极度紧张，也使人产生敌视情绪，进而厌恶正在做的工作及与此相关的一切。结果我们发现，渴望懒惰、“什么也不干”就成了很多人的理想。于是，人们感到，他们的懒惰是一种“自然的”心理状态，而不是病态生活条件的表征，即无意义的、异化的工作的结果。如果我们仔细研究一下有关工作动机的流行观点，我们很容易就会看到，这些观点的基础是异化工作的概念，因此由这些观点推导出来的结论并不适用于非异化的、吸引人的工作。

传统的也是最普及的理论是：**金钱**是刺激工作的主要因素。这个答案可以有两种不同的含义：第一，害怕挨饿是刺激工作的主要因素，在这种情况下，这个论点无疑是正确的，假如工人不是面临要么接受工作要么挨饿的选择，很多工作，就其工资或其他工作条件而言，决不会有人乐意去干。在我们的社会中，令人讨厌的、工资较低的工作，人们并不是出于自愿去干的，但生活的需要却迫使很多人去干这类工作。

更经常的情况是，金钱刺激的概念包含着这样的意思：希望**多**挣钱的想法是刺激人加倍工作的动机。按照这种观点，人要不是受到较多金钱回报的诱惑，他根本不会愿意去干活，或者至少干活不会那么起劲。

绝大多数工业家以及很多工会领袖仍然坚持这种信念。例如，就什么是提高工人生产效率的重要方式这个问题，五十位工厂经理分别给出了如下回答：

“金钱是唯一的答案。”	44%
“金钱是相当重要的因素，不过也应重视某些不那么摸得着的东西。”	28%
“金钱是重要的，但超过了某个限度，金钱也不起什么作用。”	28%
	100%①

实际上，全世界的雇主都赞成把工资奖励计划当成唯一的手段，这种计划可以提高每个工人的生产率，提高工人和雇主的收入，并且因此间接降低旷工率，使工人更容易管理，等等。来自工业领域和官方机构的报告

① 参阅《一九四七年工业民意指数调查》，转引自 M. S. 维特尔斯所著《工业中的动力和士气》，W. W. 诺登出版公司，纽约，1953 年。

和调查“普遍证明了工资奖励计划在提高生产率以及达到其他一些目标方面所起的有效作用”。[①]似乎工人也相信，工资奖励能使每个人生产出最多的产品。民意研究委员会于一九四九年对全国各地制造企业的雇员进行了抽样调查，对象是一千零二十一名体力劳动工人。65%的工人说奖励工资增加了产量，只有22%的人说计时工资会提高生产效率。不过，就**他们喜欢**什么样的计酬方式这个问题，65%的工人回答喜欢计时工资，只有29%的人赞成奖励工资。（在拿计时工资的人当中，喜欢与不喜欢这种计酬方式的比例是74：20；甚至在拿奖励工资的人中，也有59%的人赞成计时工资，只有36%的人赞成奖励工资。）

维特尔斯对后一种结果作了这样的解释，这表明，“尽管奖励工资有利于增加产量，它本身并不能解决工人合作这个问题”。[②]越来越多的工业心理学家，甚至某些工业家，赞同这种意见。

不过，如果我们不考虑这样的事实——希望得到更多的钱的愿望不断地受到以金钱为主要刺激手段的企业的鼓励和支持，那么，有关金钱奖励的讨论就会不全面。广告宣传、分期付款制度，以及其他许多措施，刺激了个人购买更多、更新的东西的贪欲；这种贪欲会达到这样的程度，他很难有足够的钱去满足这些“**需要**”。于是，由于受到工业的人为刺激，金钱奖励起到了本不该有的作用。此外，用不着说，只要金钱奖励是**唯一**的刺激手段，它就会扮演至高无上的角色，因为工作过程本身难以令人满意，使人厌烦。许多人宁愿选择这样的工作：虽然挣钱较少，但工作本身十分有趣。我们可以举出很多属于这种情况的例子来。

---

① 参阅《一九四七年工业民意指数调查》，转引自M. S. 维特尔斯所著《工业中的动力和士气》，W. W. 诺登出版公司，纽约，1953年，第27页。

② 同上书，第49、50页。

除去金钱，刺激工作的主要手段还包括**名誉**、**地位**，以及与金钱相伴随的**权力**。我们用不着证明，对名誉、权力的渴求是刺激中等及上层阶级的最有力的手段；事实上，金钱的重要性主要在于显示名望，至少是安全和舒适。工人、职员以及工商业官僚集团的下级成员也有追求名誉的需要，但是，这种需要所起的作用常常为人们所忽视。名片对于火车卧车上的搬运工、银行的出纳等人来说，是增强他的重要感的重要的心理激励；私人电话、高级别的宽敞办公室也是如此。这些与名誉相关的因素在产业工人中也有其作用。①

如今，金钱、名誉和权力是激励我们社会大部分被雇佣人员的主要手段。但是，也有其他一些激励人的动力，如由建立**独立的经济实体**以及干**技术工作**而来的满足感。同金钱和权力的刺激相比，这两者能使工作更有意义，更吸引人。在十九世纪及二十世纪初，经济独立和技术是令独立商人、手工艺匠人及技艺高超的工人满意的最重要的因素，在今天，这些动力所起的作用却正在迅速消失。

如果把雇员人数的增长与独立经营者的境况作一番对照，我们就会发现：十九世纪开始时，大约五分之四的从业人口是个体经营者；到了一八七〇年，只有三分之一的从业者属于这类人；而到了一九四〇年，这一古老的中产阶级就只占从业人口的五分之一了。

这种从独立经营者到雇员的转化本身就会导致工作满意度的下降。个中原因我们已经在前面讨论过了。比起独立工作者，受雇者的地位的异化程度更高，无论他的薪金高还是低，他都不过是组织的附属品，而不是一

---

① 参阅W.威廉斯：《人的主要动力》，查尔斯·斯克里布纳之子出版公司，纽约，1925年，第56页，转引自M.S.维特尔斯的著作《工业中的动力和士气》，第65页及其后。

个为自己干活的人。

不过，也有一个可减轻工作异化程度的因素，这就是工作所需的技术。但是，就此而论，情况也在朝着技术需要不断减少、异化程度因而不断增加的方向发展。

办公室的工作人员需要有某种技术，但“悦人的性格”这个因素，即能够将自己卖出去的品德，却越来越显得重要。在产业工人中间，那种老式的全能工人日益失去其重要性，代之而起的是半熟练工人。在福特汽车工厂，到一九四八年底，在全部工人中，经过不到两周训练就开始工作的工人占了75%到80%。福特工厂办的学徒职业学校每年只有三百名毕业生，而且毕业生的一半还进了其他工厂。在芝加哥的一家电池工厂，一百名所谓的高资质机械工中，只有十五人有全面系统的技术知识，另外四十五人只是能“熟练地”掌握某一台机器。芝加哥西方电气公司的一家工厂中，工人的平均训练期为三到四周，最细致、复杂的工种的训练期也不过六个月。一九四八年，该工厂共有雇员六千四百人，包括一千名白领工人、五千名产业工人，只有四百名工人可以被称为熟练技术工人。换言之，雇员总数中只有不到10%的工人技术合格。在芝加哥一家糖果厂，90%的工人只需要“边干边练习”，这种训练不超过四十八小时。①

甚至像瑞士手表业这样以高资质、高技术的工人为基础的行业在这一方面也发生了急剧的变化。一方面，仍然有很多厂家按传统的工艺原则生产，与此同时，在(瑞士)索罗图恩州建的大型手表厂只有少量真正的熟练技术工人。②

---

① 这些数字引自G.弗里德曼的著作《人类的工作向何处去》，伽里玛出版社，巴黎，1950年，第152页及其后。

② 参阅G.弗里德曼的著作《人类的工作向何处去》，第319、320页。

总之，绝大多数人的工作只需掌握很少的技术，他们几乎没有机会发展自己的特长或是展现自己的突出成就。一方面，管理人员或专业人员至少对完成一些或多或少属于个人的事相当有兴趣，与此同时，大多数人则将他们的体力或少得可怜的一部分智力出卖给雇主。雇主用这些来获取利润，这些利润没工人什么事，他们对自己生产的产品也不感兴趣。大多数工人的唯一目的是赚钱活命，偶尔也满足一下他们作为消费者的贪心。

这种情况必然会导致不满、漠然、厌烦，使人感到不快乐，没有价值，隐约觉得生活毫无意义。人们不一定意识到了这种社会造就的综合征；他们发疯似的想逃避这一切，或是渴望更多的金钱、权力、名誉，这些做法可能会掩盖这种社会综合征。那些刺激手段的能量之所以如此之大，完全是因为异化了的人禁不住要这样做，以补偿他内心的空虚，而绝非因为他“天生”有这类欲望，或这类欲望是最重要的刺激工作的力量。

有没有实际的例子证明当今大多数人都不满意自己的工作呢?

为了回答这个问题，我们必须区分人们对自己的满意程度的**有意识的考虑**和他们的**无意识的感觉**。根据心理分析的经验，不快及不满显然会被严格压抑；一个人会有意识地感到满意，而他的梦、由心理因素造成的疾病、失眠症，以及其他很多症状却会反映出他潜在的不快。存在着一种广泛的感受：不满意就意味着“失败”、古怪、不成功，等等。这种感受强有力地支持着对不满及不快加以抑制的倾向。（例如，有意识地认为自己婚姻幸福并且在问卷调查中真心实意地表达出这种信念的人远比有真正美满的婚姻的人多。）

甚至**意识到**自己对工作感到满意的情况也相当说明问题。

在一项全国性的研究中，我们发现，85%的专业人员和经理对工作感到满意，觉得有趣，64%的白领工人、41%的工厂工人也这样表示。在另一项研究报告中，我们发现了类似的情况：86%的专业人员、74%的管理人员、42%的商业雇员、56%的熟练技术工人、48%的半熟练技术工人表示对自己的工作感到满意。①

从这些统计数字中我们看到，专业人员和经理同工人和职员之间存在着重要的差异。前一类人中，只有少数人不满意；而在后一类人中，不满意的人则超过了半数。就总人数而言，大致过半数的受雇人员意识到自己对工作不满意，不认为工作有什么乐趣。如果考虑到无意识的不满意，百分比会高出相当多。对于85%“满意工作”的专业人员和经理，我们也不得不仔细考察他们之中究竟有多少人患有由心理因素造成的高血压、胃溃疡、失眠症、神经紧张及神经疲劳。尽管没有这方面的确切资料，但如果我们考虑到这些症状，那么，真正对工作满意、觉得工作有乐趣的人无疑比上述数字所显示的要少得多。

就工厂工人和职员而言，**意识到**自己的不满的比例已经很高。毫无疑问，对自己的不满尚无意识的人的比例会更高。几项研究报告说明了这一点。这些报告表明，神经症和由心理因素造成的疾病是旷工的主要原因（工厂工人有神经症症状的比例高达50%）。疲劳、很高的人员更替率是不满意和怨恨的其他症状。

从经济观点看最重要的因而也是人们研究得最多的症状是普遍存在的工人不尽力工作的倾向，也就是人们常常说的“克制工作”的倾向。民意研究委员会在一九四五年进行的一次民意测验中发现：49%的体力劳动工人在回

---

① 参阅C.W.米尔斯：《白领》，牛津人学出版社，纽约，1951年，第229页。

答问题时说，“一个人在工厂工作，**应当尽自己最大的努力**”；但41%的工人却回答，**不应尽最大努力**，“只消中等就行了”。①②

我们看到，我们的工业社会提供给大多数社会成员的工作机会让他们产生了大量有意识的以及更多无意识的不满情绪。人们试图将金钱与名誉混在一起刺激工作，并以此来抵制这种不满情绪。毫无疑问，这些奖励手段使人相当愿意工作，对于处于企业等级制度中上层的人员，情况更是如此。可是，尽管这些奖励办法能刺激工作，它们能否导致精神健康或快乐仍是另外一回事。有关工作动力的讨论通常只考虑到第一点，即这种或那种奖励手段是否提高了一个工人的**经济**生产力，而没有想到第二个问题，即有关**人的**创造性的问题。人们忽视了这样的事实：很多奖励措施会促使一个人去做某事，但与此同时，这些措施却不利于人格的健康。一个人可以因为恐惧或感到有罪而拚命干活；精神病理学给我们介绍了许多有关神

---

① M. S. 维特尔斯：《工业中的动力和士气》，W. W. 诺登出版公司，纽约，1953年，第61页。

② 维特尔斯在“‘经济人’的衰落”这一题目下给出了这样的结论：“总之，对上述这种类型的研究有力地证明了马修森在工厂通过观察以及访问管理部门的代表得出的结论：

“1. 克制是一种广为流传的习俗，深深地嵌在美国劳动人民的工作习惯中。

“2. 科学管理没有能够在劳动契约双方之间形成信任精神，这种精神在推动买卖契约双方的善意合作方面曾经起过重要作用。

“3. 工作不尽力及克制的态度比起超速、超量工作，问题更大。经理们试图加快工人工作速度的努力被工人限制自己努力的机智做法所抵消。

“4. 经理满足于了解每人每小时的产量这类总体效果，只浮浅地注意到工人对于产量的增加有贡献抑或缺少贡献。任何寻求增加生产的努力显然都会采取传统的、不科学的方法；与此同时，工人则坚持运用那些经受过时间考验的自我保护措施，这些措施的出现早于工时定额、奖金计划以及其他鼓励生产的办法。

“5. 无论工人本人在多大程度上愿意或不愿意干满一天的工作，他的实际经验常常使他背离良好的工作习惯。”（同上书，第58、59页）

经症动机导致人过于主动或失去活力的例子。

大多数人认为，既然在我们的社会中普遍存在的这类工作，即异化了的工作，是唯一的工作类型，那么，厌恶工作就是自然而然的事。因此，金钱、名誉、权力也就成了刺激工作的唯一形式。假使我们稍稍运用一下想象力，我们就可以从我们自己的生活中，从对儿童以及很多随时会遇到的情况的观察中，找到大量的证据。这些证据足以使我们相信，我们渴望将自己的精力用于有意义的事。而且，如果能做到这一点，我们会感到精神振奋；同时，如果我们所做的是有意义的事，我们也乐于接受理性的权威。

不过，即使上述情况千真万确，很多人也会提出反对意见：这些真理对我们有何帮助？工业的、机械化的工作就其本质不可能有意义，它不能给人任何快乐或满足——没有什么法子能改变这一事实，除非我们想放弃我们的技术成就。为了回应这种反对意见，并进而讨论有关如何使现代工作变得有意义的某些设想，我想指出工作的两个不同的侧面。就我们的问题而言，认识到这两方面的差别是非常重要的。这就是**工作的技术性和社会性之间的差别**。

四、作为动力的兴趣与参与

如果我们分别考虑工作的技术方面和社会方面，我们就会发现：假使社会方面令人满意，很多技术工作将十分吸引人；另一方面，有很多工作就其技术方面而言不很有趣，但工作的社会环境却可能使其变得非常有趣，十分吸引人。

先讨论一下第一种情况。我们从中发现，很多人会对于某一件事特别感兴趣，例如当一名铁路工程师。但是，尽管铁路工程师是工人阶级中工资最高、最受人尊敬的职业之一，却不能满足某些可以“干得更好”的人的雄心。要是铁路工程师这一职业的社会处境不同于现在，很多企业管理人员会觉得这项工作比他自己所从事的工作有更多的乐趣。让我们再举一个关于餐馆招待的例子。假使这项工作的社会地位不同于现在，这工作对许多人是极其具有吸引力的。干这工作会不停地与人交往。对于喜欢食品的人来说，他会从给人建议选择什么食物、愉快地为他人服务等招待工作中得到乐趣。要不是餐馆招待社会地位低下、收入微薄，很多人会觉得干招待比坐在办公室里同毫无意义的数字打交道要有趣得多。再如，要不是出租汽车司机的社会地位、经济地位差，还会有许多人喜欢这项工作。

人们常常说，有很多工作无人愿意去干，除非为经济状况所迫，矿工工作就是人们常举的例子。但是，如果我们考虑到有各式各样的人，每个人有各式各样的有意识的或无意识的幻想，我们会看到，从社会和经济的角度讲，要是矿工工作不存在劣势，似乎有相当数量的人会感到在地下掘宝十分令人神往。要是不考虑社会及经济方面的不利因素，世上几乎没有什么工作吸引不到特定的人群。

不过，即使我们假定上述考虑完全正确，毫无疑问，机械化工业要求的许多高度程序化的工作本身并不能成为乐趣或满意的源泉。这再次证明，区分工作的技术方面和社会方面是重要的。从技术方面讲，工作可能确实无趣，但整个工作环境却可能使人相当满意。

我们可以举出一些例子来说明这一点。让我们比较一下做同样工作——整理屋子、做饭——的两个人，一个是家庭主妇，一个是拿工资的女佣人。对她们两人来说，工作在技术方面是一样的，都不是那么有趣。但假定这位主妇同丈夫、子女有着幸福、愉快的关系，女佣人是一个平常人，对主人也不多愁善感，那么，这项工作对两人就会有完全不同的意义，满意程度也会不一样。对前者来说，工作不是什么单调沉闷的琐事，对后者却的确如此。女佣人干家务活的唯一原因是她需要挣钱。产生这种差别的原因十分明显：虽然就技术方面而言，她们的工作是同样的，但工作环境却完全不同。对于主妇来说，这工作是她与丈夫、子女的整体关系的一个部分，就这层意义而论，她的工作是有意义的；而女佣人却体验不到由这份工作的这一社会意义而来的满足感。

再举一个例子。一位墨西哥印第安人在市场上出售他的产品，他得整天守着货，等待顾客，并不时回答诸如价钱等问题。从技术方面讲，这同廉价商店女售货员所干的工作一样，都是令人感到乏味和不快的。但两者有一个根本的区别。在这位印第安人看来，市场是进行内容丰富、令人振奋的人际交往的环境。他乐于同顾客周旋，觉得与他们交谈是件快事。要是他早早卖完东西，没有满足与人交往的愿望，他会感到遭受了挫折。可是对廉价商店的售货员来说，情况就完全不同了。虽然她用不着像时髦商店里工资较高的售货员那样满脸堆笑，可她同顾客的疏离关系却与后者的情况一样——没有真诚的人际交流。她成了售货机器的一个部件，害怕被解雇，渴望成功。这份工作的社会环境是非人性的、空虚的，无法令人满意。当然，这位印第安人是出售自己的产品，收获自己的利润，但是，即使是独立经营的店主也会感到厌烦，除非他对工作的社会环境加以改造，使之人性化。

我们再来看看工业心理领域的研究近况。我们发现，很多情况证明了区分工作环境的技术方面和社会方面是件重要的事，工人主动、负责地参与工作会产生充满活力、振奋人心的结果。

如果作为一个整体的工作环境鼓励工人兴趣盎然地、积极地参与工作，那么，技术上单调的工作也会变得有趣。迄今为止，表明这一事实的最有力的证据之一是西方电气公司芝加哥霍桑工厂的埃尔顿·梅奥①进行的一项经典的实验。实验选择的是组装电话线圈的工作。这是一项重复性工作，常常由妇女来完成。一张标准的工作台加上相应的设备，以及五名女工的座位，放在一间小屋里，一张隔板把小屋与主装配间隔开；每间小屋有六个人，五个人在工作台旁工作，一个人向这五个干组装活的人分送零件。所有女工都是有经验的工人。在第一年中，有两人辞职，另两个有同样技能的人顶替了她们。这项实验总共进行了五年，分成若干实验阶段，每一阶段，工作条件都发生了某些变化。我们用不着谈变化的细节，只消说出以下情况就足以说明问题：上午和下午都安排了工间休息，休息时提供点心和饮料，工作时间也缩短了半小时。通过这些变动，每个工人生产的产品大幅度增加了。到此为止，一切顺利；似乎再没有什么比这样的看法更合理了：增加休息时间，采取某些办法使工人“感觉更好”，这些都是效率增加的原因。在第十二个实验阶段，梅奥作了一种新安排：同工人商定之后，每个小组又回复到实验初期的工作条件，休息时间、专门的点心、饮料以及其他一些改善措施都取消了，为时约三个月。可是，这种新安排的效果打破了人们的预期，相当有戏剧性。令人惊奇的是，这样做并没有使产量**减少**，恰恰相反，日产量和周产量都超过了以前任何时候。在下一阶段，老的让步措施又重新实行，只有一点例外，女工们自己备饭，公司则继续在早间休息时提供咖啡。产量继续上升。而且，不仅仅是产量，同样重要的是这样的事实：与平时相比，在实验期间，工人的生病率下降了大约80%，参加实验的女工

① 参阅埃尔顿·梅奥所著《工业文明中的人的问题》，麦克米兰出版公司，第二版，纽约，1946年；以及F.J.罗特利斯伯格与W.J.迪克森所著《管理与工人》，哈佛大学出版社，第十版，1950年。

中，形成了一种新的、友好的交往风气。

我们怎样解释这令人吃惊的结果——“[产量]稳步增长的情况似乎不受实验条件变化的影响”?① 如果不是工间休息、茶点、缩短的工时，是什么东西使工人生产出更多的产品，更健康、更友好地交往？答案十分清楚。从技术方面讲，工作同以前一样单调乏味，甚至某些改善措施，如工间休息，也不是决定性因素。但是，工作的社会环境发生了变化，导致工人的态度发生了改变。工人被告知实验之事，也知道实验有哪几个阶段；厂方听取并常常采纳她们的建议。最重要的似乎是，她们知道自己是在参与一项有意义而且有趣的实验；这不仅对她们，对整个工厂的工人来说，都是重要的。起初，她们有些“害羞，感到不自在，沉默不语，可能是对公司的意图有所怀疑”，后来，她们的态度变得“信任和坦率”。参加实验的小组养成了一种对工作的参与感，因为她们知道自己在做什么，心中有目标和目的，通过建议，她们能影响整个实验过程。

梅奥实验的惊人结果表明，疾病、疲劳以及由此而来的低产量主要不是**技术**方面的单调性引起的，而是因为在工作的社会性方面，工人与整个工作环境疏离开来。一旦工人参与他自认为有意义的工作，有了发言权，疏离的程度便会降低，工人对工作的整体心理反应也会发生变化，尽管从技术方面讲，他仍在干同一种工作。

接着梅奥的实验，人们做了许多研究工作。这些研究倾向于证明，工作的社会环境对工人的态度产生了决定性的影响，尽管从技术方面讲，工作过程仍然同先前一样。例如，怀亚特和他的同事“……为了解影响**工作愿望**的

---

① 参阅埃尔顿·梅奥所著《工业文明中的人的问题》，麦克米兰出版公司，第二版，纽约，1946年；以及F.J.罗特利斯伯格与W.J.迪克森所著《管理与工人》，哈佛大学出版社，第十版，1950年，第63页。

工作环境的其他特征提供了线索。这些线索表明，不同的个人的工作效率的变化取决于占主导地位的群体或**社会气氛**，即集体的影响。这种影响形成了一种无形的背景，决定着工人对工作条件作出的反应的总的性质”。①如果把规模较小的工作群体同规模较大的群体相比，在前一种情况中，个人主观满意程度及产量都较高，尽管在作比较的这两个工厂中，工作过程的性质几乎完全一样，物质条件及福利措施都较好，彼此十分接近。②休伊特和帕菲特对一家英国纺织厂作过一次研究，他们在研究报告中也指出了班组规模与士气的关系。③在这家工厂中，大车间工人的非病假“旷工率”比小车间工人要高出许多。④较早时候，梅奥和隆巴德在第二次世界大战中对飞机制造业的研究也得出了类似的结果。⑤

G. 弗里德曼特别强调了与工作环境的纯技术方面相对照的社会方面。为了说明这两方面的差别，他描述了在一条传送带上工作的工人之间常常形成的“心理气候”。在作业班中发展出了个人的情感纽带和兴趣，就其总的方面看，工作环境并不像局外人——只考虑到技术方面的人——看来那么单调。⑥

---

① 《一九四七年工业民意指数调查》，转引自 M. S. 维特尔斯：《工业中的动力和士气》，W. W. 诺登出版社，纽约，1953 年，第 134 页。

② 同上书，第 138 页。

③ D. 休伊特和 J. 帕菲特：《工作士气和班组规模，职业心理》，1953 年。

④ M. S. 维特尔斯：《工业中的动力和士气》，第 139 页。

⑤ E. 梅奥和 G. F. F. 隆巴德：《南加利福尼亚飞机制造业班组工作与工人流动率》，哈佛商业研究所：《商业研究》，第 32 辑，1944 年。

⑥ G. 弗里德曼：《人类的工作向何处去?》，伽里玛出版社，巴黎，1950 年，第 139 页。还请参阅他的《机器与人道主义》，伽里玛出版社，巴黎，1946 年，第 329、330 页，第 370 页及其后。

前面所举的来自工业心理学研究的例子[1]向我们表明，在现代工业组织的结构中，即便只是很小程度的积极参与会产生何种结果；与此同时，就改造我们的工业组织的结构的可能性而言，通过探讨关于**公有化运动**——当今欧洲最重要、最有趣的运动之一——的报告，我们将获得更令人信服的见解。

在欧洲，大约有一百个工作公社，主要在法国，但也有一些在比利时、瑞士和荷兰。这些公社中，一些是工业公社，一些是农业公社，它们在各方面都有一些差别，但其基本原则却十分类似。因此，对一个公社的描述便足以向人们提供一幅有关所有这些公社的基本特征的图景。[2]

布瓦蒙多是一家生产表壳的工厂。实际上，它已经成为法国七家最大的表壳厂之一。马塞尔·巴布创办了这家工厂。他不得不努力工作，以便赚到足够的钱开办自己的工厂。在这家工厂中，他建立了工厂委员会，采

---

① 国际商业机器公司所做的“扩大工作范围”的实验也是这一方向的。该项实验的要点是想表明，极端的劳动分工使工作毫无意义，如果改变这种情形，给出另一种工作安排，使迄今为止完全分离进行的工作结合成一个有意义的整体，工人会更加感到满意。此外，还有沃克和格斯特的报告中谈到的经验。他们发现，汽车工人更喜欢这样一种工作，在其中，他们至少能看到他们完成的零件。哈伍德制造公司的一家工厂进行了这样一项实验：在接受实验的班组中采用了一些民主的办法，由工人制定决策。这项实验使这一班组的产量增加了14%（参阅维特尔斯的著作《工业中的动力和士气》，第164-167页）。P.小弗伦奇针对操作缝纫机的工人进行了一项研究，研究报告指出，由于工人越来越多地参与工作安排和决策，产量提高了18%（J.R.F.弗伦奇：“实地实验”，载于J.G.米勒所编《社会进程中的实验》一书，麦格劳-希尔图书出版公司，纽约，1950年，第83-88页）。在战争期间，英国也采用了同样的原则，当时，一些飞行员来参观工厂，向工人们解释他们的产品在战斗中怎样被实际运用。

② 在此我使用了克莱尔·H.毕晓普在《万事归公》中对工作公社的描述（哈珀兄弟出版公司，纽约，1950年）。我认为，这部分析深刻、考虑周详的著作在讨论工业组织的心理问题及将来的可能性方面是最能给人以启示的著作之一。

用了一种大家赞同的工资计算方法，包括共享利润。但这种开明的家长制并不是巴布要达到的目的。一九四〇年法国战败之后，巴布想真正开始实施他构想了多年的解放措施。由于在瓦伦斯找不到机械工，他便到街上找了理发师、灌香肠的人、餐馆招待——实际上是除了有专门技术的产业工人之外的任何人。

> 这些人都在三十岁以下。他主动提出教他们制造表壳，前提是他们同意和他一道**寻找**一种“废除雇主和雇员界限”的组织方案。关键是寻找。
>
> ……
>
> 第一个具有划时代意义的发现是：每个工人应当自由地责备他人……工人与雇主之间这种完全的言论自由立刻创造出一种活泼的信赖气氛。
>
> 不过，他们很快就清楚了，“互相责备”引起了讨论并浪费了工作时间。于是，他们一致同意每周定一个时间用于正式会谈，以消除分歧与冲突。
>
> 但因为他们不仅是在寻求一种较好的经济组织方案，而是在寻求一种新的共同生活的方式，讨论必然会转到基本态度上。巴布说道：“很快，我们就感到需要一个共同的基础，或者如我们从那时起所说的，我们共同的道德标准。”
>
> 除非有共同的道德基础，否则，从聚集开始就没有什么意义了，因而也不可能有什么建树。要找到共同的道德基础并不是一件容易的事，因为接受聘用的这二十四个工人的信仰很不相同：天主教徒、新教教徒、唯物主义者、人道主义者、无神论者和共产主义者。他们都检查了

自己的道德观，即，不是死记硬背学来的或是人们出于习惯接受的那些道德标准，而是他们从自己的经验和思想出发认为必须遵守的标准。

他们发现各自的道德标准有某些共同点。他们找出了这些共同点，并将它们当成应一致遵守的最低道德标准。这不是一种纯理论的、含糊的宣言。在前言中，他们宣称：

“我们共同的最低道德标准不会成为一个武断的规范，因为为了确定这些共同点，我们都从生活经验中找出了根据。我们的所有道德原则都在实际的、每天的、每个人的生活中实验过……”

他们重新发现的这些都是由他们自己一步一步地找到的，是自然的道德标准，一种“十诫”。①他们用自己的话将这十诫表述如下：

汝应爱邻居。

汝不得杀人。

汝不得拿走邻人的东西。

汝不得说谎。

汝不应食言。

汝应靠自己的汗水维生。

汝应尊重邻居，尊重其人格和自由。

汝应自重。

汝应先同自己斗争，抵制一切使人堕落的邪恶，一切奴役人的、有损于社会生活的情感：骄傲、贪婪、淫欲、妄求、贪食、愤怒、懒惰。

汝应当坚信，有比生命本身更高尚的东西：自由、人的尊严、真理、正义…

---

① 减去了十诫第一条，这条涉及的是人的命运，而不是道德原则。

工人们起誓，在日常生活中尽最大努力实施这些准则。他们相互起誓。那些有更严格的个人道德标准的人起誓依照自己的信仰生活，但也承认，他们绝对无权干涉他人的自由。实际上，他们都同意完全尊重他人的信仰或无信仰的情况，决不讥笑他人或就此开玩笑。①

这个团体的第二个发现是，他们渴望自己教育自己。他们认为，从生产中节省出来的时间可用于教育。在三个月中他们的生产量增加了许多，乃至一周四十八小时的工作时间可节省九小时出来。他们干了些什么呢？他们用这九小时来接受教育，而且得到与正常上工时间一样的报酬。首先，他们想一起唱歌，接着是提高法语语法水平，然后是学习怎样看商业账目。此后又逐渐开设了其他课程，都是由他们所能找到的最好的教师在工厂授课。他们定期向授课教师支付报酬。其他课程包括工程学、物理学、文学、马克思主义、基督教、舞蹈、唱歌以及篮球。

他们的原则是："我们不是从工厂、从人的技术活动开始，而是从人自身开始。……工作公社强调的不是共同**获得**，而是为了集体和个人的完善**一起工作**。"②他们的目的不是生产率提高或工资增加，而是一种新的生活方式，这种生活方式"并不放弃工业革命带来的益处，而是要适应它们"。③下面是这一个以及其他工作公社建立的原则：

1. 为了过一种人的生活，人必须享有他的全部劳动果实。
2. 人必须能够自我教育。

① C.H. 毕晓普：《万事归公》，哈珀兄弟出版公司，纽约，1950 年，第 5、6、7 页。
② 同上书，第 12 页。
③ 同上书，第 13 页。

3. 人必须在与人的精神和道德的发展相适应的职业团体内追求一种共同的努力(团体以一百个家庭为最大限度)。

4. 人必须主动地将自己与整个世界联系起来。

当人仔细审视这些要求时，他会发现，这些要求意味着生存问题的中心的转移：从制造、取得“东西”到发现、培养及发展人与人之间的关系；从物质文明到人的文明；甚至更好——人与人之间的活动的文明。①

至于工资，与每个工人的成绩相一致，但是，纳入考虑的不仅包括专业工作，也包括“任何于团体有价值的人的活动：一名第一流的技工，会拉小提琴，具有活泼快乐、善于与人相处等品质，对于团体来说，就比另一名技术上同样能干，但脾气坏、不合群的技工价值更高”。②所有工人拿到的工资比工会规定的工资平均高出10%到20%，还不算所有特别的好处。

工作公社购置了面积二百三十五公顷的一个农场。每个人，包括妻子们，每年在农场劳动三次，每次十天；每人有三十天的假期。这就是说，人们在工厂每年只工作十个月。这种安排背后不仅仅是法国人所特有的对乡村的热爱，还有这样的信念：人人都不应当完全与土地分离。

最有趣的是他们使集中与分散融合成一体的办法，这种融合避免了混乱，同时也使公社每个成员积极、负责地参与到工厂及公社的生活中来。在此，我们看到，导致十八、十九世纪的现代民主国家的基础理论的思想和意见(分权、权力制约制度等等)如何被运用到工业企业的组织中。

---

① C. H. 毕晓普：《万事归公》，哈珀兄弟出版公司，纽约，1950年，第13页。
② 同上书，第14页。

最高权力归**全体成员大会**，大会每年召开两次。只有一致通过的决议对其成员有约束力。

全体成员大会选举一名**公社主席**。须全票通过，选举结果方能生效。主席不仅是技术上最有资格的人，如同一名经理应当达到的那样，他也是“一个榜样，一个教育人、爱人、无私、乐于为他人服务的人。服从不具备这些品质的所谓主席是一种怯懦的行为。”

主席拥有全部行政权力，任期三年。三年期满，他可能会重新去开机器。

主席对全体成员大会的决议有否决权。如果大会不想放弃，就得举行信任投票。如果主席得不到一致的信任，他就得作出选择，要么与大会的意见保持一致，要么辞职。

全体成员大会选举**总评议会**委员。总评议会的任务是给公社主席提建议。委员由选举产生，任期一年。总评议会至少每四个月开一次会。参加会议的包括七名委员和各部门的头头。所有议题必须全票赞成才能通过。

在总评议会内部，部门经理和八名委员(包括两名妇女)及公社主席组成**管理委员会**，委员会每周开会一次。

公社里的一切负责岗位，包括部门经理和工头，都完全是通过“双重信赖”原则来确定的，即，最终人选须由一个层次提出，并由另一个层次一致接受。通常的情况是(但并不总是这样)，上层提出候选人，下层接受或拒绝。成员们说，这既可以杜绝蛊惑人心的宣传，也可防止极权主义。

全体成员一周举行一次**碰面会**，正如这个名字所指示的那样，这种会的目的是使每个人知道公社内正在发生的事，并且使大家保持联系。①

整个公社最重要的一个特色是成立了**邻居小组**，并定时召开小组会议。

邻居小组是公社最小的有机体。五六个住处邻近的家庭，由组长领导，在晚饭后聚在一起，组长是按照前面提到的原则推选出来的。

从某种意义上讲，邻居小组是公社最重要的单位。它是“发酵剂”，也是“杠杆”。小组须在一位成员的家中开会，而不是别的什么地方。在那里，人们一边饮咖啡，一边研讨所有问题。会议的细节都有记录，记录送交公社主席，由他把各个邻居小组的记录汇总归纳，然后由各个部门的负责人来解答人们提出的问题。通过这种方式，邻居小组不仅提出问题，而且还就不满意的事发表意见或提建议。当然，也正是在邻居小组中，人们达到了彼此间的充分了解，并相互帮助。②

公社的另一个特征是它的**法庭**。法庭由全体成员大会选举产生，其作用是对两个部门之间或某部门与某成员之间的冲突作出裁决；如果公社主席无法消除冲突，就由法庭的八名成员(通常要求一致通过)来作裁定，这里没有一整套的法律，裁决依据公社的章程、共同的最低道德标准，以及常识。

① C. H. 毕晓普：《万事归公》，哈珀兄弟出版公司，纽约，1950年，第17、18页。
② 同上书，第18、19页。

布瓦蒙多有两大部门：社会部和工业部。后者的组织结构如下：

(最多)十人组成技术组。

几个组组成一个科，一个办公室。

几个科组成一个部。

每组的成员集体对科负责，几个科对部负责。①

社会部处理与技术相关的活动之外的一切活动。

全体成员，包括妻子们，都被鼓励在精神、智力、艺术、身体诸方面全面发展。在这方面，阅读布瓦蒙多的评论月刊《联系》会给人以启示。月刊上登载的报道和评论涉及方方面面：足球赛(与外边的队比赛)，摄影展览，艺术展览参观记，菜谱，促进世界基督教大联合集会，对音乐表演如勒文古特的四重奏的评论，电影欣赏，马克思主义讲座，篮球比赛分数，有关拒服兵役的讨论，农场生活纪实，有关美国应当教些什么的报道，圣·托马斯·阿奎那论金钱的段落，对诸如路易斯·布罗姆菲尔德的《令人愉快的峡谷》、萨特的《肮脏的手》等书的评论。月刊充满了一种振奋人心的美好精神。《联系》是那些肯定生活的人的真实写照，这些人对自己的这种态度是有非常清醒的意识的。

公社有二十八个社会科，新的科还在不停地成立(按人数多少为序)：

---

① C. H. 毕晓普：《万事归公》，哈珀兄弟出版公司，纽约，1950年，第23页。

1. 精神生活科：

天主教小组

人道主义小组

唯物主义小组

新教小组

2. 智力科：

一般知识小组

公民教育小组

图书小组

3. 艺术科：

戏剧小组

演唱小组

室内装潢小组

摄影小组

4. 公社生活科：

合作小组

节日及集会小组

电影小组

对抗小组

5. 互助科：

团结小组

家务小组

书籍装帧小组

6. 家庭科：

育儿小组

教育小组

社交生活小组

7. 卫生科：

二名注册护士

一名处理一般事务的实习护士

三名访问护士

8. 体育运动科：

篮球队(男子)

篮球队(女子)

远足队

足球队

排球队

体育队(男子)

体育队(女子)

9. 读报小组①

公社成员的某些言论大概比任何定义更能说明工作公社的精神和实践：

一位工会会员写道：

一九三六年我是企业代表，一九四〇年被捕，被送往布痕瓦尔德

① C.H. 毕晓普：《万事归公》，哈珀兄弟出版公司，纽约，1950 年，第 35 页。

集中营。二十多年之中，我了解了许多资本主义企业……在公社，生产不是生活的目的，而是手段……我不敢奢望在我们这一代会取得如此巨大和完美的成果。

一位共产党员写道：

作为法国共产党员，为了避免误解，我公开声明，我完全对我的工作和公社生活感到满意；我的政治见解得到了尊重，我得到了完全的自由，我先前的生活理想也实现了。

一位唯物主义者写道：

作为一个无神论者和唯物主义者，我认为，人类最美好的价值之一是对宗教及哲学见解的宽容和尊重。因为这个原因，我感到在我们的工作公社中特别自在。不仅我的思想和言论自由没有受到限制，而且我发现，公社为我提供了必要的物质手段和时间来深入研究我的哲学信念。

一位天主教徒写道：

我已经在公社待了四年。我属于天主教小组。像其他基督徒一样，我一直努力建立一个尊重人的自由和尊严的社会……我以整个天主教小组的名义宣布，公社正是基督徒所希望的那类社会。在这里，人人都自由，受尊重，所有的一切都促使他干得更好，促使他去探寻真理。即便这个社会不能公开叫做基督社会，它在事实上也是。耶稣基督给我们以指示，通过这指示人能认出属于他的：并且我们确实相亲相爱。

一位新教教徒写道：

我们，公社的新教教徒，宣布，这种社会革命是解决问题的办法，它使每个人自由地按自己选定的方式完善自己。这与他的唯物主义者或天主教徒伙伴不发生任何冲突……公社由相互敬爱的人组成，公社实现了我们的愿望——看到人们和睦共处并且知道他们自己为何想活着。

一位人道主义者写道：

我十五岁离开学校，十一岁时，我在教堂参加了第一次圣餐会，接着便脱离了教会。我书念得还行，但精神问题早就忘干净了。就像绝大多数人一样："我对此根本不在乎。"二十二岁时我参加了公社。我立刻发现，这里有学习和工作的气氛，这在其他任何地方都找不到。起初是公社的社会环境吸引了我，了解人可以有什么样的价值是后来的事。接着，我重新发现了人的精神的和道德的一面，这是我在十一岁时就丢失了的东西……我是人道主义小组的成员，因为我并不像基督徒或唯物主义者那样看问题。我爱我们的公社，因为通过它我们每个人内心深处的抱负都能被唤醒，这些抱负相互融合，一起发展，这样我们便可以被从个体改造为人。①

其他公社，无论它们是农业公社还是工业公社，其原则都与布瓦蒙多的原则类似。下边是R.G.工场的条例的一些章节，转引自《万事归公》一书，这家工场是一家生产画框的工作公社。

我们的工作公社不是新型的企业，也不是一种意在促使劳资关系和谐的改革形式。

它是一种新的生活方式，以这种方式生活，人应寻求自我完善，一切问题的解决都考虑到整个人类。因此，它与现今的社会相对立，在现今的社会中，人们通常关心的是维护某个人或极少数人利益的解决问题的办法。

---

① C.H.毕晓普：《万事归公》，哈珀兄弟出版公司，纽约，1950年，第35-37页。

……资产阶级道德和资本主义制度使人类的活动达到了这样的专门化程度：人生活在道德的苦难、肉体的苦难、智力的苦难或物质的苦难之中。

通常，在工人阶级中，人同时遭受这四种苦难，在这种条件下，谈论自由、平等、博爱不过是一句谎言。

工作公社的目的是使人的全面发展成为可能。

R.G.工场的同事们宣称：只有在自由、平等、博爱的气氛中，这一目的才能实现。

但我们应当承认，常常，这三个词使我们想到的不过是货币上的图案或是公共建筑物大门上的题词。

自由

只有具备了下面三个条件，人才能是自由的：

经济自由

理智自由

道德自由

经济自由。人有不可剥夺的工作的权利。他有享有自己劳动果实的绝对权利，他不应当失去这一权利，除非他自愿。

这个观念反对私人拥有集体的生产资料，反对用金钱来再生产金钱，因为这种情况使人剥削人得以可能。

我们也宣称，“工作”应当被理解为人带给社会的一切有价值的东西。

理智自由。人只有在能自行选择时才是自由的。只有在他有充分的知识来作比较时，他才能作出选择。

道德自由。人如果成为自己感情的奴隶，他就不可能真正自由。只有当他有理想，有一种使他可能在生活中前后一致地行动的哲学态度时，他才能自由。

他不能在加快经济或智力解放步伐的借口下使用违反公社道德规范的手段。

最后，道德自由不意味着放纵。我们很容易便可证明，只有严格遵守那些为大家自由接受的集体道德规范，才有道德自由。

博爱

人只有在社会中才能成长。自私是危险的而且是不能长久的帮助自己的方式。人不能把自己的真正利益与社会的利益分离开来。只有通过帮助社会他才能帮助自己。

他应当意识到，他自己的自然倾向驱使他与他人一起寻找更多的乐趣。

团结不仅是一项任务，它是一件令人满意的事，是安全的最好保证。

博爱导致相互宽容，也使人决心永不分离。这使人们能在最基本的共同原则的基础上作出一致的决定。

平等

我们谴责以煽动的方式宣传一切人都平等的做法。我们能够看到，从价值上讲，人与人并不是平等的。

我们认为，权利平等意即让每一个人都有充分完善自我的途径。

因此，我们用一种个人价值的等级制度来代替传统的或世袭的等级制度。①

在总结这些公社的原则的最显著的特点之时，我想提出下列内容：

1. 工作公社确实利用了各种现代工业技术，避免了退回到手工生产阶段的倾向。

2. 这些公社设计出一个方案，在其中，每个人的积极参与同充分集中化的领导并不矛盾；非理性的权威为理性的权威所取代。

3. 公社强调生活实践，不重视意识形态方面的差别。这就使得信念完全不同或矛盾的人能友爱地生活在一起，而不用冒这样的危险：人人都得遵照公社宣称的“正确意见”行事。

4. 工作与社会的和文化的活动结合成一体。从技术方面讲，这些工作并不吸引人，而从社会方面看，它们却是有意义的，有趣的。艺术和科学活动是整个环境不可或缺的一部分。

5. 异化的处境得到克服，工作成了表达人类精力的有意义的方式，在不限制自由或者不迫使人求同的情况下，人类的团结一致得以确立。

虽然公社的许多安排和原则值得怀疑和辩论，但情况似乎是，我们在这里看到了一种创造性的生活——以及许多从我们当今的资本主义生活的立场

---

① C.H. 毕晓普：《万事归公》，哈珀兄弟出版公司，纽约，1950 年，第 134-137 页。

出发一般被当做是异想天开的可能性——的最令人信服的经验实例。①

我们到此为止描述的这些公社当然不是展示公社生活的可能性的仅有的例子。无论是欧文的公社，还是门诺派的公社②，或是赫特派的公社，或是以色列的农业拓居区，都使我们认识到新生活的可能性。③这些组织也向我们表明，绝大多数这种公社实验都是由一些精明而且非常具有实际头脑的人进行的。他们绝不像所谓的现实主义者认为的那样，是梦想家。恰恰相反，同传统的商业领袖表现出来的情况相比，他们大多数人更现实主义，更富有想象力。毫无疑问，这些实验的原则和实践有许多缺点，我们应当承认这些，以便能避免这些缺点。毫无疑问，由于十九世纪坚定不移地相信工业竞争的有益作用，那时的社会风气不像二十世纪下半叶那样有助于这些实验团体获得成功。某些人带着肤浅的优越感，转弯抹角地说这些实验徒劳无益，不现实，这种说法像一般人对铁路旅行以及接下来对

---

① 我们不得不提一下 A. 奥利维蒂在意大利开创公社运动的努力。奥利维蒂是意大利最大的打字机厂的厂长，他不仅按照世界上最开明的实践方式组织他的工厂，而且还制定出一份关于如何在一个以基督教徒和社会主义者关心的原则为基础建立的公社联邦中组织社会的总体性方案（参阅他的《公社的政治秩序》，罗马，1946 年）。奥利维蒂在许多意大利城市建立了公社中心，做了某些开拓性的工作。他的努力与到此为止提到的公社的主要不同点在于：一方面，他的工厂并没有改造成为一个工作公社，显然也不可能做到这一点，因为他不是工厂唯一的所有者；另一方面，他为组织整个社会制定了专门的计划，因而，比起公有化运动中的其他公社，他更多地强调某种特定的社会和政治结构的图景。

② 参阅 C. 克拉图、J. W. 弗雷茨及 R. 克里德：《门诺派生活中的利他主义》，载于 P. A. 索罗金编的《利他主义和精神成长的形式和技巧》一书，比肯出版社，波士顿，1954 年。

③ 门诺派是十六世纪起源于弗里斯兰的基督教新教派，主张成人洗礼，反对天主教等级制度、服兵役和担任公职；赫特派是十六世纪早期在莫拉维亚建立的再洗礼派，或指在北美持相似观点过旧时公社生活的一个团体。二者的信仰内容相似，前者强调教育的重要性，在北美的影响更大。——译注

航空旅行的最初反应一样，都是没有多少道理的。从本质上讲，这反映出这些人头脑的懒惰，以及他们那种根深蒂固的信念：祖宗时没有的事现在和将来也不会有。

五、实际建议

这里的问题是，我们是否可以创造出一种面向我们的整个社会的与公有化运动所创造的环境相类似的环境。这里提出的目标是创造这样一种工作环境：在其中，人将其毕生的时间和精力奉献给某种对他有意义的事业，他知道他在做什么，能对正在生成的事物施加影响，同时，他感到与他的同类团结在一起，而不是同他们分离。这就是说，工作环境又一次具体化了；工人被组成足够小的小组，个人与由真正的、具体的人组成的小组联系在一起，尽管整个工厂可能有成千上万的工人。这意味着找到了融合集权与分权的途径，这些途径允许人人主动参与，主动负责，同时根据需要产生出统一的领导。

怎样才能做到这些呢？

工人积极参与的第一个条件是：他不仅熟知自己的工作，而且十分清楚整个企业的运转情况。这一方面是对工作过程的技术方面的了解。一个工人可能只消在传输带上移动专门的一步，要完成他的工作或许只需要两天或两周的训练。但是，如果他对于关乎整个产品的生产的技术问题有更多的了解，他对待自己的工作的总的态度就会有所不同。首先，工人可以在最初几年一边工作，一边上工业学校，由此来获得这类技术知识。其次，工人还可以参加面向全厂的技术和科学知识课程班，即使这些课程会占去一些工作时间。通过这些办法，工人可继续获得这类知识。①如果工

---

① 某些大的工业企业已经朝着这个方向迈出了第一步。主张公有化的人已经向我们表明，在工作时间，不仅可以给予工人技术教育，还可以对他们进行其他很多种教育。

厂使用的技术程序是工人感兴趣的、想了解的对象，如果这类知识激发了工人自己的思维，那么，即便他要做的工作从其他方面讲是单调的技术工作，这份工作也会展现出不同的色彩。除了有关工业生产过程的技术知识外，另一种知识也是必要的：工人所在企业的经济作用，以及它与整个公社的经济需要及问题的关系。再则，通过最初几年的在职学习，以及不断获得有关企业的经济活动的信息，工人可以得到有关企业在国民经济和世界经济中的作用的真正的知识。

但是，从技术方面和经济方面了解工作过程以及整个企业的运行无论有多么重要，都还不够。要是没有什么办法把理论知识和兴趣转变成行动，这些知识和兴趣就会停滞不前。只有在他能影响那些与他本人的工作环境和整个企业有关的决策时，工人才能成为积极的、感兴趣的、认真负责的参与者。只有当他不为资本所雇佣，不再是被指挥的对象，而成了**利用资本的负责的主体**时，他才能不与他的工作相分离。在这里，关键点不是**占有生产资料**，而是**参与管理和决策**。如同在政治领域一样，这里的问题是避免无政府主义状态，在这种状态下，没有中央计划和领导。人们不是非得在中央集权主义的管理与毫无计划、互不协调的工人管理之间作出选择。问题的解答在于将集权与分权结合，将从上至下的决策与从下至上的决策结合在一起。

合作管理及工人参与①的原则可以这样制定：管理的责任由核心领导

---

① 参阅 G. G. 弗里德曼在其明智而发人深省的研究《机器与人道主义》（伽里玛出版社，巴黎，1946 年，尤其是第 371 页及其后）中所表达的思想。社会学大师，当代著名人物之一，阿尔弗雷德·韦伯在他的深刻的著作《第三或第四种人》（皮珀出版公司，慕尼黑，1953 年）中得出了与我在此处所表达的类似的结论。他强调了这几点：工人和雇员参与企业管理，将大企业转变为理想规模的小单位，同时废除利润动机，引进一种社会主义的竞争形式。但是，只有外部变化还不够，“我们需要一种新的人类结晶体”。（《第三或第四种人》，第 91 页及其后）

层与基层工人两方共同承担。熟悉情况的小组讨论有关他们自己的工作环境和整个企业的事情；他们的决定将被转达给管理部门，构成真正合作管理的基础。消费者将作为第三方参与者以某种方式参与决策和计划。一旦我们接受这样的原则——任何工作的首要目的都是为人民服务，而不是获取利润，那么，被服务者就应当对服务者的工作有发言权。另外，如同政治上的分权情况一样，找到这种形式并不是一件容易的事，但可以肯定，假如共同管理的总原则被人们接受，这就是一个必须面对的问题。在宪法中，我们解决了与政府各部门的权限有关的类似问题。在企业法中，我们解决了与各类股东的权利、经营管理等有关的类似问题。

共同管理、共同决策的原则意味着对财产权实行严格的限制。企业的所有者或所有者们将会得以与其资本投入相应的合理的利润，但并不能对资本所雇用的人员有无限制的指挥权。他们至少必须与在企业工作的人分享这一权利。实际上，就大公司而言，股东并不能真正通过制定决策来行使其财产权；如果工人与管理者分享决策权，股东的实际作用在根本上不会有什么改变。引进共同管理原则的法律会限制财产权，但绝不会使财产权发生激烈的变化。甚至像J.F.林肯这样保守的倡导共享工业利润的工业家也提出(如我们在前面所见)，红利不应超过一个相对固定的数量，超过这个数量的红利应当分给工人。就是在当今的条件下，工人参与管理和决策的可能性也是存在的。例如，B.F.费尔利斯，这位美国钢铁公司董事会主席，也在最近的讲话中宣布(文章概要发表于《读者文摘》，1953年11月15日，第17页)，该公司的三万雇员可以购买公司的全部普通股票，每人八十七股，总值三千五百美元。“每人(每周)投资十美元——这大约是我们的钢铁工人最近提薪的数目——雇员便能在不到七年的时间中买下所有公开发行的普通股票。”如果是为了有足够的股份以获得投票多数，那么，实际上他们用不着买那么多，只买一部分就行了。

F.坦南鲍姆在他的《一种劳动的哲学》一书中提出了另一种建议。他建议，如果工会代表工人控制企业管理，那么工会也可以买足够的企业股份。不管所用的方法是什么，都是渐进的，只是将已经存在的产权关系中的倾向继续下去。这是为了达到一个目的而使用的手段，只是手段，这些手段使工人能够以有意义的方式为达到有意义的目的而工作，而不是作为商品——即他的体力和技能，它们像其他商品一样被买进卖出——的载体存在。

在讨论工人的参与之时，我们必须强调一个重要的点，即存在这样一种危险，这种参与朝着超级资本主义的利润共享观念的方向发展。要是企业的工人和雇员只考虑到**他们的**企业，人与他的社会力量之间的异化仍然不会改变。自我中心的、异化的态度只会从个人延伸到“班组”。因此，工人将视野拓展到他们的企业之外，关注消费者和同行业的其他工人以及整个工人阶级并将自己同他们联系起来，是工人参与的基本部分，而不是附带的东西。怀亚特和其他英国社会心理学家提出，某种对企业的褊狭的“爱国心”以及类似大学生的团体精神的思想如果得以发展，只会强化逃避社会交往、自我中心的态度，而这种态度正是异化的本质。所有这些赞成“班组”热情的建议都忽略了这样的事实，世上只有一种真正的社会倾向——与人类团结一致的倾向。团体内部的社会聚合力加上对团体成员之外的人的敌视态度，这不是社会感情，而是延伸了的个人主义。

在总结这些有关工人参与的说法时，我愿意冒重复的风险再次强调一下，所有意在使工作人性化的建议都不以增加经济产量为目的，其目标也不是使人更加满足于工作**本身**。这些建议只有在一种完全不同的社会结构中才有意义；在这种社会结构中，经济活动是社会生活的一个部分，而且是从属部分。我们不能把工作与政治活动、闲暇时间以及私人生活分离开来。假使工作将变得有趣，而生活的其他领域却不会同时变得人性，那么，一切事情都不会发生真正的变化。事实上，工作不会变得有趣。当今文化的恶就在于把生活的各个领域分离开来，孤立起来。通向精神健全之路在于克服这种分裂，在社会及个体的人的内部达到一种新的团结和统一。

我在前面谈到过许多社会主义者对实施社会主义原则的结果感到气馁。不过，越来越多的人开始意识到，社会主义的基本目的——建立一个没有异化的社会，在这个社会中，每个劳动者积极、负责地参与工业生产和政治事务——并没有错，错误在于过分强调了私有财产与公有财产的对立，并且忽略了人的因素和合适的社会因素。与此相应的是，越来越多的人也逐渐深刻地认识到，必须有这样一种社会主义眼光：集中精力考虑工人的参与及共同管理、分权，以及人在工作过程中的具体作用等问题，不纠缠于财产这一抽象概念。人们开始把欧文、傅立叶、克鲁鲍特金、兰道尔以及宗教的和世俗的公有化倡导者的思想与马克思、恩格斯的思想融合在一起；他们质疑纯粹从意识形态的角度构想“最终目的”的做法，更关心此时此地的、具体的人。有迹象表明，民主主义的和人道主义的社会主义者也越来越意识到，社会主义始于家中，也就是说，始于**社会主义政党的社会主义化**。这里所说的社会主义当然不是从产权的角度，而是从每个成员认真负责地参与这一点来考虑的。只要社会主义政党不在其内部实现社会主义原则，他们就不能使他人信服；而且，他们的代表(如果握有政权的话)也会按资本主义的精神实施他们的思想，无论他们用的是什么样的社会主义标签。工会也是如此；由于工会的目的是实现工业民主，他们必须首先在自己组织内部引进民主原则，而不是用资本主义制度下大商业机构的管理方式——有时甚至更糟——来管理工会。

这种强调工人在工作过程中的具体处境的公有化概念过去曾对西班牙和法国的无政府主义者、工会主义者以及俄国社会革命者产生过相当大的影响。尽管在一段时间内这些思想在绝大多数国家逐渐失去其重要性，但现在似乎又在慢慢地以不那么带有意识形态色彩、不那么教条主义，因而更加现实和具体的形式发展壮大。

我们可以从最近论述社会主义问题最精彩的刊物之一《新费边社论文集》中觉察到这种越来越强调社会主义的功能性的和人的方面的倾向。C. A. R. 克罗斯兰德在《从资本主义向社会主义的过渡》一文中写道：

> 社会主义要求，工业中的这种敌意应当让位给一种共同努力的参与感。怎样才能做到这一点呢？最直接、最容易探寻到的路线就是朝着共同协商的方向前进。在这一领域已经进行了许多富有成果的工作。现在十分清楚，除了按照现有的模式组成统一生产委员会之外，还需多做些工作——采取某些更激进的措施使工人有参与决策之感。几家进步厂家已经迈出了大胆的步子，而且结果也十分鼓舞人心。①

他建议采取三项措施：大规模拓展国有化，以法律的形式规定红利的限度，或者：

> 第三种可能性是改变公司所有权的法律结构，用一套明确规定厂家对工人、消费者及社会应承担的责任的章程来取代股东的单独控

① 参阅 C. A. R. 克罗斯兰德：《从资本主义向社会主义的过渡》，载《新费边社论文集》，R. H. S. 克罗斯曼编，特恩斯泰出版有限公司，伦敦，1953 年，第 66 页。

制；工人成为公司的成员，并在董事会中有自己的代表。①

R. 詹金斯在他那篇论平等的文章中指出了未来要面对的问题：

……首先，资本家投降了，或者手中的权力被夺，因而不起什么作用了，他们是否应被允许保留相当大一部分现有的特权；其次，这个从资本主义中成长起来的社会将是一个参与的、民主的社会主义社会，还是一个由特权阶层控制的管理型社会，在其中，这些高贵者过着根本不同于广大人民群众的生活。②

詹金斯得出了这样的结论："一个参与的、民主的社会主义社会"要求，"当企业所有权从富人手中转移过来之后，应当交给离群众较近的公共团体，而不应交给国家"，应当允许权力有较大的分散，"鼓励各种人更积极地参加公共的、义务性的组织的工作和管理"。

A. 阿尔布在《工业的组织》一文中陈述道：

基础工业的国有化无论在技术上和经济上多么成功，并没有实现权力的更广泛、更民主的分配，也没有制定出任何真正的让工人参与管理决策及其执行的措施。这令很多社会主义者感到失望，这些社会主义者决不希望国家权力高度集中，但除了十分模糊的乌托邦式的想法之外，却提不出任何可供选择的办法来。国外专制主义的教训以及

① 参阅 C. A. R. 克罗斯兰德：《从资本主义向社会主义的过渡》，载《新费边社论文集》，R. H. S. 克罗斯曼编，特恩斯泰出版有限公司，伦敦，1953 年，第 67 页。

② 同上书，第 72 页。

本国的管理革命的发展加深了他们的焦虑；尤其当他们看到，充分就业在一个民主的社会中造成了一些问题，这些问题的解决需要以信息和协商为基础的最广泛的认可，他们更感到焦虑。当协商越来越脱离面对面讨论工作的方式时，它也更加不成功了；因此，在他们看来，工业单位的规模和结构以及他们能独立发挥自己的主动性的程度就成了最重要的事情了。①

阿尔布接着说道：

最终需要的是一种协商制度，这种制度将负责批准方针决策以及认可一个行业所有成员都乐于接受的行政权威。怎样使这种工业民主的概念与那种原始的对自治的渴望——这种渴望令工会主义者激动，是目前很热闹的有关共同协商的讨论的基础——结合起来，是一件需要很好地研究的事。不过，似乎必定存在使行业所有雇员都能参与决策的某种途径——或是通过直接选举，选出参加董事会的代表，或是通过一种具有相当权力的分等级的共同协商制度。无论哪种情况，级别较低的各级都必定会有越来越多的机会参与解释政策和决策的过程。

因此，在工业活动中形成一种目标一致的感受仍然是社会主义的工业政策未能达到的重要目标之一。②

约翰·斯特雷奇是《新费边社论文集》的作者中最乐观，大概也是对

---

① 《新费边社论文集》，R. H. S. 克罗斯曼编，特恩斯泰出版有限公司，伦敦，1953年，第121、122页。

② 同上书，第129、130页。

工党政府取得的成果最满意的人了。他赞同阿尔布所强调的工人参与的必要性。他在《英国劳工的任务和成就》一文中写道：

> 说到底，合股公司的问题是不负责任的独裁统治。从名义上讲，股东控制着公司，实际上，在很多情况下，是一两个自我委任、自我延长权力的主管统治着公司。如果使股票公开上市的公司直接对社会、对它们雇用的所有人负责，这些公司会成为完全不同的机构。①

我引述了某些英国劳工领袖的话，因为他们的观点来自工党政府的社会化措施的许多实际经验以及对这些成就所作的深思熟虑的批评，还因为欧洲大陆的社会主义者比从前越来越多地注意到工人参与工业管理的问题。大战之后，法国和德国制定了一些法律，保证工人能够参与企业的管理。尽管这些新的措施的结果远远不能令人满意(原因是这些措施是半心半意的，在德国，工会代表转变为“经理”，而不是工人自身参与工厂管理)，但情况十分清楚，社会主义者越来越深刻地认识到这样一个事实：把产权从私人资本家手中转移到社会或国家手中的做法本身对工人的处境只有微乎其微的影响，社会主义的中心问题在于改变工作环境。就是在新近成立的法兰克福社会主义国际(1951 年)所发布的无精打采、含混不清的宣言中也强调，在凡是经济权力下放与计划的目的相容的地方都应当下放经济权力。②在科学地观察工业形势的人中，弗里德曼就改造工作环境的问

---

① 《新费边社论文集》，R. H. S. 克罗斯曼编，特恩斯泰出版有限公司，伦敦，1953 年，第 198 页。

② 参阅 A. 阿尔布的文章《工业的组织》，见《新费边社论文集》，R. H. S. 克罗斯曼编，特恩斯泰出版有限公司，伦敦，1953 年，第 121 页；以及 A. 斯图姆塔尔的文章《英国和法国的国有化及工人管理》，载《政治经济学杂志》第 61 卷，1953 年第 1 期。

题得出了与我类似的结论，从某种程度上讲，吉莱斯皮也得出了类似的结论。

强调共同管理的必要性而非重点考虑财产权的公有化计划并不意味着某种程度的国家直接干预和社会化是不必要的。除去共同管理之外，最重要的问题在于这样一个事实：我们的整个工业是以不断扩大的国内市场的存在为基础的。每个企业都想卖得越来越多，以不断扩大对市场的占领。这种经济形势的结果是，企业用尽各种招数来刺激人民的购物胃口，制造并强化不利于精神健康的接纳倾向。如前所说，这就意味着人们急切地想要不必要的东西，不断希望买更多的东西，尽管从人的、非异化的使用的角度看，没有必要买新产品。（例如，汽车业花费了几十亿美元来推出一九五五年款新车，单是雪弗莱牌汽车就用了几亿美元来同福特牌汽车竞争。毫无疑问，老牌雪弗莱曾经是很好的车，福特汽车公司与通用汽车公司之间的争斗主要不是为了给公众提供更好的车，而是为了使他们买一台新车，虽然旧车还可用上几年。）①同一现象的另一个方面是浪费的倾向，而扩大规模生产的经济需要又加快了这种倾向。浪费除了必然导致经济损失之外，还有重要的心理作用：它使消费者失却了对工作和人的努力的尊重，忘记了他自己的以及更穷的国家的人民的需要，对这些人来说，他浪费的产品可能是最有价值的东西。简言之，我们的浪费习惯表明了一种忽视人类生活的现实、不正视人人都无法回避的为了生存而进行的经济斗争的幼稚态度。

显然，从长远的观点看，如果我们的经济体系是这样组织的——当人

① R.莫利十分清晰地表达了这样的观点，他在《新闻周刊》上撰文谈到购买一九五五年款新车的花费。他说道：资本主义想使人们对他们已有的东西丧失兴趣，这样一来，他们就想买新东西，而社会主义要做的则刚好相反。

民不想再买更多更新的东西时，发生经济危机的危险就会迫近——再多的精神影响也不可能会成功。因此，要是我们的目的是将异化消费变成人的消费，我们就必须改变产生异化消费的经济过程。①设计这些措施是经济学家的任务。总的说来，这意味着将生产引向那些现存的实际需要还未得到满足的领域，而不是那些人为地制造需要的领域。这可以通过如下途径实施：国家银行的贷款、某些企业的社会化，以及彻底改变广告宣传的严厉的法律。

与此密切相关的问题是工业化社会对世界上经济欠发达的地区的经济帮助。十分清楚，殖民剥削的时代已经过去，一百年前，世界的各个部分已经紧密地结合在一起了，世界上的富裕地区的和平有赖于穷困地区的经济进步。从长远看，西方世界的和平与自由不可能同非洲和中国的饥荒与疾病同时存在。如果工业化国家想帮助非工业化国家，它们就得削减不必要的消费；而如果它们想和平，它们就必须想到帮助非工业化国家。让我们考虑一下几个事实：H. 布朗认为，一项为期五十年的世界发展计划会使农业生产增长到可为所有人提供充足的营养，现在不发达的地区会达到相当于日本战前的工业化水平。②美国对于这类计划的年支出是头三十年内每年四十亿到五十亿美元，以后就会少一些。作者写道：

---

① 参阅克拉克在《经济进步的条件》一书中的观点："同样多的收入相对均匀地分配会比不均匀分配产生相对来说更多的生产需求。"（转引自 N. N. 富特和 P. K. 哈特的文章：《社会流动性和经济进步》，载《美国经济评论》第 42 期，1953 年 5 月）。

② 参阅哈里森 · 布朗：《人类未来的挑战》，海盗出版社，纽约，1954 年，第 245 页及其后。很少有书能像这本书一样，依据有力的推理和无可辩驳的事实清楚明白地指出，现代社会需要在精神健康和精神错乱、进步和毁灭之间作出选择。

> 如果我们把这笔花费与我们的国民经济收入、我们现在的联邦预算、我们的军备开支以及打仗的开销作一番比较，这笔要支出的资金不会显得太多。如果我们将花费与成功的计划可能带来的潜在收益相比，这笔开支似乎就更小了。而如果我们将这笔花费与无所作为、维持现状的做法带来的后果相比，前者就会是无足轻重的了。①

更一般性的问题是，究竟可以允许资本投资获取的利润在多大程度上以一种有害的、不健康的方式来操纵公众的需要；上述问题不过是这个一般性问题的组成部分。最明显的例子是我们的电影业、娱乐书籍出版业以及我们的报纸上描述犯罪的报导。为了最大限度地获取利润，最低等的本能被人为地激发出来，公众的思想因此受到毒害。食品和药物法案已控制住了无限制地生产和宣传有害的食品和药物的行为；对于其他一切生存必需品，也可采取类似措施。假定这类法律被证明是无效的，那么，对于某些产业，例如电影业，就必须实现社会化，或至少必须发展与之抗争的产业，由公共基金资助。如果一个社会的目的是人的成长和发展，在这个社会中，物质需要从属于精神需要，那么，找到确保这些必要的变化的法律的和经济的手段就将不是一件难事。

就公民个体的经济处境而言，收入平均的思想从来也不是社会主义的要求，而且，出于很多原因，这种想法既不实际，也不可取。一个人应当获得维持其自身有尊严的生存所需的收入。就收入不平均的情况而言，这种不平均的情况不应当超越某个限度，过了这个限度，收入的差别将导致

---

① 参阅哈里森·布朗：《人类未来的挑战》，海盗出版社，纽约，1954 年，第 247、248 页。

生活体验的差别。百万富翁可以不加考虑地满足任何一时的兴致，他对生活的体验就不同于一个为了满足一种代价高的愿望就不得不牺牲另一种想法的人。一个从来不出城、从来都无能力购买任何奢侈品的人（也就是说，无力购买非必需品的人），其生活体验也不同于能够这么做的邻人。不过，即使收入有一定的差别，如果这差别不超过某个限度，那么，基本的生活体验仍可保持相同。要紧的不是收入有多高或多低，而是收入的量的差别到了什么程度会转变为生活体验的质的差别。

不用说，像英国现有的那种社会保险制度应当保留。但这还不够，现在的社会保险制度应当扩展为**普遍的最低生活保障制度**。

造成当今的人不自由的主要因素之一是饥饿这个经济威胁，它迫使人接受他本不愿接受的工作条件。只有当这个因素消除了，每个人才会像自由而负责的人那样行事。只要资本的所有者能将自己的意志强加给“只有”命一条的人，就不会有自由，因为后者没有资本，除了资本家提供的机会，他无法找到其他工作。

一百年前，人们普遍认为，任何人对他的邻居都没有责任。当时，人们设想——经济学家也科学地“证明”了这一点——为了使经济保持运转，社会上必须有一支由穷人和失业者组成的大军，这是社会规律要求的。今天，很少有人敢于再公开提出这条原则。人们普遍接受了这样的看法：任何人都有享受国家财富的权利，无论是从自然法则的角度，还是从社会规律的角度。一百年前流行的所谓合理说法——穷人之所以穷是因为他们无知，缺乏责任心，简言之，因为他们的“罪孽”——现在已经过时。所有西方工业化国家都开始实行一种保险制度，保证人人在失业、生病、衰老之时能维持最低限度的生存条件。这等于差一步宣称，即便没有出现这些情况，人人也都有权得到维持生存所需的资料。实际上，这就意味着，每个公民都可以要求获得一笔资助以维持最低限度的生活条件，即使他没有失业、生病或衰老。如果他自动辞职，如果他打算为谋取另外的工作做准备，或者，某种个人原因使他不能做工挣钱，他的情况又不符合保险救济条款中的任何一条，那么，他便可以要求得到这笔费用。简言之，他不是必须有某个“理由”才可要求得到维持最低限度的生活条件所需的费用。这种要求应当有一个确定的时间限制，比如两年，以避免滋长那种拒绝承担任何社会义务的神经症态度。

这建议听起来有些异想天开，①不过，我们的保险制度在一百年前的人听来也会觉得是异想天开的事。人们对这种设想提出的主要反对意见会是：要是每个人都有权得到最低限度的生活保障，大家就会不愿工作。这基于一种错误的看法：懒惰根植于人的天性。实际上，除了患有神经症的懒人之外，很少有人不想挣比最低限度的生活费多的钱，很少有人喜欢无所事事，不愿工作。

然而，从那些想利用资本所有权来强迫别人接受他们提出的工作条件的人的立场出发，质疑最低生活保障制度并不是毫无道理的。如果人人都不再因为怕挨饿而被迫接受工作，那么，工作就必得足够有趣，足够吸引人，以使人们愿意接受。只有契约双方能自由地接受或拒绝，契约自由才能实现；在现今的资本主义制度中，事实并非如此。

最低生活保障制度不仅是雇主和雇员之间契约自由的真正开端，而且还极大地扩展了日常生活中人与人交往的自由领域。

让我们来看几个例子。今天，一个受到雇佣的人如果不喜欢他所干的

---

① 迈耶·夏皮罗博士提醒我，伯特兰·罗素在他的《通向自由的几种途径》中提出了与我相同的建议，蓝绶丛书，纽约，第 86 页及其后。

工作，常常被迫继续干下去，那是因为他没有收入来应对失业一两个月的风险；显然，如果辞去工作，他无权得到失业救济。实际上，这种处境的心理作用还要深远得多。他不能冒被解雇的风险这件事本身使他容易害怕老板或是他要仰仗的人。他会控制自己不顶嘴；他会努力去迎合、顺从，因为他一直担心，要是他坚持自己的意见，老板就会解雇他。或者让我们再来举一个例子。一个人在四十岁时决定干完全不同的另一项工作，为此他得准备一两年。因为最低生活保障意味着他要在最低的舒适条件下生活，作出这项决定意味着他肯定对新选的工作有极大的热情和兴趣。因此，只有那些有天赋的且对新工作真正感兴趣的人才会作出这种选择。或者，让我们举一位婚姻不幸的妇女的例子。她不离开丈夫的唯一理由是腾不出就职训练的时间，因而无法自立。我们还可以设想一个同他的精神错乱或有暴力倾向的父亲严重冲突的少年，要是他能自由地摆脱家庭，他也许会精神健康。简言之，如果实行了保障最低生活水平的制度，事业及私人关系中基于经济考虑的最根本的强制力量就会被消除，人人都能重新获得行动的自由。

实行这种制度的代价怎样呢？既然我们已经采取了保障失业者、患病者以及衰老者生活的原则，想使用这种特权的人就只会是另外一小部分人：确有天赋的人，暂时陷入冲突的人，以及对工作不负责任、不感兴趣的神经症患者。把一切相关的因素都考虑进去，使用这一特权的人似乎不算特别多，而且，凭借仔细的研究，我们甚至现在就可以估算出大致的数目。不过，我们得强调一点，采纳这项建议时得与我们提到的其他社会变化一同考虑。在一个社会中，如果每个公民都积极从事他的工作，那么，对工作不感兴趣的人的数量就只会是现今条件下的人数的若干分之一。撇开人数问题，我们再来看看这一设想的花费。这个计划所需的费用大概很难超过最近几十年来各大国维持军队的费用，还不算军事装备的开销。还不应忘记的是，在使每个人重新恢复对生活和工作的兴趣的制度中，甚至只要对工作环境作少量的改善，单个工人的生产力就将大大超过当今的水平；此外，在控制犯罪、防治神经症或心理因素造成的疾病方面的开支也会大大减少。

政治改革

我在前面一章已经尽力说明，民主在异化的社会中不能发挥其作用，我们的民主制度的组织方式有助于异化的普遍化。如果民主是指个人能表达自己的信念、坚持自己的意愿，那么，这里的前提是，他有一种信念、一个意愿。而事实却是：异化了的现代人有意见，有偏见，却没有信念；有好恶，却没有意愿。他的意见、偏见、好恶，同他的兴趣、爱好一样，都受到强有力的宣传机器的支配——要是他还没有适应广告宣传的影响以及完全异化了的生活方式的制约，这类宣传或许对他没有多大作用。

一般的选民消息闭塞。虽然他时常看报，但是，整个世界同他如此疏离，乃至于所有的一切都没有什么真正的意义。他从报上知道，亿万美元被人花掉，千百万人被杀死；他看到各种各样的统计数字、形形色色的归纳总结，但这些东西绝对没有为他描绘出一幅具体的、有意义的世界图景。他读的科幻小说与科技消息没有多大差别。一切都是不真实的，无限的，与人无关的。事实不过是许多罗列出来的记忆数据，就像是智力游戏中的谜，而不是他和他的子孙赖以生存的基本要素。尽管环境如此，现今的人们的政治选择并不是全然不理性的，在一定程度上，清醒的判断通过选举程序表达了出来。这确是一般民众有韧劲、精神基本健康的表征。

此外，人们绝不应当忘记，多数票表决的概念本身也助长了抽象化和异化的进程。本来，多数统治是少数统治也即国王、封建领主统治的替换形式。但这不是说，多数就是**对**的，而只意味着，宁可让多数人错，也不应让少数人把自己的意志强加在多数人身上。不过，在我们这个讲求一致性的时代，这种民主的方法越来越多地具有了这样的含义：多数人的决定必然正确，在道义上优于少数人的决定，因此，多数人有道义上的权力，将**其**意志强加在少数人头上。正如一种产品在全国各地所做的广告一样："一千万美国人是不会错的。"多数人的决定被当做证明其正确性的主要依据，这是一个十分明显的错误。实际上，从历史的角度讲，一切"正确的"政治、哲学、宗教或科学的思想原本都是少数人的主张。要是我们根据人数的多少来决定思想的价值，我们现在会仍旧生活在洞穴中。

正如舒姆彼特所指出的，选民不过是在两名竞选者中作出选择。选民面对的是各种各样的政治机器，是一套官僚机构。这套官僚机构面对的也是两者择一的问题：一方面是为国家谋取最大利益的良好意愿；另一方面，职业性质决定了官僚对保持权势或重新掌权十分感兴趣。需要选票的官僚当然被迫在某种程度上注意选民的意愿。任何非常不满的表征都会迫使政党改变其方向以获取选票，任何行动方针，如果非常受人们欢迎，则会诱使他们将它继续执行下去。就此而言，甚至不民主的极权主义统治集团也会在某种程度上依赖人民的意志，只不过它可以靠它的强制力量较长时间地推行不受民众欢迎的路线。可是，每个选民，除了依靠选举对政治官僚的决定施以限制和督促(这常常是一种间接的影响)外，不可能参与决策。选民一旦投了票，他便把自己的意志放弃了，给了代表；而代表惯常是根据自己的职业兴趣，掺和着责任感，来行使这种意志。选民这时也拿他无法，只有等到下一次选举，那时，他才有机会让代表继续掌权，或是

“撤掉这个流氓”。在大的民主国家中，选举过程愈来愈像公民投票，选民所能做的不过是同意或不同意若干强大的政治机器，把自己的政治意愿交给其中之一。

从十九世纪中期到二十世纪中期，民主的进程就是选举权扩大的过程，这一趋势导致了现在为人们所普遍接受的普选。但即使实行最充分的选举也还是不够。民主制度要继续进步，还得采取新的步骤。首先，必须承认，真正的决定是无法在大规模投票的气氛中做出的，而只能在较小规模的团体中做出。这种小团体大概相当于过去的市民大会的规模，不超过五百人。在这种规模的团体中，重大问题才能得到彻底讨论，每个成员才能发表自己的意见并理智地听取和讨论其他人的观点。人们相互间均有交往，这使煽动性的及非理性的观点比较难以影响人们的思想。其次，每个公民都必须把握住事实真相，以便做出合理的决定。第三，作为这个小型的、面对面交往的团体的一员，无论他如何决定，他作出的决定必然会对集中选出的议会执行机构的决策产生直接影响。假如情况不是这样，公民就会仍旧同今天一样，在政治上愚昧无知。

这里出现的问题是：我们能否找到一种制度将当今的集中民主同高度的地方分权结合起来；我们能否在现代的工业化社会中重新采用市民大会的原则?

对于这个问题，我认为不难解决。一种办法是按照居住地区或工作地点将全国人口划分成小组(比如五百人一组)，每个小组的社会成分尽可能多样化。这些小组定期开会（比如一月一次)，选举自己的官员和委员会，每年改选一次。小组的活动安排将包括对地方性的及全国性的政治大事的讨论。按照前面提到的原则，任何这类讨论，若要合理，都必须依据一定量的事实。怎样了解事实呢？一个似乎完全可行的办法是，设立一个政治上独立的文化机构，负责准备并发表在这些讨论中要用到的事实资料。这就像我们在学校系统所做的那样，提供给孩子们的信息比较客观，不受不断更替的政府部门的影响。例如，我们可以设想这样一种安排：挑选那些事业上颇有建树、道德上没有争议的艺术家、科学家、宗教思想家、商人、政治家，组成一个非政治性的文化机构。他们可能会持不同的政治见解，但是可以假设，在提供有关事实的客观的信息这一点上，他们能够理智地达成一致意见。要是意见不一致，他们会向公民公布几组不同的事实材料，并给出相应的解释。面对面小组在获得信息并讨论了问题之后，接着便投票；在现有的技术设施的帮助下，我们很容易就能在较短的时间内统计出投票结果。剩下的问题就是，按照这种办法做出的决定如何传达给中央一级政府，并使之在决策中产生作用。我们没有理由找不到完成这一过程的形式。按照议会制传统，我们通常有两个议院，两院都参与决策，但各自按不同的原则选举产生。做决定的面对面小组构成了真正的“众议院”，与普选产生的众议院代表和执政官分享权力。这样一来，决策流程就会不断地循环，不仅从上至下，而且从下至上，决策也会以每个公民主动的、负责的思考为基础。通过面对面小组的讨论和投票表决，决策中所包含的许多非理性的及抽象的因素就会消失，政治问题就会成为公民实际关心的事。公民象征性地投票，把自己的政治意志顺从地交给自身之外的力量的异化过程将会颠倒过来，每个公民将重新成为社会生活的参与者。①

---

① 参阅罗伯特·A. 尼斯比特在《公社探究》一书中提到的有关面对面小组的问题，牛津大学出版社，纽约，1953 年。

文化改革

所有的社会或政治安排不是帮助就是阻止某种价值及理想的实现。犹太-基督教传统的理想不可能在物质主义文明中成为现实，因为物质主义文明结构的中心是生产、消费及市场上的成功。另一方面，社会主义的思想除非能给人的内心注入新的精神，否则就无法实现其友爱、正义及个体自由的目标。

我们并不需要新的理想或新的精神目标。人类的伟大导师们已经给精神健全的生活制定了规范。的确，他们说着不同的语言，强调了不同的方面，对某些事情有着不同的观点；但是，总的看来，他们的不同之处甚少。各大宗教和伦理体系常常相互攻击，强调相互间的差别甚于它们在根本上的相似点，这得归因于那些创立教会、等级制以及政治组织的人对精神领袖们奠定的真理的朴素的基础所施加的影响。自从人类明确地拒绝植根于自然及动物界，去寻求一个有良心及友爱团结的新家以来，自从人类首次认识到，人类是个独立的单位，必将完全诞生以来，人类的理想就一直没有改变。在每个文化中心，多半在没有相互影响的情况下，人们产生了类似的见解，倡导类似的理想。如今，我们能够很容易地知道这些思想，我们仍然是这些伟大的人文主义教导的直接继承者。我们并不需要关于如何精神健全地生活的新知识，而是急切地需要认真地对待我们所相信、所倡导的东西。我们心灵的革命并不需要新的智慧，而是需要新的严肃态度与献身精神。

使人牢记我们文化的主要理想和规范的任务首先得由教育来完成。然而，令人很痛心的是，我们的教育制度无力承担这项任务。它的目的首先是授予个人在工业化文明中立足所需的知识，按照需要的模式塑造他的性格：野心勃勃，喜好竞争，但又能在某个限度之内与人合作；尊重权威，同时“渴望独立”，如某些给家长看的成绩报告单上所表述的那样；对人友善，却又不与任何人或事关系过于密切。我们的中学和大学继续为学生提供应对实际生活中的任务所必需的知识，以及人格市场上需要的个性特征。我们的教育确实很难成功地培养学生的批判思维能力，或是使他们具有我们的文明公开宣称的理想所要求的那些性格特征。当然，我们用不着重复罗伯特·哈奇森等学者已经给出的那些十分中肯的批评。在此，我只想强调一点：必须消除理论与实践之间那种有害的分离。这种分离正是工作和思想之间的异化关系的一部分。这种分离容易造成理论脱离实际，使人更难于而不是更易于有意义地从事他的工作。要使工作成为一种基于对他所做的事的认识与了解的活动，我们就必须对教育方法进行彻底改造，使理论教导与实际工作从一开始就结合在一起；对于青年，应当使实际工作从属于理论教育；而对于过了学龄的成年人，则应反之；不过，无论在人成长的任何阶段，都不应使理论和实践相互脱离。凡是没有学会一门有用的手艺的青少年都不能毕业；学生必须对工业生产的基本技术过程有一定的了解，小学教育才能告一段落。当然，中学教育应当把实际掌握手工艺及现代工业技术与理论教育结合在一起。

我们现在的教育的目的主要在于造就于社会机器有用的公民，而不在于帮助发展学生的人格。这点显见于这一事实：我们认为，必须接受教育的年龄最高只到十四岁、十八岁，或者至多二十岁。为何社会认为只应对儿童教育负责，而无需对各个年龄段的成年人的教育负责呢？实际上，正如阿尔文·约翰逊令人信服地指出的那样，六岁至十八岁并不像一般人认为的那样适合学习。当然，这个阶段是学习读、写、算以及语言的最佳年龄。但是，毫无疑问，这个年龄段的人对历史、哲学、宗教、文学、心理学等学科的理解力有限。实际上，就是二十岁左右，即大学教授这些课程的时候，也不是学习这些知识的理想年龄。在很多情况下，一个人要想真正理解这些领域的问题，必须有相当多的生活经验，而大学生年龄段的人却缺乏这些经验。对很多人来说，三十至四十岁是更适合学习的年龄(这里是指理解，而不是记忆)。在很多情况下，当人度过了血气方刚的青少年时期进入中年之后，他的兴趣会更加广泛。也正是在这个时期，一个人应当自由地完全改变其职业，并因此获得再学习的机会。在今天，却只有年轻人才有这种机会。

一个健全的社会必须像如今为儿童提供上学的机会一样，为成年人提供受教育的机会。当今不断增加的成人教育课程体现了这一原则。但是，所有这些民间安排只覆盖了全国人口的一小部分，这条原则应当适用于全体人民。

学校教育，无论是传输知识，还是塑造性格，都只是教育的一个部分，并且大概还不是最主要的部分；这里所说的“教育”是指其字面的、最基本的含义：“e-ducere”＝“诱发、启迪”人内心的东西。即使人有知识，能够干好工作，即使他正直，诚实，也不为物质需要感到焦虑——他也不并且不会感到满足。

为了要在世上感到舒服自在，人就得掌握世界，不仅用头脑，也用他的感官，他的眼、他的耳，以及他的整个身体。他必须用身体表达出他的头脑所想到的。在这一方面或在其他任何方面，身与心都不可分离。当人用思想把握这个世界并由此与世界结合之时，人创造出了哲学、神学、神话和科学。当人通过感官认识这个世界并将这种认识表达出来时，他创造出了艺术、仪式、歌曲、舞蹈、戏剧、绘画和雕塑。当我们使用“艺术”这个词时，我们受到了它的现代用法的影响，即把艺术当成一个独立的生活领域。我们一方面有艺术家这种专门的职业——另一方面，有欣赏及消费艺术的人。这种分离也是一种现代现象。这不是说，在所有伟大的文明中都不曾有过“艺术家”。埃及、希腊及意大利的伟大雕塑创作都出自具有非凡天赋、精于艺术的艺术家；希腊戏剧或十七世纪以来的音乐的创造者也是有非凡天赋且精于艺术的艺术家。

然而，哥特式教堂，天主教的仪式，印度的求雨舞，日本的插花、民间舞蹈、乡村歌曲呢？它们是艺术吗？是民间艺术吗？我们无言以对；因为广义的艺术，作为每个人的生活的一部分，在我们的世界里已经失掉了它本来的地位。那么，我们该用什么词来谈论它们呢？在讨论异化之时，我用了“仪式”这个词。当然，这里的困难是，“仪式”这个词带有宗教色彩，因而又把艺术放到了一个特殊的、单独的领域。由于找不到更好的措词，我将使用“集体艺术”这个说法，其含义同“仪式”，意思是，我们的感官**以一种有意义的、熟练的、创造性的、积极的、与人共享的方式对世界作出反应**。在此，“与人共享”十分重要，使“集体艺术”有别于现代艺术。后者是个人化的，其创造和消费都是这样。“集体艺术”是共享艺术，它使人感到，自己是以一种有意义的．丰富而带有创建性的方式与他人结合在一起。它不是**附属于**生活的一种个人的“消遣”，而是生活的不可分割的组成部分。它符合人的一种基本需要。如果这种需要未能满足，人就会感到焦虑不安，似乎他无法在脑子里构想出一幅有意义的世界图景来。为了逐渐消除接纳倾向，培养创造倾向，他必须不仅哲学地或科学地，而且艺术地同世界联系在一起。如果一种文化不能主动帮助实现这些，一般人的成长就不会超越自己的接纳或市场倾向。

我们现在的处境怎样呢？除了对天主教徒，宗教性质的仪式已经不再有什么重要性了。世俗的仪式几乎不存在。除了一些宗教组织的兄弟会还在试图模仿仪式之外，我们只有少量的爱国仪式及体育仪式了，而这些仪式只能在极其有限的范围内迎合整体人格的需要。我们所有的是一种消费文化。我们“饮下”电影、犯罪报道、烈酒及娱乐。没有主动的建设性参与，没有共同的体验，没有出于对生活中的重大问题的思考的有意义的活动。对于年轻一代，我们能期望什么呢？当他们没有机会从事有意义的、共同的艺术活动时，他们又能做什么呢？他们除了跑去酗酒、做电影中的白日梦、犯罪、患神经症与精神病之外，还能做什么呢？如果我们没有表达我们整体人格的集体形式，没有共同的艺术和仪式，文盲扫除、高等教育普及的状况又能给我们什么帮助呢？毫无疑问，一个仍然有着真正的节日宴会以及共同的艺术的表达方式、没人识字的相对原始的村落，比起我们这种教育普及、看报、听广播的文化来，在文化上更先进，精神上更健康。

精神健全的社会的基础不可能就是纯理性知识加上几乎完全没有共同的艺术体验，再就是大学加足球，犯罪故事加七月四日庆典①，外加母亲节、父亲节、圣诞节。在考虑如何建立一个精神健全的社会的时候，我们必须承认，创造一种非宗教性质的集体的艺术和仪式是十分必要的，至少同扫盲及高等教育一样重要。要把一个由许多孤立的原子组成的社会改造成一个公社，就得再度创造机会，让大家一起唱歌，一起跳舞，一起赞美——凡事都一起，而不是成为（借用里斯曼的简洁说法）“孤独人群”中的一分子。

我们在恢复集体艺术和仪式方面有过不少尝试。法国大革命创造出了“理性宗教”及其新的节日和仪式。民族感情创造出了新的仪式，但这些仪式从来也没获得过那些被抛弃的宗教仪式曾经有过的重要性。社会主义

---

① 七月四日为美国国庆日。——译注

创造的仪式包括五月一日的庆祝典礼、“同志”这种友爱的称呼，以及别的，但其重要性从来也没有超过爱国仪式。也许我们可以从盛行于第一次世界大战前后的德国青年运动中找到集体的艺术和仪式的最具创造性、最深刻的表现形式。但这项运动一直相当隐蔽，后来便为国家主义与种族主义的浪潮所淹没。

总的看来，我们现代的仪式十分贫乏，即使在最宽泛的意义上也不能满足人在生活中对集体艺术和仪式的需要，无论是质量还是数量。

我们到底该做些什么呢？我们能发明仪式吗？我们能人为地创造集体艺术吗？当然不能！ 但是，一旦我们认识到这种需要，一旦我们开始培育它，种子就会发芽，天赋高的人就会崭露头角，创造出新的形式，新的天才就会出现，而如果没有这种新的方向，天才就会被埋没。

集体艺术可以从幼儿园的儿童游戏开始，而后在学校及其后的生活中继续下去。我们将有共同喜爱的舞蹈、合唱、戏剧、音乐和乐队。这些不会完全取代现代体育运动，但可以成为众多非盈利、无目的的活动之一。

这里，仍旧跟工业及政治组织的情形一样，决定性的因素是分权；具体的面对面小组，主动负责的参与。在工厂、在学校、在政治讨论小组、在乡村，我们可以创造出各式各样的共同的艺术活动；中央艺术团体可以同时必须以它们的帮助和建议鼓励人们组织这些活动，但决不能“填塞灌输”。与此同时，现代的收音机与电视技术也创造出极好的机会，把最好的音乐和文学带给广大观众。用不着说，此事不能让商业机构来插手，而必须与非盈利的教育机构并列。

也许有人会说，大规模恢复集体艺术和仪式的设想过于浪漫，此事只适合手工业时代，不适合机器生产时代。要是这种意见正确，我们也许该听任事情这样发展：我们的生活方式将很快毁掉自身，因为它缺乏平衡和健康的精神。但是，实际上，这种反对意见与先前人们对铁路及重于空气的飞行器的“可能性”提出的反对意见一样，都很难令人折服。这种意见只有一点可取。在现在这样散沙一堆、异化、没有真正的团体感的情况下，我们将不能创造出新型的集体艺术和仪式来。

不过，这正是笔者一直强调的事。我们不能把工业和政治组织中的变化同教育和文化生活的结构的变化分开。如果我们不在所有这些领域同时着手改革，那么，任何改革与重建的努力都会落空。

在讨论社会精神的变革的时候，我们能否不提**宗教**呢？毫无疑问，各种大的一神教的教诲所强调的人文主义目的与“创造倾向”所包含的基本点相同。基督教和犹太教的目的在于把人格尊严当成人自身的目的和目标，强调友爱、理性、精神价值高于物质价值。这些伦理目的都与特定的神的概念相关。不同宗教的信徒，他们的神的概念各不相同，此外还有千百万人不信宗教。可是，不信教的人集中攻击上帝的概念的做法也是错误的；他们真正的目标应当是向宗教信徒提出挑战，严肃地对待他们的宗教，尤其是上帝的概念；这意味着实践友爱精神，坚持真理和正义，并由此成为当今社会的最激烈的批评家。

同时，即使从严格的一神论的立场出发，关于上帝的讨论也是在滥用上帝的名义。虽然我们说不清上帝**是**什么，但我们说得出上帝**不是**什么。我们难道不该停止围绕着上帝的争论，团结起来，剥掉当代偶像崇拜的外衣吗？当今的偶像不是太阳神或爱神，而是极权国家中神化了的国家和权力，以及我们文化中神化了的机器和成功之道，当今的偶像是威胁着人的精神素质的那无处不在的异化。无论我们是否有宗教信仰，无论我们是否认为有必要建立一种新宗教，或是继承犹太-基督教传统，只要我们关切的是实质而非外壳，是实践而非口号，是人而非制度，我们就能团结起来，坚决否定偶像崇拜，并且从这种否定之中，而不是从任何肯定上帝的口号中，找到更多的共同信仰。我们必然会更加谦逊，更加友爱。

即使有人认为(就像笔者)，在人类未来的发展中，有神论的观念必然会消亡，上述说法也仍然成立。实际上，对于那些把一神教仅仅看做人类进化过程中的一个驿站的人来说，相信在今后几百年中会有新的宗教发展形成的看法并不牵强附会。这种新宗教会适应人类的进步发展，普世性是其最显著的特征，这种特征符合这个时代正在发生的人类的统一化进程。它包罗了东西方各大宗教所共有的人文主义教义；它的教义不会与当今人类的理性的洞察相违背，其重点将在生活实践而不是教义上。这种新宗教将创造出新的仪式与艺术表现形式，促进尊重生活的精神和人类团结。当然，我们不可能发明宗教。新的宗教将随着新的伟大导师的出现而出现，在过去若干世纪中，情况就是这样，时机成熟，新宗教就应运而生。同时，相信上帝的人应当在**生活**中体现他们的信仰；而不信上帝的人则应本着爱与正义的原则而活——然后耐心等待。①

---

① 朱利安·赫克斯利在《进化的人道主义》一文中对新的人本主义宗教也给过同样的建议，《人道主义者》杂志第12卷，1953年5月，第201页及其后。

第九章　结　　论

当人类最初从动物世界脱颖而出时，他就像一个怪物。人由于丧失了大多数控制动物活动的天生的资质，显得比大多数动物更无助，更拙于应对生存斗争。但与此同时，人发展了思维、想象和自我认识的能力，这为他改造自然和自身打下了基础。在数千代之久的时光中，人一直靠搜集食物和狩猎过活。在这个阶段，他仍然受到自然的束缚，唯恐为自然所抛弃。他将自己视做动物，并把这些自然的代表尊奉为神明。经过长期缓慢的发展，人开始耕耘土地，开始创立一套以农业和畜牧业为基础的新的社会与宗教秩序。在这期间，他把诸女神尊奉为自然界的孕育者，将自己体验为万物之母——大地——的儿子。在大约四千年前，人类历史上发生了一次重大的转变。在脱离自然的长期的过程中，人迈出了新的一步。他割断了自己同自然、同大地母亲的联系，给自己定下了一个新目标：完全诞生，完全觉醒，完全成为人，成为自由人。理性与良心成了指导他行为的原则，他的目的是建立一个由友爱、正义、真理维系的社会，一个崭新的真正属于人类的家园，以代替他那不可挽回地失去了的大自然中的家。

尔后，大约公元前五百年左右，印度、希腊、巴勒斯坦、波斯和中国的伟大宗教体系以新的、更加进步的形式表达出有关人类团结及万物背后统一的精神原则的思想。老子、释迦牟尼、以赛亚、赫拉克利特、苏格拉底，以及后来巴勒斯坦的耶稣及其门徒、美洲印第安人的主神，再后来，阿拉伯的穆罕默德，这些伟大人物都教导人们，应当把人类团结、理性、爱与正义当成奋斗的目标。

北欧似乎沉睡了很久。希腊及基督教的思想慢慢地传播到了这块土地上，过了一千年，欧洲才完全吸收了这些思想。在公元一千五百年左右，一个新的阶段开始了。人发现了自然与个人，为自然科学打下了基础。自然科学开始改变大地的面貌。中世纪封闭的世界垮掉了，一统的天堂也已瓦解，人在科学中找到了新的统一原则，并努力在人间的社会及政治统一和对自然界的控制之间寻求一种新的和谐。道德良知（犹太-基督教传统的遗产）与理智良知（希腊传统的遗产）融合，带来了人类创造力的大爆发，这是人类以前几乎从未设想过的。

欧洲，从文化上看，可说是人类最小的孩子，可是却发展出了这样多的财富和武器，使得它在数百年间成了世界其他地区的主人。到了二十世纪中期，一场重大的变革发生，同过去的重大变革一样，这场变革影响深远。新技术带来了蒸汽机、石油和电，取代了畜力和人力。这些新技术创造出的交际手段将全世界变成了一块大陆，整个人类变成了一个社会，在这个社会中，每一个团体的命运都牵动着全体社会成员的命运。新技术创造出了奇妙的装置，这些装置能把最好的艺术、文学和音乐带给社会每个成员。新技术创造出的生产力允许人人都过上有尊严的物质生活，并且大大地缩短了工作时间，使工作只占人们一天时间中的一小部分。

可是今天，当人似乎已经开创了一个新的、更富有、更快乐的人类纪元的时候，他和他的子孙的生存却受到了从未有过的威胁。这怎么可能呢?

人从宗教的及世俗的权威手中夺得了自由，他傲然屹立，以他的理性、他的良心作为他唯一的法官，但是，他却害怕这新争取到的自由。他完成了“挣脱”，却还没有“抵达”，还没有获得自主性、创造性，以及完全的觉醒。他试图逃避自由。他的成就——对自然的控制——正好为他打通了逃亡的大道。

在建造新的工业机器的过程中，人完全沉醉于这项新的工作，以至于这项工作成了他生活的最高目的。他曾经致力于寻求上帝和拯救；而现在，他的精力却被导向了控制自然、获取愈来愈多的物质享受的方向。他不再把生产当成改善生活的手段，而是将生产实体化为目的本身，使生活成了从属于这一目的的附属品。在分工愈来愈细、工作愈来愈机械化、社会群体的规模愈来愈大的过程中，人自己成了机器的一个部分，而不是机器的主人。他将自己体验成一件商品、一项投资；他的目的是成功，也就是说，在市场上卖个好价钱。他作为人的价值在于他的可售性，而不在于他的爱及理性等人的品质，或是他的艺术能力。快乐等同于购买更新更好的商品，"饮进"音乐、电影、娱乐、性、烈酒和香烟。当他同大多数人协调一致时，他感到了自我的存在，除此之外，他没有自我感。因此，他感到不安全、焦虑，须仰仗他人的认可。他同自己疏离了，崇拜他自己的双手造出来的产品以及他自己造就的领袖，仿佛这些产品和领袖高高地在他之上，不是他的创造物。从某种意义上讲，他倒退到了在公元前第二个千年开始的那场人类的伟大转变之前。

他没有能力去爱，去运用他的理性，去做决定，事实上，他没有能力充分体会生命，因而随时准备甚至乐意去摧毁一切。世界再度支离破碎，失掉了统一性；他重新崇拜各式各样的东西，所不同的是，现在他所崇拜的都是人造物，而不是自然的一个部分。

这个新纪元以个人的开创精神为其开端。的确，十六、十七世纪新大陆及新航道的发现者，科学的先驱，新哲学的创立者，英国、法国及美国大革命的政治家和哲学家，以及工业革命的先锋，甚至强盗式资本家，都显示出卓越的个人开创精神。但是，随着资本主义的官僚化及管理化，逐渐消失的正是这种个人的开创精神。如同机器一样，官僚机构没有什么开创精神，这是它的本性。那种高叫资本主义为个人的开创精神提供了机会的论调至多不过是一种眷恋过去的说法，说得不好听些，这是一种欺骗性的口号，目的是反对以真正“人的”个人开创精神为基础的改革计划。现代社会最初的设想是创造出满足人的需要的文化，在个人需要和社会需要之间建立起和谐的关系，结束人性与社会秩序的冲突。人们相信，可以通过两条途径达到这一目标：其一，通过发展生产技术使人人得到满意的物质供应；其二，理智而客观地描绘人及人的需要。换言之，现代人努力的目标就是创造一个精神健全的社会。更具体地说来，这意味着这样一种社会：每个成员的理性都得到了发展，能客观地看待自己、他人和自然，看到这些的本来面目，而不是被孩子气的狂妄或偏执的怨恨歪曲了的图景。这意味着这样一种社会：每个成员的独立性得到发展，知道善与恶的区别，能够自己作出选择，有信念而不仅仅是意见，有信仰而非迷信或模糊的希望。这意味着这样一种社会：每个成员都能够去爱自己的孩子，爱邻居，爱一切人，爱自己，爱自然界的一切；每个成员都能够感到与万物合一，却又不失掉其个性和完整性；每个成员都能用创造而不是用毁灭来超越自然。

到目前为止，我们是失败了。少数人实现了这些目标，并且努力按照这些目标来生活；多数人的思想境界则远远地落后于这个时代，停留在石器时代、图腾崇拜时代、偶像崇拜时代或是封建时代。我们没有填平他们之间的鸿沟。我们能否把这大多数人转变为精神健全的人，或者，让他们利用人类理性的伟大发现来达到自己非理性的、疯狂的目的？我们能否创造出美好的、精神健全的生活前景，以激发那些害怕前进的人的生命力？

现在，人类正处于十字路口，一失足将成千古恨。

二十世纪中期，人类社会生长出了两个庞然大物，它们由于彼此害怕，不断扩军备战，以寻求安全。美国及其盟国是较富裕的一方，生活水平较高，对于享乐的兴趣也比它们的对手苏联及其附属国以及中国更强烈。敌对双方均声称，自己的体制才是人类最后的救星，是人类美满前途的保证。双方都声称，对方代表着完全相反的前景，无论从长远还是从眼下来看，如果人类想要得救，就得彻底铲除其制度。双方依凭的都是十九世纪的理想。西方打着法国大革命自由、理性、个性等思想的旗号；东方用的是社会主义的团结、平等观念。双方都成功地抓住了千百万人的想象力，使他们狂热地忠诚于各自的理想。

今天，这两种制度之间存在着决定性的差别。在西方世界，人们可以自由地发表批判现有制度的观点。在苏联，提出批评和表达不同观点会招来暴力镇压。因此，西方世界内部有可能出现和平、进步的转变，在苏联，这种可能性是不存在的。在西方世界，个体生命摆脱了牢狱、折磨和死亡的恐吓，而这些正是苏联社会中那些没有变成好用的机器的人需要面对的。确实，在西方世界，很长时间以来，生活是丰富的和令人感到快乐的，现在的生活的丰富和令人感到快乐的程度有时堪比人类在以往任何时候、任何地方的经验；而生活在苏联的社会体制下是不可能感到快乐的，因为行刑者正躲在门后监视你。

虽然我们没有忽略现今自由资本主义和极权共产主义之间的巨大差别，但是，如果我们看不到两者的相似之处，特别是这些相似之处今后的发展趋势，那么，我们仍得算是目光短浅。这两种制度都是建立在工业化的基础之上，目标都是不断增加经济效益和财富。两者都是由管理阶级、职业政客统治的社会。就世界观而论，若把西方的基督教思想和东方世俗的救世主义暂且放到一边，自由资本主义和极权共产主义都是彻头彻尾的实利主义。它们通过中央集权制度、大工厂、政治大党把人组织起来。每个人都是大机器上的一个零件，而且必须是好使的零件。在西方，这一点通过心理训练、多数派意见、金钱回馈来达到。在东方，在所有这些手段之外，还加上了恐吓。可以推测，在苏联的体制下，随着经济的日趋发展，国家对大多数民众的剥削程度会逐渐减轻，恐吓会更多地让位于心理操控的手段。西方会迅速地朝着赫胥黎的《美丽的新世界》的方向发展，而东方今天就是奥威尔的《一九八四》中描述的情形。东西方的制度在朝着同一方向迈进。

那么，未来的前景会是怎样的呢？首先，也是最有可能的，是发生一场原子大战。这场战争最可能的结果就是工业文明的毁灭，世界退回到原始农业阶段的生产力水平。或者，如果毁灭的情况并不像许多专家预测的那样彻底，其结果必定是战胜者组织并统治整个世界。胜利者只可能是基于武力的中央集权国家——无论其中央政府在莫斯科还是华盛顿，情况都一样。但不幸的是，即使避免了战争，也不能保证人类有光明的前途。我们可以想象得到，在今后五十年或一百年间，资本主义和共产主义的发展过程将仍然是一个使人机械化和异化的过程。这两种制度将发展成管理型社会，居民都会吃得饱，穿得暖，只想能满足的愿望，不想达不到的愿望；他们都是些不需外力推动的机器人，没有人引导他们，他们制造了像人一样运行的机器，这些机器生产出像机器一样运行的人；人的才智提高了，可是理性却败坏了，因而人面临着一种危险的处境：有巨大的物质力量，却没有使用这些力量的智慧。

这种异化与机械化导致了不断增强的疯狂。生活没有意义，没有欢乐；没有信仰，没有现实。除了不去感受，不用理性，不去爱之外，人人都“快乐”。

十九世纪的问题是**上帝死了**，二十世纪的问题是**人类死了**。在十九世纪，不人道意味着残酷；在二十世纪，不人道意味着精神分裂的自我异化。过去的危险是人成了奴隶，将来的危险是人会成为机器人。千真万确，机器人不会造反。但是，假使机器人有了人性，它们将无法活着同时精神健全，它们会成为有生命的假人，它们会摧毁它们的世界连同它们自己，因为它们无法再忍受那无意义的生活导致的厌倦。

我们面临的危险是战争以及人的机器化。我们应当怎样作出选择？我们应当摆脱常规，在人性的诞生和自我实现的方向上迈出新的一步。第一个条件是消除那如今悬在我们所有人头上并使信仰及开创精神瘫痪的战争威胁。我们必须以天下为己任，在世界范围内推广所有大国的内部发展经验，相对平均地分享财富，重新较公正地分配一切经济资源。这最终必然导致各种形式的国际性经济合作和发展计划、各种形式的世界性政府，以及完全裁军。我们必须保留工业方法，但是，应当疏散工厂，分散中央政府的权力，以便**给予人恰当的地位**。只有当集权是最优的选择，工业生产确实需要集中的安排时，才可选择集权。在经济领域，我们应做到企业由所有工作人员来共同经营管理，以使人人都能主动、负责地参与工作。我们可以找到这类参与的新形式。在政治领域，我们可以重新采取市民大会的形式，组成千千万万的面对面小组。这些小组消息灵通，它们讨论各种事情，它们的决议在一个新的“众议院”被整合。文化的复兴必须将青少年的工作教育、成人教育与全国性的大众艺术和世俗仪式的新系统结合起来。

能使我们免于沦为机器人的唯一途径是实行人本主义的公有制。这个问题首先并不是财产权这个法律问题，也不是共享**利润**的问题，而是共享

工作、共享**经验**的问题。所有权改变的程度必须依据这样的标准：这种改变必定能创造出一个工作公社，防止利润动机将生产引向危害社会的方向。收入之平等必须达到这样一种程度：每个人所能得到的物质条件都足以保证他过上有尊严的生活，从而使社会各阶级不致因经济收入的悬殊而产生根本不同的生活感受。人必须恢复他在社会中的最高地位，决不成为手段，成为他人和自己利用的对象。人利用人的局面必须结束，经济应当服务于人的发展。资本必须为人服务，物必须为生命效力。一切社会安排都必须为之服务的目标不是十九世纪流行的剥削与囤积倾向，也不是如今盛行的接纳与市场倾向，而是**创造倾向**。

任何变革都不能强制推行，而必须在经济、政治和文化领域同时展开。局限于**一个**领域的多项变革会破坏整体。正如原始人在自然的力量面前显得无能为力一样，现代人面对自己创造出来的社会力量和经济力量也变得不知所措。他崇拜他的双手创造出来的东西，对新偶像顶礼膜拜，同时却以上帝——那命令他毁掉一切偶像的神——的名义发誓。人类只有创造出一个健全的社会才能保护自己，不致精神错乱。这个新社会符合人的那些植根于他的生存环境的需要。在这个社会里，人与他人相亲相爱地联系在一起，植根于友爱和团结，不受血缘和土地的约束。这个社会能够使人以创造而不是摧毁的方式超越自然，每个人不是靠求同，而是通过将自己体验为自身力量的主体来获得自我感，没有人歪曲现实，崇拜偶像，有的只是一种倾向和信仰的体系。

建立这样一种社会意味着再迈进一步，意味着结束“类人的”历史，即人还未完全诞生的阶段。这并非意指“寿终正寝”，“十全十美”，没有冲突、没有矛盾的和谐状态。恰恰相反，人注定要遭受冲突和矛盾的困扰，必须去解决那些永远无法彻底解决的问题。当人超越了用人作为牺牲的原始状态时（无论是以阿兹台克人的宗教仪式的形式，还是以战争这种世俗的形式），当他能够理智地而不是盲目地管理自己同自然的关系时，当物真正成了他的仆人而不是偶像时，他才会遇到真正属于人的冲突和问题。他将不得不具有冒险精神，勇敢，富有想象力，能够忍受磨难，也能够享受欢乐，但是他的力量将用来为生命服务，而不是奉献给死亡。人类历史的这个新阶段——如果真的来临的话——将是一个崭新的起点，而不是一个终结。

今天，人类面临着最根本的抉择；并不是要在资本主义与共产主义之间，而是要在（资本主义的或共产主义的）**人的机器化**与人本主义的公有制社会主义之间作出选择。很多事实似乎表明，人正在选择使自己成为机器人的方向，这意味着，从长远来看，人正在走向疯狂与毁灭。但是，所有这些事实并不足以摧毁我们对人的理性、善意与健全心智所抱的信心。只要我们能够想到其他的选择，我们就没有迷失方向；只要我们能够一起协商，一同计划，我们就有希望。但是，确实，阴影在扩大，不健全的精神的声音愈来愈响亮。我们有能力达到伟大导师们设想的那种人的状态；但同时，我们面临着摧毁一切文明或是使自己成为机器人的危险。几千年前，上帝对一个小部落说道：“我将生死、祸福陈明在你面前——而你选择了生。”这也是我们的选择。

译后记

艾里希·弗洛姆（1900—1980）是当代有影响的心理分析学家和哲学家。他一生著述颇多。这些著作表明，他将大半生的精力放在了对文化和社会的分析和批判上，特别关心个人同社会、同人的需要以及人类的自我实现、自我完善的关系。他将弗洛伊德和马克思的思想加以综合，提出了“人本主义精神分析”学说，试图用这种理论来剖析资本主义社会，在作出诊断的同时提出了治疗社会疾病的办法。《健全的社会》一书反映了他的这种努力。

弗洛姆的人本主义精神分析学说，正如他在本书前言中所说，发端于弗洛伊德的思想，但却与弗洛伊德的主要观点有着根本的区别。弗洛姆认为，“人的基本感情并不是植根于他的本能需要，而是产生自人类生存的特殊环境”，从而把人当成了社会的人。这种认识使他能够更客观、更具体地分析社会和人。他依据自己先前的著作《逃避自由》和《自为的人》中讨论过的“专制性格”和“性格倾向”概念集中研究了他所说的“社会性格倾向”。这为研究社会提供了一个新的视角。

弗洛姆对前人提出的改造社会的各种设想进行了评论。他认为马克思主义和各种流派的社会主义是“我们时代最有意义、最富理想和道德感的运动”，马克思的历史唯物主义理论对了解支配社会的规律作出了“最持久、最重要的贡献”；他反对西方世界对社会主义和马克思主义的歪曲理解。但与此同时，他却表示不赞成马克思、恩格斯关于工人阶级必须通过革命夺取政权，然后才能改造社会的思想，以及他们关于“剥夺剥夺者的权利”的主张，认为马克思没有摆脱“资本主义社会的传统思想”，过高估计了政权和暴力的作用。再者，就集权与分权、民主与集中、计划经济与市场经济的辩证关系而言，他把马克思、列宁的国家学说简单而错误地归结为“中央集权”思想，没有看到政府介入、调控对经济和社会的积极有效的作用；而上世纪三十年代苏联的高速发展本该为他提供了一个很好的案例，说明问题的另一面。他推崇马克思早期著作中的某些论述，以人本主义的观点对马克思主义和社会主义进行“批评”，并认为资本主义和社会主义都忽视了人的因素，把人机器化了。凡此种种，说明他没有跳出西方流行思潮的窠臼，他本人及其时代的局限性是导致他的错误论断的原因之一。

弗洛姆的这些思想包含着许多复杂、矛盾的成分。但是有一点可以肯定，他对东西方文化的差异缺乏认识，对社会主义国家的经济、政治、文化了解肤浅，他对于事实资料的占有以及由之出发的分析都说明了这一点。他用西方的价值观念来硬套东方的特殊文化，否认集体精神和伦理传统的积极作用，用模式化的眼光看待东方。弗洛姆的局限性和偏见导致了他的错误结论。在这一方面，英国现代哲学家罗素则显得更高明些。罗素看到了东方价值观念的优点，认为理想的形式是综合东西方各自的长处。而新世纪所具有的“东西文明融合”的特征大概更能说明现代社会的发展趋势。

弗洛姆在批评了现有的社会模式之后，提出了对通向健全社会之路的构想：建立一种共享工作、共享经验、共同管理的工作公社，实行“人本主义的公有制社会主义”。他提出，“首先并不是财产权这个法律问题，也不是共享利润的问题，而是共享工作、共享经验的问题”。他所依据的仍然是欧文、傅立叶等人的理论，以及诸如欧洲的工作公社和北美门诺派及赫特派等宗教组织的社会实践。尽管这些理论和实践活动现在仍然存在于西方世界，但其影响仅限于十分有限的范围。弗洛姆重复空想社会主义的主张，脱离了具体的社会状况，忽视了生产力发展和生产关系的改变这个大前提，因此，从社会发展的实际讲，他的构想带有很大的局限性。

弗洛姆在他的论述中流露出一种自认资本主义优越的思想，这种优越感明白地表现在他的“结论”一章之中。从理论上讲，他还抬高了蒲鲁东和巴枯宁等人代表的机会主义和无政府主义思想。因此，我们在阅读本书之时，应对弗洛姆的思想持清醒的批评态度。不过，我们也应看到，弗洛姆在上世纪五十年代写就的这部作品比较透彻地分析了资本主义的发展，指出了超级资本主义的特征，从新的角度对现代资本主义社会中人的处境问题进行了仔细的讨论。这为我们研究资本主义社会，尤其是商品经济高度发达的现代西方社会的各种问题提供了一个新的切入点。

中国改革的实践表明，社会主义有着强大的生命力，马克思主义是指导社会进步的主导思想。任何社会改革都不可脱离具体的社会实际情况。与此同时，我们也看到，重视人的处境、以人为本是当今中国社会的共识。社会、政治、经济的发展离不开人的主动参与。在这一层意义上，《健全的社会》一书有着一定的理论参考价值。

本书为弗洛姆《健全的社会》一书真正的全译本，之前的几个中文译本均有出自不同考虑的删节。 由于译者理论水平有限，就全面分析、批评弗洛姆的思想体系而言，以上这些感想只应被当做抛砖引玉的一种努力。相信读者能正确地对《健全的社会》加以评判。

孙恺祥

二〇一〇年三月